A IGREJA DESVIADA

CHARLES R. SWINDOLL

A IGREJA DESVIADA

UM CHAMADO URGENTE
PARA UMA NOVA REFORMA

Traduzido por VANDERLEI ORTIGOZA

Copyright © 2010 por Charles R. Swindoll
Publicado originalmente por Hachette Book Group, New York, EUA

Os textos das referências bíblicas foram extraídos da Nova Versão Internacional (NVI), da Sociedade Bíblica Internacional, salvo indicação específica. Eventuais destaques nos textos bíblicos e citações em geral referem-se a grifos do autor.

Todos os direitos reservados e protegidos pela Lei 9.610, de 19/02/1998.

É expressamente proibida a reprodução total ou parcial deste livro, por quaisquer meios (eletrônicos, mecânicos, fotográficos, gravação e outros), sem prévia autorização, por escrito, da editora.

Dados Internacionais de Catalogação na Publicação (CIP)
(Câmara Brasileira do Livro, SP, Brasil)

Swindoll, Charles R.

A igreja desviada: um chamado urgente para uma nova reforma / Charles R. Swindoll; traduzido por Vanderlei Ortigoza — São Paulo: Mundo Cristão, 2012.

Título original: The Church Awakening.
Bibliografia

1. Igreja — Crescimento   2. Missão da igreja   3. Reavivamento (Religião)   4. Renovação da igreja   I. Título.

11–09872   CDD — 262.0017

Índice para catálogo sistemático:
1. Igreja: Crescimento e renovação: Cristianismo   262.0017
Categoria: Igreja

Publicado no Brasil com todos os direitos reservados por:
Editora Mundo Cristão
Rua Antônio Carlos Tacconi, 69, São Paulo, SP, Brasil, CEP 04810-020
Telefone: (11) 2127-4147
www.mundocristao.com.br

1ª edição: abril de 2012
6ª reimpressão: 2024

É com sincera gratidão pela vida e pelo ministério do dr. Stanley D. Toussaint que dedico este livro a ele, um formidável professor com quem muito aprendi. O dr. Toussaint é sempre admirado como expositor bíblico, notavelmente respeitado e sábio mentor, com quem hoje ministro como companheiro de presbitério na Stonebriar Community Church.

Quando a Igreja é de fato diferente do mundo, ela invariavelmente o atrai. É nesse momento que o mundo começa a prestar atenção a sua mensagem, embora possa, em um primeiro momento, odiá-la.

D. Martyn Lloyd-Jones

Sumário

Introdução 9

capítulo um
    Começando pela igreja 17

capítulo dois
    Desafios, conflitos, soluções e prioridades 39

capítulo três
    Características de uma igreja contagiante 85

capítulo quatro
    O culto como compromisso, não
    como guerra 129

capítulo cinco
    O que a igreja precisa perceber 165

capítulo seis
    De que maneira a igreja deve reagir 197

capítulo sete
    O grande desvio da igreja 229

capítulo oito
    É hora de compensar os estragos 257

Conclusão 285
Notas 293

Introdução

> *Eis o grande desastre evangélico: a negligência dos cristãos em defender a verdade como verdade. Há apenas uma palavra para isso:* acomodação *— a igreja evangélica se acomodou ao espírito mundano desta época.*
>
> Francis Schaeffer

Enquanto andávamos distraídos, tudo enlouqueceu. Nosso mundo não é mais o mundo de nossos avós — nem mesmo o de nossos pais, para dizer a verdade. Enquanto andávamos com a cabeça nas nuvens, as coisas mudaram, ou talvez seja melhor dizer *corroeram-se*. Sem perceber, passamos do que costumávamos chamar de "mundo moderno" para o "mundo pós-moderno". Fomos arrastados da "era cristã" para uma "era pós-cristã". Eis a razão de nos encontrarmos em um mundo menos amistoso à igreja e, mais do que nunca, desconectado da Bíblia. Não espanta, portanto, que hoje em dia as pessoas sejam mais ignorantes a respeito da Bíblia do que praticamente em qualquer outra época, desde a Idade das Trevas.

Creio que muitos devem ter ouvido falar do programa de entrevistas norte-americano *The Tonight Show* com Jay Leno. A maior parte do que Leno fazia em seu programa era de mau gosto e exagerado, mas era assim que ele mantinha sua audiência elevada. Certa noite, Leno saiu para entrevistar pessoas na rua. Foi cômico e trágico ao mesmo tempo. Sua ideia era surpreender as pessoas com perguntas sobre a Bíblia. Não eram pegadinhas nem perguntas difíceis. Pelo contrário, tratava-se de questões fáceis de responder, e era exatamente isso o que tornava o programa tão engraçado.

Leno perguntou a uma mulher:

— Adão e Eva tiveram filhos?

Após alguns momentos espremendo os neurônios, ela respondeu:

— Não, eles nunca tiveram filhos.

— Os dois irmãos se chamavam Caim e...?

Todos fazendo cara de interrogação. Ninguém fazia a menor ideia. A mulher não sabia o que responder.

— Tudo bem. O que aconteceu com a esposa de Ló?

Piorou. Um espectador nas proximidades deixou escapar:

— Quem foi Ló?

Leno dá uma dica:

— Ela se transformou em...

— Um anjo — respondeu a entrevistada.

Leno dirige-se a outra pessoa:

— Você pode dizer o nome de um dos apóstolos?

Nenhuma resposta. O apresentador continua:

— Muito bem. Então diga o nome dos quatro Beatles.

— John, Paul, George e Ringo — vem a resposta imediata. A multidão aplaude.

— Quantos são os mandamentos?

— Três. São três mandamentos — anunciou um sujeito corajoso.

— Não, são vinte. Vinte mandamentos — disse outro.

— Não. É o mesmo número de discípulos. São doze — corrigiu um terceiro.

— Alguém saberia citar quatro dos mandamentos? — perguntou Leno.

Ninguém sabia.

— Alguém saberia citar apenas um?

— Alguma coisa sobre não cobiçar a mulher do próximo — respondeu um sujeito (interessante ele ter se lembrado justamente desse).
— Mas só se ela for bonita, não é? — emendou Leno.
— É. Acho que é isso mesmo.
— A mulher do seu vizinho é bonita?
— Não, ela não é bonita — respondeu. (Pensei: "E se a mulher do vizinho dele estiver assistindo?")
— Quem foi engolido por uma baleia?
— Uma baleia? — espantou-se alguém. — Isso é uma pegadinha?
— Não. Vou dar uma dica: Jo...
— Joana d'Arc — outro respondeu rapidamente.
— Não. Jo...?
— Joe DiMaggio.
— Não.
— Pinóquio.
Leno prosseguiu:
— De acordo com o livro de Gênesis, quais os nomes das duas cidades destruídas? Vou dar uma dica: Sodoma e...
Após uma pausa, um dos espectadores sugeriu:
— Saddam Hussein?
Nosso mundo não é apenas ignorante a respeito dos fatos fundamentais da Bíblia; a maioria das pessoas vive no ceticismo, convencidas de que não existe nenhuma *verdade absoluta*. O engano é tão sutil que somos levados a acreditar que o errado é certo e o mau é bom. Tragicamente, a maioria só percebe isso tarde demais.

Vivemos em uma realidade completamente diferente, e nenhuma outra coisa tem sofrido mais com o pós-modernismo do que a igreja e seu relacionamento com a Palavra de Deus, as Escrituras Sagradas. Quando a Bíblia perde seu lugar central no culto da igreja, ainda que seja substituída por coisas boas, o resultado é a ignorância bíblica. Quanto mais esses substitutos usurparem o lugar da pregação da Palavra como centro do culto cristão, mais forte se tornará a correnteza da ignorância. Quanto maior o domínio do pensamento pós-moderno sobre a igreja, mais fraca e menos relevante ela se mostrará aos olhos do mundo. Com o passar do tempo, a congregação, que se distancia da Palavra de Deus, passa a querer mais entretenimento e menos verdade bíblica.

Um observador astuto comentou:

> "Quando a igreja se torna um centro de entretenimento, a alfabetização bíblica geralmente se torna uma das primeiras vítimas. Após o culto as pessoas voltam para casa com um sorriso no rosto, mas com um vazio na vida".[1]

Décadas atrás, o teólogo Francis Schaeffer escreveu:

> "Eis o grande desastre evangélico: a negligência dos crentes em defender a verdade como verdade. Há apenas uma palavra para isso: *acomodação* — a igreja evangélica se acomodou ao espírito mundano desta época".[2]

Entretanto, há uma boa notícia: essa situação pode mudar. Este livro é um chamado para que o povo de Deus perceba quanto se desviou do curso. É hora de acordar e renovar nosso desejo por aquilo que Jesus está construindo. Este texto tem origem em minha firme convicção de que só conseguiremos interromper o desvio da igreja a partir do momento em que ela retornar ao compromisso de seguir o projeto inspirado descrito no Livro eterno — e sempre relevante — deixado por Deus.

Escrevi *A igreja desviada* visando, sobretudo, a dois grupos de pessoas. Primeiro, os cristãos sérios, pensantes e fiéis que estão cientes de haver um caminho melhor. A Bíblia mostra que existiu um grupo de homens de pensamento claro e firme, conhecidos como membros "da tribo de Issacar" (1Cr 12.32); esses homens "sabiam como Israel devia agir em qualquer circunstância". Hoje a igreja precisa desse mesmo tipo de discernimento. Além disso, precisamos igualmente de um estoque de coragem. Meu objetivo é estimular o desejo por essas coisas naqueles que estão dispostos a refletir com seriedade.

Também escrevo aos pastores, especialmente os indecisos, que necessitam de uma *autorização* para resistir bravamente e devolver à pregação da Palavra de Deus o seu lugar central no culto cristão.

Estou preocupado com a intensa expansão do pós-modernismo. O resultado disso é o decaimento de uma era cristã para uma era pós-cristã. Nos últimos trinta anos, temos deslizado para as águas sombrias do pântano pós-cristão.

Em vez de ser interpretada francamente, a vida passou a ser interpretada emocionalmente. A realidade deixou de ser real e tornou-se virtual. E agora, uma vez que a realidade foi distorcida e entendida como algo repugnante, a geração mais nova prefere a virtualidade. A realidade causa-lhe tédio. O modo de pensar com base na operação objetiva da verdade das Escrituras foi substituído por uma forma subjetiva de pensamento secular, totalmente fundamentada em uma percepção horizontal humanista em que predomina o ego.

Quer uma boa definição de *pós-modernismo*? Vejamos se consigo elaborar uma. Talvez descrever seja mais útil que definir: o pós-modernismo prospera no caos; seu desejo consiste em destruir todo critério *moral* e substituir por critério *nenhum*. Ele deseja um mundo onde tudo é relativo, onde não existe nenhuma verdade e a única realidade é a percepção. Considerando que a verdade eterna de Deus não tem lugar em um mundo nesses moldes, temos observado, a partir da ascensão do pós-modernismo, um equivalente declínio do conhecimento bíblico.

É interessante observar como o pós-modernismo evoluiu: iniciou no ambiente rarefeito da comunidade literária acadêmica, mas não tardou a escorrer dos eruditos intelectuais das universidades para praticamente todas as pessoas em posição de liderança. Dos ambientes universitários aos saguões do Congresso, em seguida às salas das escolas públicas, até chegar finalmente aos nossos lares. Estamos submersos nessa filosofia de pensamento, um raciocínio ao mesmo tempo sutil e falacioso. Jamais veremos uma grandiosa convocação pública anunciando: "Estamos vivendo uma era pós-modernista". Não, não é desse modo que o pós-modernismo se apresenta. Antes, "virá como ladrão à noite" (1Ts 5.2).

A maior tragédia, entretanto, é o fato de a igreja evangélica do século 21 ter se rendido. A sonolenta igreja dos nossos dias adotou esse modo de pensar. Neste livro, espero explicar por que e como isso ocorreu. Quero acrescentar, porém, que minha intenção não é apenas apontar o que está errado. Em meus textos, sempre enfatizei a graça, que por sinal é a mesma ênfase de Deus na Bíblia. Escrevi cada capítulo com a intenção de apresentar soluções, não apenas expor problemas — e conduzir o leitor à esperança que Deus nos oferece em sua palavra.

Em meus quase cinquenta anos de ministério, jamais tive tão grande desejo ou esperança de observar o despertar da igreja; isto é, de ver a igreja acordar, perceber quanto se desviou e começar a caminhar com Deus, engajada com a cultura em nome de Jesus Cristo. Espero que Deus use este livro de maneira poderosa a fim de contribuir com o plano mestre que Jesus está executando. Afinal, foi o próprio Cristo que prometeu: "edificarei a minha igreja, e as portas do Hades não poderão vencê-la" (Mt 16.18).

Quero agradecer aos meus amigos de longa data, Rolf Zettersten e Joey Paul, do grupo FaithWords. Fiquei muito animado com o entusiasmo e o compromisso incansável desses dois para levar este livro ao maior número possível de pessoas. Devo acrescentar também minha profunda consideração por meu talentoso e competente editor, Wayne Stiles, a quem agradeço sinceramente o tempo e os esforços investidos. Serviu-me de grande estímulo saber que Wayne estava tão empolgado com a mensagem deste livro quanto eu, que sonhava escrever estas coisas havia mais de uma década, mas precisava de um editor interessado e competente. O fato de tê-lo encontrado tornou possível a transformação desse sonho em realidade. Estou imensamente grato.

Charles Swindoll
Frisco, Texas

capítulo um

Começando pela igreja

*O mundo está à espera de uma voz legítima, a voz
de Deus; não um eco do que outros estão fazendo
e dizendo, mas uma voz autêntica.*

A. W. Tozer

Minhas melhores lembranças dos tempos de infância retrocedem às férias de verão e às reuniões em família no chalé do meu avô materno, que morava no sul do Texas. Era um chalé pequeno, de quatro cômodos, carinhosamente apelidado de "choupaninha", com vista para a baía de Carancahua, próxima a Palacios, na extremidade da baía de Matagorda, que desemboca no Golfo do México. Era um cantinho tranquilo onde o ar cheirava a sal e camarão.

O chalé ficava a cerca de 90 metros de um pequeno penhasco que despencava em direção às águas turvas da baía. Meu avô havia cavado uma passagem estreita até um abrigo de barcos onde repousava uma pequena embarcação a motor. Tenho certeza de que meu avô jamais se deu conta de quanto Charles, seu neto lourinho, amava dirigir aquele barco com motor de 10 HP para cima e para baixo na baía de Carancahua. Gostávamos de nadar na baía, pegar camarão com rede de arrasto pela manhã, pescar truta e cantarilho à tarde, e à noite vestir um par de tênis velho e andar aos tropeções pela margem da baía, por dentro da água. Memórias maravilhosas, todas elas!

Lembro-me de um episódio, quando eu tinha 10 anos, em que meu avô me levou para fora e disse: "Todo ano o penhasco diminui um pouco e se desgasta. Venha, quero mostrar a você". Ele usou uma palavra que eu nunca ouvira antes: *erosão*. A partir da beirada do penhasco, andamos certa distância em direção ao chalé; então, ele parou e mediu o espaço desde aquele ponto até o limite de onde o penhasco descambava em direção à água. Em seguida, meu avô fincou uma estaca no chão a fim de marcar o lugar. "Quando você voltar no próximo verão", comentou ele, "vamos medir novamente".

Entre aquele dia e o momento em que voltei, no verão seguinte, ocorreram dois furacões enormes, além de várias marés muito altas e ressacas. Fui correndo ao penhasco tirar a medida da beirada até a estaca. Faltavam 20 centímetros. Todo aquele espaço de terra e grama havia desaparecido! Eu *jamais* teria percebido se não tivéssemos colocado uma estaca e feito a medição. No ano seguinte, meu avô me escreveu informando que outros 30 centímetros haviam desaparecido. Gostaria muito de voltar lá hoje e rever o antigo lugar. É bastante possível que até mesmo o chalé tenha desaparecido.

O dicionário define *erosão* em termos simples: "Ato de um agente que erode, que corrói pouco a pouco; o resultado desse ato".[1] Ao longo dos anos, descobri três verdades acerca da erosão, todas paralelas à descrição dos dicionários: não ocorre rapidamente, *sempre de modo vagaroso*; não atrai atenção para si mesma, *sempre age em silêncio*; e não é um processo óbvio, é *sempre sutil*.

Os efeitos vagarosos, silenciosos e sutis da erosão são motivos não apenas de preocupação material, mas, em maior grau, de preocupação espiritual. F. B. Meyer, pastor britânico de outrora, coloca desta forma: "Nenhum homem se torna vil de uma hora para outra". Ao contrário, a corrosão espiritual ocorre "em etapas [...]de maneira lenta e destrutiva". Pode suceder a indivíduos e, certamente, pode ocorrer com a igreja.

Um amigo querido recentemente visitou uma igreja local fundada por uma denominação com séculos de tradição e raízes profundas na teologia conservadora. As pessoas que deram origem a essa denominação amavam as Escrituras, proclamavam a Palavra de Deus e viviam de acordo com as verdades nela contidas. Para dizer a verdade, esses indivíduos eram desprezados pelos demais por serem tão "retrógrados". A intenção deles nunca foi iniciar uma denominação. No entanto, seu modo de viver deu origem a um movimento que varreu a Inglaterra e acabou cruzando o Atlântico, chegando aos Estados Unidos. Apesar disso, meu amigo e sua esposa, ao participarem do culto naquela manhã, com centenas de outras pessoas, observaram que apenas eles dois e outro irmão haviam trazido a Bíblia. Sinal dos efeitos da erosão. O desvio daquela igreja em relação a suas raízes teológicas vigorosas não ocorreu em dois meses, dois anos ou mesmo duas décadas. Antes, foi uma erosão vagarosa, silenciosa e sutil. À medida que o tempo passar, essa denominação dificilmente reterá suas convicções originais, ou sequer se lembrará delas.

C. S. Lewis, em sua criativa obra intitulada *Cartas de um diabo a seu aprendiz*, escreveu: "Com efeito, a estrada mais segura para o inferno é aquela ladeira gradual e suave de chão macio, sem curvas acentuadas, sem marcos de quilometragem e sem placas de sinalização".[2]

Quatro palavras se destacam no texto de Lewis: *sem marcos de quilometragem*. A fim de acordar de seu sono prolongado, a igreja precisa de marcos. O marco serve a uma de duas funções básicas: mostrar até que ponto nos movemos em direção aos nossos objetivos, ensejando motivos de celebração, ou quanto nos desviamos do rumo, compelindo-nos a retornar. A exemplo da estaca que meu avô cravou no solo, o marco representa um ponto de referência a partir do qual podemos tirar medidas objetivas. Paramos, olhamos para trás e nos lembramos do motivo inicial de termos iniciado a jornada. Precisamos recordar e reafirmar nossos objetivos originais e, em seguida, perguntar: "Aqueles objetivos ainda são nossos? Estamos no rumo certo?".

É necessário haver pontos de parada ao longo do caminho, pausas obrigatórias para refletirmos se desviamos ou não do rumo. A razão para isso é simples: sem marcos, a igreja se perderá. Conforme ocorre no processo de erosão, não perceberemos o desvio se não estivermos prestando atenção.

Olhar a igreja e relembrar

Casamentos e aniversários são ocasiões perfeitas para refletir e avaliar. São como marcos cíclicos que proporcionam aos cônjuges uma oportunidade de olhar para trás e observar onde estiveram, olhar para dentro e perceber onde estão agora, olhar para o futuro e determinar onde estão indo — tudo examinado e avaliado de acordo com os votos declarados no altar. A passagem do tempo não muda nem apaga os votos. Embora os anos tragam desafios e introduzam conflitos, os votos permanecem firmes. Eles são nossos marcos conjugais.

Recentemente tenho refletido bastante a respeito dos marcos da igreja. A congregação a qual atualmente sirvo como pastor-sênior, a Stonebriar Community Church, comemorou dez anos de existência em outubro de 2008. Em se tratando de idade, não somos uma igreja antiga. Se você disser a um europeu que sua igreja tem dez anos de idade, perceberá um sorriso no rosto dele. A maioria das igrejas europeias é tão antiga que muitas estão celebrando seu 200º aniversário. De fato, algumas datam da Idade Média! Nossa igreja é jovem, mas, isso não é algo que se perceba apenas olhando para ela. Nos últimos dez anos houve um crescimento estupendo, o que é muito bom! Somos gratos por essa rápida expansão. Pessoas de todas as idades têm se juntado a nós. Entretanto, alguma coisa aconteceu nesta última década: *erosão*. Vou explicar.

Em meados da década de 1990, o Senhor me conduziu claramente ao Dallas Theological Seminary para que eu me tornasse parte do grupo de líderes dessa instituição. Nunca havia dirigido um seminário e tive dificuldade em me ver como presidente. Fui do jeito que estava: líder, ministro e pastor de ovelhas (passei tanto tempo cuidando de ovelhas que cheguei a pegar o cheiro delas!). Naturalmente, meu desejo era voltar a pastorear uma igreja em algum momento no futuro. O presidente do conselho me perguntou: "Você está disposto a dedicar total atenção a nós por dois ou três anos, sem fundar uma igreja?". Prometi que faria isso. Para dizer a verdade, assumi aquele cargo por sete anos. Contudo, durante aquele período continuei com o desejo ardente de pregar e ensinar a Palavra de Deus como pastor de uma igreja local. Apenas não sabia onde ou de que maneira o Senhor me daria essa oportunidade.

Quando Deus começou a abrir essa porta, saiba que não ouvi nenhuma voz vinda do céu, não tive visões ou sonhos, nem vi o rosto de Jesus em uma tortilha. Apenas percebi uma convicção profunda de que Deus estava me conduzindo a um ministério de pregação regular, e que eu deveria confiar nele para obter orientação. Certo dia, portanto, eu disse a Cynthia, minha esposa:

— Vamos começar um grupo de estudo bíblico com algumas pessoas. Estou com um desejo enorme de voltar a pregar.

— Maravilha. Pode contar comigo! — respondeu ela.

Essa notícia a respeito do grupo de estudo chegou até nosso ministério de rádio, *Insight for Living* [Discernimento para viver], e na primeira reunião, em um clube de campo, apareceram, para minha surpresa, trezentas pessoas! Na semana seguinte havia o dobro de gente, de modo que tivemos de abrir todas as portas laterais do local onde nos reuníamos, a fim de arranjar mais espaço.

Lembro-me de ter perguntado a um colega:

— Você tem alguma ideia do que estamos fazendo?

— Não faço a menor ideia, mas você está aqui, então vamos nessa! — ele disse, sem perceber que eu também não sabia o que fazíamos ali!

Após a terceira semana, o clube informou que não poderíamos mais nos reunir ali, caso o número de participantes continuasse crescendo. Disseram-me que nosso grupo era a igreja em maior crescimento na América. Eu não sabia disso naquela ocasião, e se soubesse não teria acreditado. O grupo se expandia muito rapidamente e extrapolava todas as minhas expectativas. A intenção inicial não era criar uma igreja, apenas uma reunião de estudo bíblico. Deus, porém, tinha outra coisa em mente. Surpresa? Deus tinha um plano que superava tudo que jamais sonhei possível... Grande novidade!

Durante esse tempo, nosso ministério no rádio ainda estava sediado no sul da Califórnia, de modo que Cynthia e eu precisávamos viajar o tempo todo a Dallas, onde eu presidia o seminário durante a semana, cuidando de várias mudanças importantes e finalizando uma grande campanha de levantamento de fundos. Além disso, eu pregava aos domingos em nosso crescente grupo de cristãos, cujo número alcançava pouco mais de mil pessoas; àquela altura, havíamos nos tornado oficialmente uma igreja e as reuniões foram transferidas para uma faculdade pública. Também continuei escrevendo. Estou mencionando tudo isso para você ter uma ideia da situação. Embora meu coração estivesse satisfeito, e eu amasse tudo o que estava fazendo, não sobrava tempo para mais nada. Eram muitas coisas... *Coisas demais*. Enquanto isso, nossa "pequena congregação" seguia crescendo, crescendo *e crescendo*!

Quero mostrar como me senti ao ver nossa igreja se aproximando do décimo aniversário: pense em um casal jovem com dez anos de matrimônio e quinze filhos! Dá para imaginar como isso seria possível? Com um ano de casados eles têm gêmeos. Após dois anos, trigêmeos. Por compaixão, no ano seguinte eles adotam quatro crianças de outros países. Agora são nove filhos. Contudo, duas semanas mais tarde, a esposa descobre que está grávida de novo, e de trigêmeos! Nesse ponto ela decide trancar o marido fora do quarto e avisa que só abrirá a porta quando ele fizer uma vasectomia. Ele faz a operação, mas a cirurgia fracassa, de modo que a esposa volta a ficar grávida de trigêmeos. Segundo minhas contas, agora a prole aumentou para quinze. Também devo mencionar que a esposa, em vez de mandar as crianças para a escola, decide ela mesma cuidar da educação dos filhos, e a família mora na mesma casa desde o casamento. Eis a situação da nossa igreja!

Vou levar a ilustração um passo adiante. Como seria de esperar de qualquer casal nessas circunstâncias, não sobrava tempo para tratar das necessidades particulares de cada filho, e também não havia como prestar assistência ou orientação adequada. Em resumo, depois de dez anos algumas coisas teriam erodido. É claro que nenhum dos pais deseja que sua família sofra erosão. Entretanto, esse processo é consequência de um crescimento rápido e inesperado, no qual não houve tempo suficiente para dar atenção, suprir as necessidades e fornecer orientação decisiva em momentos críticos.

Reconheço que, a exemplo desse casal com muitos filhos, eu tinha pessoas demais para pastorear. Por não conseguir acompanhar os detalhes de nossa expansão, precisei delegar muitas das minhas responsabilidades a outros. E, embora fossem pessoas boas, descobri que algumas delas não compartilhavam do meu desejo ou da minha visão para o ministério. Percebi que deleguei sem preparar, sem treinar ou moldar o pensamento daqueles líderes. Contratamos funcionários que nunca deveriam ter sido contratados e escolhemos presbíteros que não estavam nem um pouco qualificados (conforme os padrões bíblicos). Quando finalmente me dei conta de tudo isso, a erosão já estava bastante avançada. Devo mencionar também que havíamos começado outra intensa campanha de construção do templo! Para ser honesto, eu estava em uma posição muito difícil. Senti-me como o vigia no alto do mastro do Titanic, no momento em que avistou aquele gigantesco *iceberg*, e orei com fervor para que pudéssemos mudar a tempo o curso de nosso enorme navio.

Não foi fácil. Para dizer a verdade, foram os meses mais difíceis de minhas cinco décadas de ministério. Muito desafiador, muito estressante, muito doloroso. Interromper a erosão e voltar ao rumo correto implicava mover a igreja para uma direção diferente daquela em que navegávamos. Em outras palavras, alguns funcionários teriam de ser dispensados e alguns presbíteros não poderiam permanecer conosco. Houve momentos dolorosos de lágrimas, sentimentos feridos, decisões difíceis, noites maldormidas, conflitos e mal-entendidos. Sou muito grato pelo fato de as finanças terem permanecido intactas. Além disso, nunca houve gente se pegando a tapas na sala dos fundos, tampouco processos judiciais ou escândalos em público. Simplesmente percebi quão longe nos encontrávamos do plano de Deus e resolvi interromper a erosão no ponto em que estávamos, apesar das consequências e das reações dos outros. Decidi não dar atenção a cartas de pessoas contrariadas, extensas mensagens de *e-mail* ou comentários de grupos de fofoca. Graças a Deus, o Senhor foi misericordioso.

Por que estou comentando tudo isso com você? Porque a erosão pode ocorrer com qualquer pessoa e em qualquer igreja. Aconteceu em nossa igreja e pode acontecer na sua; talvez já esteja acontecendo. Outra razão é garantir-lhe que esse processo pode ser interrompido, embora isso não seja nada fácil!

Nosso décimo aniversário foi uma boa ocasião para avaliações e correções no rumo. Os acontecimentos daqueles meses difíceis me convenceram da importância fundamental de as igrejas estipularem marcos cíclicos, isto é, estabelecerem momentos de *olhar para trás*, para sua visão inicial, *olhar para dentro*, para avaliar a situação, e então *olhar para frente* a fim de determinar a direção em que deve seguir, segundo as Escrituras. Esse processo exige um forte compromisso de cumprir o que a Bíblia ordena, e não o que as pessoas querem ou o que outras igrejas estão realizando.

Posso afirmar, a partir da minha experiência, que quando esse processo é conduzido de maneira correta, o resultado é o despertar da igreja.

Observar as Escrituras e descobrir a igreja

Entre comigo em um túnel do tempo imaginário a fim de voltarmos cerca de vinte séculos no passado. Chegamos a uma época em que não existem os Estados Unidos da América, nem América do Sul, nem Europa, nem Austrália, nem Canadá ou qualquer outra cultura contemporânea. Até mesmo a nação de Israel está completamente diferente. No primeiro século não existem tradições cristãs, e certamente não encontraremos nenhuma igreja ou denominação. Nesse lugar onde imaginamos pisar, ninguém jamais ouviu a palavra *igreja*, e a cultura judaica existe em um contexto de domínio romano pagão cujo poder controla o território de Israel. Além disso, os líderes religiosos da época são orgulhosos, trabalham apenas em benefício próprio e são corruptos. Foi nesse ambiente que "a igreja" nasceu.

Para compreendermos um tópico ou termo, por exemplo, *igreja*, devemos começar analisando a passagem de referência primária. Nesse caso, é útil perguntarmos: onde a palavra aparece pela primeira vez e em que contexto é utilizada? Surpreendentemente, a primeira ocorrência da palavra *igreja* no Novo Testamento não foi escrita pelo apóstolo Paulo. Também não foi Pedro quem cunhou o termo, nem qualquer dos outros apóstolos. Antes, foi Jesus.

Descrevendo a cena, Mateus relata a ocasião em que Jesus seguiu com seus discípulos em direção a Cesareia de Filipe, um território gentio situado ao norte. Enquanto andavam por ali, Cristo quis saber de seus discípulos o que pensava o povo a respeito de sua identidade:

> Quem os outros dizem que o Filho do homem é?" Eles responderam: "Alguns dizem que é João Batista; outros, Elias; e, ainda outros, Jeremias ou um dos profetas". "E vocês?, perguntou ele. "Quem vocês dizem que eu sou?" Simão Pedro respondeu: "Tu és o Cristo, o Filho do Deus vivo".
> Mateus 16.13-16

Na época de Jesus, as pessoas o consideravam apenas um homem extraordinário, e nada mais. Pedro, entretanto, pronunciou uma opinião diferente. Falando em nome de todos os discípulos, ele afirmou com exatidão: "Tu és *o* Cristo, *o* Messias, *o* Ungido... *o* Filho do Deus vivo". Pedrão acertou na mosca! Nesse ponto da conversa, Jesus passa do diálogo para o monólogo e elogia Pedro por sua declaração:

> Feliz é você, Simão, filho de Jonas! Porque isto não lhe foi revelado por carne ou sangue, mas por meu Pai que está nos céus. E eu lhe digo que você é Pedro, e sobre esta pedra edificarei a minha igreja, e as portas do Hades não poderão vencê-la.
> Mateus 16.17-18

Ao elogiar Simão Pedro por seu discernimento espiritual a respeito de *quem era Jesus*, o Senhor revela fatos adicionais sobre *o que Jesus faria*. Em outras palavras, Cristo disse a Pedro: "O que você disse a meu respeito é verdade. De fato, suas palavras são fundamentais, e sobre essa declaração firme como a rocha eu *edificarei a minha igreja*". Jesus também prometeu que os portões do inferno jamais corroeriam ou destruiriam sua igreja. A igreja receberia o poder da permanência e, apesar de todas as adversidades, prevaleceria. Nem mesmo o adversário conseguiria derrubá-la. *Edificarei a minha igreja*. Vamos examinar as implicações dessas quatro palavras nessa referência.

Primeiro, Jesus deixa claro desde o início que ele seria o arquiteto da igreja, conforme o planejamento de Deus. Não se deixe enganar: *Cristo* é o criador da igreja. Ele é seu idealizador e também aquele que a protege e a governa. Somente ele é o cabeça.

Segundo, a palavra *edificarei* aponta para o futuro. Jesus não disse "edifiquei" ou "estou edificando", mas "edificarei". Ou seja, a igreja ainda não existia quando Jesus pronunciou essas palavras. Era uma promessa para o futuro, um futuro muito próximo. Entretanto, naquela ocasião, nem Pedro nem os outros discípulos faziam a menor ideia do significado da palavra *igreja*.

Terceiro, o termo *edificar* sugere não apenas um início, mas um processo contínuo. Caso você saiba ler partituras, imagine haver a notação musical de um crescendo sobre a declaração de Jesus. Tente imaginar o júbilo e a energia na voz do mestre enquanto fala acerca do futuro a seus discípulos. A igreja teria início em determinado momento (examinaremos isso a seguir) e, a partir de então, cresceria, cresceria e continuaria crescendo. Por quê? Porque Cristo a construiria. Ele a expandiria e a moldaria conforme sua vontade.

Quarto, a palavra *minha* atesta domínio e autoridade. Cristo não somente é o idealizador e construtor da igreja, conforme dissemos, como também é o cabeça (cf. Cl 1.15-18). Como sempre procuro fazer, é fundamental questionarmo-nos continuamente: "Cristo é o cabeça de nossa igreja local? Ele tem a primazia em nosso ministério? Tudo o que fazemos tem a ver com Jesus, ou nos desviamos desse ponto central?". A fim de evitar a erosão, precisamos manter Jesus na liderança da igreja. Afinal, a igreja pertence a *ele*. Nunca devemos nos esquecer disso.

Ao registrar a menção de Jesus à "igreja" — a primeira ocorrência do termo na Bíblia — Mateus optou por usar o termo grego *ekklesia*, uma palavra composta pelos termos *ek*, "sair, proveniente de", e *kaleo*, "chamar".[3] A palavra refere-se àqueles que foram "chamados" dentre outras pessoas. Mais especificamente, refere-se a uma assembleia de indivíduos com um propósito específico. O termo já era utilizado centenas de anos antes do nascimento de Jesus; porém, por meio do acréscimo da palavra *minha*, Jesus revelou que construiria sua própria *ekklesia*: um povo caracterizado por sua fé na verdade recém-revelada por Pedro: "Tu és o Cristo, o Filho do Deus vivo". Essa assembleia singular cujo cabeça é Jesus agora é chamada de "igreja". Como é valiosa a experiência de retornar à origem dessa palavra e empreender uma avaliação cuidadosa de seu propósito!

Por que estudar a origem da igreja? Porque fazendo isso encontramos as intenções de Deus. Nosso entendimento e aplicação do que a igreja deve ser sofrerá corrosão se deixarmos de examinar essa questão e de nos concentrar em seu fundador e seus fundamentos.

A igreja é um corpo de pessoas chamadas dentre a humanidade para o propósito único e específico de glorificar o Salvador e Senhor Jesus Cristo. Jesus estava se referindo à igreja universal, e não à igreja da esquina. Ele não estava se referindo a um edifício erigido em alguma propriedade, mas a um corpo de indivíduos que ama a Cristo acima de todas as coisas. Esse corpo não tem raízes políticas nem limites culturais; não possui barreiras linguísticas nem raciais; não tem laços denominacionais nem políticos. A igreja de Jesus Cristo não é uma corporação. Por favor, lembre-se disso! A igreja local, portanto, não é um estabelecimento comercial com uma cruz fincada no telhado. Antes, a igreja que Jesus prometeu construir era uma entidade *espiritual* da qual somente ele seria o cabeça. Então como era a igreja quando Cristo iniciou a construí-la?

Visitar a igreja primitiva e aprender

Vamos viajar um ano à frente em nosso túnel do tempo. Deixamos Cesareia de Filipe e agora nos encontramos mais ao sul, em Jerusalém, a cidade santa. Os líderes religiosos de Israel e os líderes civis de Roma condenaram Cristo à morte na cruz. Entretanto, exatamente como prometera a seus discípulos, Jesus ressuscitou dos mortos ao terceiro dia! Apesar dos esforços de seus inimigos para explicar a tumba vazia, lá estava Jesus, e sua presença revigorou seus seguidores. Dias depois, pouco antes de ascender e retornar ao céu, o Senhor pediu que seus discípulos esperassem em Jerusalém pelo Espírito Santo prometido (cf. At 1.4-5). No dia de Pentecostes, o Espírito Santo apareceu e transformou aquele pequeno grupo de seguidores — com cerca de 120 pessoas, entre homens e mulheres — para que realizassem aquilo que Jesus disse que fariam quando o Espírito de Deus viesse sobre eles. E assim eles se tornaram, com coragem e audácia, suas testemunhas em Jerusalém (cf. At 1.8,15; 2.5-11). O testemunho deles espalhou-se rapidamente, e não tardou a surgir discípulos a centenas de quilômetros de Jerusalém. O que aconteceu? Exatamente o que Cristo havia prometido em Cesareia de Filipe: Jesus começara a construir sua igreja!

O apóstolo Pedro se levantou e comunicou uma mensagem poderosa às multidões de Jerusalém, apresentando-lhes o Messias Jesus. Acho belíssimo que o Senhor tenha usado *Pedro* para entregar a mensagem. Ele foi o primeiro a chamar Jesus de "Cristo, o Filho do Deus vivo", e o primeiro com quem Jesus falou a respeito de construir sua igreja. E lembre-se de que Pedro havia negado Jesus apenas alguns meses antes. Isso é graça! Jesus usou a mensagem de Pedro para chamar aqueles primeiros convertidos em Jerusalém no dia da inauguração da igreja. E que chamado!

> Os que aceitaram a mensagem foram batizados, e naquele dia houve um acréscimo de cerca de três mil pessoas.
>
> Atos 2.41

Observe que as pessoas, ao ouvirem a mensagem a respeito das boas-novas de Jesus, "aceitaram" a mensagem de Pedro. No original, a palavra significa que eles reconheceram a verdade pelo que ela é, e creram nela. É desse modo que um indivíduo se torna cristão; é desse modo que a igreja é "construída". A pessoa *ouve* a respeito da morte de Cristo por seus pecados e então *crê* em Jesus, ou seja, recebe-o pela fé. Os que creram na mensagem de Pedro foram batizados naquele dia: quase três mil pessoas, segundo o texto. Impressionante! John Stott comentou: "O corpo de Cristo em Jerusalém multiplicou-se 26 vezes, de 120 para 3.120".[4] De repente, entraram no aprisco de Deus três mil novas ovelhas. E pensar que *eu* fiquei apreensivo com o rápido crescimento de nossa igreja! Imagine como Pedro se sentiu! Às vezes denomino aquele batismo o primeiro banho de ovelhas da história da igreja.

Entretanto, apesar do número de membros e das necessidades daquele grupo tão grande, ainda havia simplicidade: não havia tradição nem regimentos, não havia programas nem estatutos, não havia pastor-sênior nem "conselhos", não havia planejamento de *marketing*, não havia divisões nem corrupção — e não havia erosão... ainda não. Havia 3.120 pessoas vivendo com o Espírito de Deus, que agora habitava no interior deles e os conduzia. Como era isso? O texto informa exatamente como agiam aqueles primeiros cristãos quando se reuniam. Veja com atenção:

> Eles se dedicavam ao ensino dos apóstolos e à comunhão, ao partir do pão e às orações.
>
> Atos 2.42

Nesse único versículo encontramos o menor denominador comum de uma igreja. Esse é o marco zero. Seria muito útil se o povo de Deus se lembrasse todos os dias desse único versículo da Bíblia. Observe que, quando se reunia, o primeiro grupo de cristãos se dedicava a quatro tarefas essenciais. Percebeu quais eram? A *doutrina*, a *comunhão*, o *partir do pão* e a *oração*. Esse versículo não apenas *descreve* o que fazia a igreja primitiva, mas também *prescreve* o que todas as igrejas devem fazer.

Para que um grupo de irmãos se torne o tipo de igreja que Jesus prometeu construir é necessário haver *doutrina*, o que obviamente inclui a pregação. Doutrinar não é o mesmo que conversar, ler poesia, apresentar uma mensagem motivacional ou promover um estudo recheado de técnicas de pensamento positivo. Segundo informa o texto bíblico, esse ensino se refere à doutrina *dos apóstolos*. Hoje a igreja tem acesso a toda doutrina dos apóstolos por meio da Bíblia, a Palavra de Deus. A igreja precisa se dedicar continuamente ao ensino das Sagradas Escrituras. O ensino da verdade de Deus produz na igreja raízes profundas que fornecem alimento e estabilidade. Tenho muito que dizer a respeito disso nos próximos capítulos.

Para uma igreja estar em conformidade com o que Jesus prometeu construir, também é necessário haver *comunhão*. A doutrina sem comunhão transforma a igreja em uma escola, um lugar para adquirir informação e nada mais. O termo original para comunhão é *koinonia* e se refere a relacionamentos íntimos e mútuos nos quais as pessoas compartilham coisas em comum e permanecem envolvidas umas com as outras. A palavra não se refere a reuniões para almoços, jantares especiais ou cantatas de Natal. Antes, *koinonia* se refere a relacionamentos em que as pessoas compartilham a vida umas com as outras, dividindo tanto as dificuldades quanto as alegrias. Quem se envolve nessa comunhão cultiva uma harmonia íntima com os demais. Na igreja, a Palavra de Deus não é apenas *aprendida* por meio da pregação; também é *vivenciada* por meio da comunhão.

O *partir do pão* está incluso no ensino e na comunhão e se refere à ceia do Senhor, procedimento observado durante as reuniões dos primeiros cristãos. Uma vez que o batismo foi mencionado imediatamente antes desse versículo, entendemos que a igreja primitiva se dedicava aos dois mandamentos deixados por Jesus: o batismo e a ceia. O primeiro representa nossa conversão a Cristo; o segundo, nossa vida de comunhão com ele. Um termo mais satisfatório e inclusivo seria *adoração*. No tipo de igreja que Jesus prometeu construir há adoração.

Por fim, a congregação também se dedicava à *oração*. Eles passavam tempo em adoração ao Senhor, confessando seus pecados, intercedendo pelos outros, pedindo sustento a Deus e agradecendo-lhe as bênçãos recebidas, exatamente como Jesus os ensinou a orar. No tipo de igreja que Jesus prometeu construir há oração.

Não existe igreja sem esses quatro elementos essenciais registrados em Atos 2.42. Pode haver mais que esses quatro elementos, mas não é possível haver menos e, ainda assim, continuar a ser igreja. E se houver mais elementos, como de fato ocorre na maioria dos casos, esses acréscimos nunca devem contradizer ou obscurecer a importância dos elementos essenciais, pois, se isso acontecer, é certo que haverá erosão.

Notavelmente, a estrutura simples da igreja primitiva providencia o espaço necessário para o Espírito de Deus trabalhar e orientar. Não me entenda mal: uma estrutura simples não é sinônimo de pessoas mais puras. Aqueles novos cristãos estavam longe de serem considerados perfeitos. Entretanto, por meio do poder do Espírito de Deus, que agia na vida deles e os orientava, havia integridade, confiança, alegria, fé, união, generosidade, perdão, compaixão, harmonia, estabilidade e, obviamente, graça (apenas para citar algumas virtudes). Deve ter sido magnífico! Mas será que funcionava? Leia os versículos seguintes:

> Todos os dias, continuavam a reunir-se no pátio do templo. Partiam pão em suas casas, e juntos participavam das refeições,

com alegria e sinceridade de coração, louvando a Deus e tendo a simpatia de todo o povo. E o Senhor lhes acrescentava diariamente os que iam sendo salvos.

Atos 2.46-47

Leia a passagem novamente e, desta vez, preste atenção aos aspectos vertical e horizontal. Observe que, como resultado da dedicação daqueles cristãos aos elementos essenciais, a igreja continuava a se expandir e a crescer. Para dizer a verdade, era um crescimento vertiginoso que superava qualquer expectativa, e isso em plena época de perseguições. Verifique como a igreja continuou a crescer durante os meses e anos que se seguiram:

Mas muitos dos que tinham ouvido a mensagem creram, chegando o número dos homens que creram a perto de cinco mil.

Atos 4.4

Em número cada vez maior, homens e mulheres criam no Senhor e lhes eram acrescentados.

Atos 5.14

Assim, a Palavra de Deus se espalhava. Crescia rapidamente o número de discípulos em Jerusalém; também um grande número de sacerdotes obedecia à fé.

Atos 6.7

A igreja passava por um período de paz em toda a Judeia, Galileia e Samaria. Ela se edificava e, encorajada pelo Espírito Santo, crescia em número, vivendo no temor do Senhor.

Atos 9.31

A mão do Senhor estava com eles, e muitos creram e se converteram ao Senhor. Notícias desse fato chegaram aos ouvidos da igreja em Jerusalém, e eles enviaram Barnabé até Antioquia.

Este, ali chegando e vendo a graça de Deus, ficou alegre e os animou a permanecerem fiéis ao Senhor, de todo o coração. Ele era um homem bom, cheio do Espírito Santo e de fé; e muitas pessoas foram acrescentadas ao Senhor.

Atos 11.21-24

Em Icônio, Paulo e Barnabé, como de costume, foram à sinagoga judaica. Ali falaram de tal modo que veio a crer grande multidão de judeus e gentios.

Atos 14.1

Assim as igrejas eram fortalecidas na fé e cresciam em número cada dia.

Atos 16.5

E creram muitos dentre os judeus, bem como dentre os gregos, um bom número de mulheres de elevada posição e não poucos homens.

Atos 17.12

Que crescimento fantástico! A despeito de toda oposição e perseguição, e muitas vezes *por causa delas*, Cristo continuava construindo sua igreja. O teólogo e historiador F. F. Bruce chama esse fenômeno de "a chama que se alastra".[5] O crescimento prosseguiu, exatamente como Jesus prometeu. E o adversário, embora provavelmente lançando mão de todos os seus recursos, não conseguiu interromper, impedir ou destruir!

OLHAR EM VOLTA E PERCEBER ALGUMAS VERDADES ETERNAS
Voltemos ao nosso túnel imaginário para retornar ao tempo presente. À luz do que descobrimos, quero sugerir três princípios e três imperativos que todas as igrejas deveriam examinar e aplicar.

Primeiro princípio: *o discernimento bíblico deve superar o planejamento secular e a mentalidade corporativista*. E o primeiro imperativo? *Pense de modo espiritual!* Por mais organizadas que nossas igrejas tenham se tornado, precisamos priorizar o pensamento bíblico em detrimento do pensamento secular. Escrevi a respeito dos elementos que *existiam* na igreja primitiva, mas quero mencionar também o que *não existia*: não havia estruturas de organização secular nem política eclesiástica; não havia gurus de autoridade nem "presidentes" do que quer que fosse; não havia abuso de poder por parte de fanáticos controladores; não havia manobras de interesse pessoal nem rivalidades; não havia desentendimentos por causa das finanças nem elaboração de estratégias para "garantir nosso espaço" contra a concorrência. Em vez disso, havia um lugar onde a ênfase espiritual precedia o jeito mundano de fazer as coisas.

De que maneira isso se aplica aos dias de hoje? Para começar, nossa doutrina precisa ter base bíblica e seguir uma tendência espiritual. Nossas classes de escola dominical, nossas reuniões de comunhão e pequenos grupos de estudo precisam focalizar o ensinamento bíblico e as lições espirituais. Nossos cânticos e hinos precisam ter conteúdo espiritual. Nossos ministérios de aconselhamento precisam ser exercidos por meio da revelação do Espírito Santo nas Escrituras. Nossos relacionamentos precisam pautar-se pela prioridade espiritual, isto é, aquela comunhão íntima na qual as pessoas confiam umas nas outras. A igreja deve se tornar o lugar onde o pensamento espiritual esteja acima de tudo o mais — toda aquela peleja que enfrentamos no mercado humano dos valores e das ideias. E por quê? Porque Jesus Cristo é o cabeça da igreja. Lembre-se: a igreja é uma instituição *espiritual*.

Segundo: *decisões planejadas e cuidadosas precisam ter sua origem na Palavra de Deus, e não em opiniões humanas*. A verdadeira atitude espiritual nasce a partir da meditação nas Escrituras. Portanto, o imperativo deve ser: *atenha-se à Bíblia!* A Palavra de Deus deve ocupar o lugar central em cada culto. Além disso, todas as reuniões do presbitério e de outros departamentos devem ter as Escrituras como base de quaisquer decisões tomadas. A orientação da igreja deve provir da Palavra de Deus; as Escrituras moldam nossa mentalidade atual e nosso planejamento futuro por meio de princípios que podemos compreender, tomar como verdadeiros e aplicar.

Caso nossa igreja se comprometa com essas dimensões específicas e essenciais, seremos o grupo de indivíduos mais contagiante de nossa comunidade. Lembro-me das palavras de um de meus mentores, o falecido Ray Stedman: "Se a igreja estivesse fazendo seu trabalho como deveria, as pessoas não conseguiriam viver fora dela". Por quê? Bem, no mínimo seriam atraídas pela curiosidade! Elas perceberiam nosso amor e alegria e pensariam: "Qual a razão de aquela igreja estar abarrotada de gente? Como conseguem manter um espírito de amor e alegria em meio a tantas pessoas de opiniões diferentes?". Quem pensa dessa forma não entende que o mais importante para nós não é a *nossa* opinião, mas a opinião de Deus.

Gosto muito das palavras de A. W. Tozer: "O mundo está à espera de uma voz legítima, a voz de Deus; não um eco do que outros estão dizendo e fazendo, mas uma voz autêntica".[6] A exemplo dos que seguem a Cristo como o cabeça, devemos cuidar para que nossas palavras provenham do Deus vivo, e não do eco de palavras ou obras humanas — e, claro, nem de nossa cultura! Independentemente de quão sábias e inteligentes sejam as opiniões humanas, a igreja não é orientada pelo pensamento de pessoas falhas (a propósito, isso inclui o pastor!). *Cristo* é o cabeça. Nosso pensamento é moldado pelo estudo das Escrituras, isto é, pelo pensamento de *Deus*. Trata-se de construir a igreja à maneira de Deus, cujas instruções encontramos na Bíblia. Não encontraremos voz autêntica como essa em nenhum outro lugar.

Para mim, igreja que trabalha é igreja que cresce. Entretanto, atente para a sequência dessa afirmação, pois uma igreja que cresce *não necessariamente* é uma igreja que trabalha. Aprendi isso do jeito mais difícil, o que me leva ao último princípio.

Terceiro: *é preciso haver mudanças fundamentais e criteriosas a fim de se neutralizar os efeitos da erosão.* Observe que não utilizei a palavra *fácil*. Não é fácil empreender mudanças uma vez iniciada a erosão, mas é fundamental. O imperativo? *Seja flexível!* Esteja pronto e disposto a fazer mudanças, e mudanças fundamentais, especialmente se você deseja interromper o processo vagaroso, silencioso e sutil da erosão. O poeta e artista norte-americano E. E. Cummings escreveu: "Ser você mesmo, em um mundo que se esforça ao máximo, dia e noite, para torná-lo qualquer outra pessoa exceto você, é engajar-se na batalha mais difícil que qualquer ser humano já enfrentou, e jamais desistir dessa luta".[7]

Talvez você esteja sozinho na luta contra a erosão em sua igreja. Se for esse o caso, meus parabéns! Acredite, *não* é uma situação fácil. Quando tomei consciência da erosão que ocorria em nossa igreja e percebi o quanto havíamos nos desviado do plano original e simples de Deus, orei: "Deus todo-poderoso, traga de volta aquela visão original. Dê-me coragem para liderar esse rebanho de volta aos fundamentos. Faça com que isso aconteça novamente! Por favor, desperte nossa igreja". E ele começou a fazer isso. Tem sido maravilhoso!

Entretanto, repito: não tem sido fácil.

Correções de rumo requerem mudanças e dedicação aos quatro elementos essenciais de uma igreja. Vamos revisar mais uma vez esses quatro fundamentos.

> Eles se dedicavam ao ensino dos apóstolos e à comunhão, ao partir do pão e às orações.
>
> Atos 2.42

Não é suficiente apenas ter esses quatro elementos essenciais em nossa igreja; é preciso também perseverar. O termo grego original significa "continuar a fazer algo com esforço intenso, não obstante as possíveis implicações e apesar da dificuldade".[8] Haverá dificuldades? Sem dúvida! Abra o Novo Testamento e releia a história da igreja primitiva. Observe qualquer igreja! O adversário jamais desistirá de tentar destruir a obra de Cristo, pode ter certeza disso. No próximo capítulo estudaremos essa questão mais detalhadamente.

Tenho por hábito relembrar o dia em que meu avô fincou aquela estaca no solo ao lado do chalé para medir a erosão. Todos aqueles que amam (e especialmente os que *lideram*) a igreja precisam avaliar com regularidade onde se encontram em relação ao padrão eterno e imutável da Palavra de Deus. Precisamos fazer pausas periódicas e questionar com honestidade se estamos ou não nos desviando do rumo. Sabendo que a mudança é sempre vagarosa, sempre silenciosa e sempre sutil, precisamos nos lembrar de que é dessa maneira, sobretudo, que a igreja se desvia do plano original de Deus. Uma observação superficial jamais detectará a erosão, que também não é percebida pela mentalidade corporativista. É preciso uma mente aguçada e disciplinada para reconhecê-la — e ações decisivas e deliberadas para interrompê-la.

Apesar dos desafios que a igreja enfrenta atualmente, a erosão não precisa acontecer. Mas, para que não aconteça, é necessário que despertemos e *perseveremos* em fazer a obra de Deus à maneira de Deus.

capítulo dois

Desafios, conflitos, soluções e prioridades

> O que a igreja necessita hoje não é de mais e melhores mecanismos, novas estruturas organizacionais ou maior quantidade de métodos modernos. Ela precisa de homens que o Espírito Santo possa usar — homens de oração, homens poderosos em oração. O Espírito Santo não age por meio de métodos, mas por meio de homens. [...] Ele não abençoa planos, mas homens — homens de oração!
>
> E. M. Bounds

Como é possível o prédio de uma igreja inteira desaparecer em pouco tempo? Isso aconteceu de verdade. Uma igreja inteira foi furtada!

Vista pela última vez em julho de 2008, uma igreja russa desapareceu poucos meses depois de completar 200 anos de existência. Eclesiásticos ortodoxos que moravam em um vilarejo ao nordeste de Moscou decidiram reativar o prédio de dois andares da Igreja da Ressurreição e reinstituir os cultos. Imagine a surpresa deles quando chegaram ao local e viram... Absolutamente nada! Em áreas rurais da Rússia é comum ladrões furtarem imagens de ouro e outros itens valiosos de igrejas desocupadas. Entretanto, dessa vez o próprio edifício foi furtado! Como isso aconteceu?

Simples: tijolo por tijolo.

Pessoas que viviam nas proximidades desmancharam a estrutura em outubro de 2008 e venderam os tijolos a um comerciante local por um rublo cada (cerca de dez centavos de real por tijolo). "Obviamente, trata-se de uma blasfêmia", esbravejou o padre local. "Essas pessoas têm de perceber que cometeram um pecado",[1] ao que pensei: "Sério? E o que dizer da liderança que negligenciou a igreja por tanto tempo?". Bem, falaremos sobre isso adiante.

Senti uma pontada quando vi a data de demolição da igreja, pois em outubro de 2008 era justamente o aniversário de dez anos da Stonebriar Community Church. Aquele mês foi um marco fundamental na história de nossa igreja, ocasião em que decidimos deter a erosão que nosso corpo local havia começado a experimentar. Espiritualmente falando, decidimos interromper a demolição de nossas paredes internas e começar a reconstruir o fundamento espiritual: os elementos bíblicos essenciais de uma igreja: *ensino, comunhão, partir do pão* e *oração* (cf. At 2.42). Sou muito grato a Deus por sua intervenção e pela graciosa oportunidade de voltarmos ao rumo! A graça de Deus nos resgatou. A igreja tinha apenas dez anos de existência; contudo, os sinais da erosão começavam a aparecer.

Jesus prometeu construir sua igreja, e acrescentou: "as portas do Hades não prevalecerão contra ela" (Mt 16.18). Essa declaração traz boas e más notícias. A boa notícia é que o adversário não será capaz de impedir o crescimento da igreja de Cristo. A igreja prevalecerá. A má notícia: Satanás fará tudo que estiver ao seu alcance para tentar destruir a igreja. E se não lhe é possível derrubá-la de uma vez só, tentará destruí-la tijolo por tijolo.

Todas as igrejas enfrentam desafios. Na verdade, o Novo Testamento informa que o conflito é um elemento normal na vida cristã:

> Amados, não se surpreendam com o fogo que surge entre vocês para os provar, como se algo estranho lhes estivesse acontecendo.
> 1Pedro 4.12

O que é verdade para nós como indivíduos também é verdade para nossas igrejas. Não devemos nos surpreender com as dificuldades. O conflito é certo! Portanto, não precisamos levar as mãos à cabeça em sinal de desespero quanto ao que fazer em meio a um ataque traiçoeiro do inimigo. Em vez de pedirmos conselhos ao mundo, temos nas Escrituras um caminho claro a percorrer em meio a qualquer tribulação. Isso não significa, entretanto, que será uma tarefa fácil.

Recordando três princípios valiosos

Encerrei o capítulo um apresentando três princípios que considero inestimáveis. Enquanto os recordamos, talvez seja útil ler em voz alta.

1. O discernimento bíblico deve superar o planejamento secular e a mentalidade corporativista. *Pense de modo espiritual!*
2. Decisões planejadas e cuidadosas devem ter origem na Palavra de Deus, e não em opiniões humanas. *Atenha-se à Bíblia!*
3. É preciso haver mudanças fundamentais e criteriosas a fim de se neutralizar os efeitos da erosão. *Seja flexível!*

Incentivo-o a relembrar periodicamente esses princípios. Aliás, seria bastante proveitoso se você os memorizasse. Por quê? Desafios gigantescos e batalhas ferozes o aguardam em seu caminho, e também no da sua igreja. Acredite nisso, espere isso, e acima de tudo, esteja preparado. Somente por meio da devoção aos princípios bíblicos como esses, conseguiremos conservar nossos valores quando o adversário começar a marretar nossas paredes.

Há alguns anos, li um artigo na revista *Smithsonian* a respeito de um experimento fascinante:

> O dr. John Calhoun, psicólogo pesquisador do National Institute of Mental Health, construiu uma gaiola de aproximadamente 2,5 metros quadrados, onde colocou ratos

selecionados, e os observou enquanto a população aumentava de 8 para 2.200. A gaiola, entretanto, foi planejada para conter confortavelmente uma população de 160 ratos. Alimento, água e outros recursos estavam disponíveis em abundância o tempo inteiro. Todos os fatores de mortalidade, exceto o envelhecimento, foram eliminados. Ao chegar ao ápice populacional de 2.200 indivíduos após dois anos e meio, a colônia de ratos começou a se desintegrar. Eles não podiam escapar fisicamente daquele ambiente enclausurado. Os ratos adultos formaram naturalmente grupos de aproximadamente 12 indivíduos. Dentro desses grupos, cada rato tinha uma função social, mas não havia funções disponíveis para os ratos mais jovens e saudáveis. Isso causou a ruptura de toda a sociedade. Os machos que protegiam seus territórios se retiraram da liderança. As fêmeas se tornaram agressivas e expulsaram os jovens, que por sua vez se tornaram autoindulgentes. Eles comiam, bebiam, dormiam e se limpavam, porém não demonstravam a agressividade normal e não se reproduziam.

O dr. Calhoun observou que o namoro e o acasalamento — as ações mais complexas na vida de um rato — foram as primeiras atividades a desaparecer. Após cinco anos, todos os ratos morreram, apesar de haver água e alimento em abundância e nenhuma doença. Que resultado esse aumento populacional teria sobre a humanidade? Calhoun sugere que, em primeiro lugar, toda a nossa reprodução de ideias cessaria e, com elas, nossos objetivos e nossas idealizações. Em outras palavras, nossos valores desapareceriam.[2]

Caso o dr. Calhoun esteja certo, esse experimento com ratos também se aplica a homens e mulheres (até parece um dos livros chamado *Ratos e homens* do escritor norte-americano John Steinbeck). A superpopulação é uma ameaça real. Leia novamente as últimas palavras do artigo: "nossos valores desapareceriam". Essa é a declaração que mais me preocupa. Palavras assustadoras, não apenas para a humanidade, mas também para a igreja.

A razão de nossa existência como comunidade cristã pode, de alguma forma, se perder em meio à correria moderna e às prioridades confusas. Isso acontece o tempo todo. A igreja passa a se concentrar em construções e programas, cadeiras estofadas e estacionamentos, corais e ofertas, funcionários e placas e... *Opa, espera aí*! Se não tomarmos cuidado, a distração com o crescimento numérico e o esforço para sustentar esse crescimento nos levarão a negligenciar as coisas mais importantes. Quando isso ocorre, nossos valores, nosso propósito e nossos objetivos desaparecem.

Elaborei uma lista com alguns possíveis problemas decorrentes do rápido crescimento da igreja. Não é, de modo nenhum, uma lista exaustiva; porém, é suficiente para chamar sua atenção. As igrejas locais que experimentam um crescimento rápido correm o risco de causar os seguintes problemas:

- Incertezas com relação ao propósito.
- Percepção obscurecida.
- Prioridades indefinidas.
- Transigência de valores.
- Substituição do engajamento voluntário pelo profissionalismo.

Todos esses problemas representam perigos em potencial em consequência de um crescimento rápido. O último item da lista, entretanto, é o que me mais me amargura, pois a igreja jamais deveria se tornar uma "organização profissional". Vamos deixar essa tarefa para o mundo. A igreja não é uma corporação sofisticada com uma cruz fincada no telhado; antes, é um ministério. Não pedimos ajuda ao governo nem orientações ao Estado; não consultamos a bolsa de valores em busca de sugestões financeiras; não pedimos apoio a organizações seculares nem corremos atrás dos ricos para que sustentem o ministério. A igreja é uma entidade espiritual construída e sustentada por seu fundador e cabeça, o Senhor Jesus Cristo, que prometeu edificá-la.

Aplaudo as palavras do falecido Richard C. Harverson, ex-capelão do senado dos EUA:

> No início a igreja era uma comunidade de homens e mulheres centrada no Cristo vivo. Então, a igreja mudou-se para a Grécia, onde se tornou uma filosofia. Em seguida, mudou-se para Roma, onde se tornou uma instituição. Depois, mudou-se para a Europa, onde se tornou uma cultura. Por fim, mudou-se para o continente americano, onde se tornou uma empresa.[3]

A igreja pode acabar se tornando uma corporação, e seus ministros podem vir a realizar suas tarefas de modo mecânico. Eis a razão por que aprecio o excelente livro *Irmãos, nós não somos profissionais* (que título magnífico!), obra do pastor John Piper. Leia com atenção:

> Nós, pastores, estamos sendo massacrados pela profissionalização do ministério pastoral. A mentalidade do profissional não é a mentalidade do profeta. Não é a mentalidade do escravo de Cristo. O profissionalismo não tem nada a ver com a essência e o cerne do ministério cristão. Quanto mais profissionais desejamos ser, mais morte espiritual deixaremos em nosso rastro. Pois não existe a versão profissional do "tornar-se como criança" (Mt 18.3); não existe compassividade profissional (Ef 4.32); não existem anseios profissionais por Deus (Sl 42.1)[...].
>
> Nossa atividade é [...] negarmos a nós mesmos e tomarmos a cruz ensanguentada todos os dias (Lc 9.23). Como é possível carregar uma cruz de modo profissional? Nós fomos crucificados com Cristo e vivemos pela fé naquele que nos amou e se deu por nós (Gl 2.20). O que seria, então, a fé profissional?
>
> Não devemos nos encher de vinho, mas do Espírito (Ef 5.18). Nós somos os inebriados de Deus, loucos por

Cristo. Como é possível se embriagar com Jesus profissionalmente? Então, maravilha das maravilhas, foi-nos concedido transportar o tesouro do evangelho em vasos de barro para que a excelência do poder seja de Deus (2Co 4.7). Existe um modo de ser um vaso de barro profissional?[4]

Tempos atrás encontrei um pastor que ministrava em uma igreja com mais de cem anos de existência. Quando nos sentamos para almoçar, não pude deixar de perceber seus ombros caídos e suspiros constantes. Ele parecia exausto. Pedi que descrevesse a igreja onde pregava há tantos anos. Após uma pausa e outro suspiro profundo, ele me olhou nos olhos e disse: "Chuck, posso resumir em uma única palavra: *disfuncional*", e continuou: "Os sulcos são tão profundos e longos que fica difícil imaginar que eu possa exercer *qualquer* influência para trazer a igreja de volta ao rumo".

Enquanto o ouvia, eu balançava a cabeça em sinal de concordância. "Que tragédia", respondi. A alegria dele havia desaparecido; suas esperanças minguavam; seus sonhos vibrantes de outrora se transformaram em reprises tediosas e previsíveis.

Aquela conversa me fez recordar as palavras de Ray Stedman acerca do momento em que cruzou a fronteira para o Alaska: "Vi uma placa pintada à mão à margem da pista, com os dizeres: 'Escolha seu sulco com atenção. Você vai andar nele pelos próximos 300 quilômetros". O mesmo pode ser dito a respeito de muitas igrejas. Obviamente, a melhor solução é evitar os desníveis na estrada. Entretanto, o que fazer se você estiver preso em um deles, a exemplo desse meu amigo pastor? É preciso tomar a difícil, porém necessária, decisão de começar a sair dali. Saia sozinho, se necessário, mas saia! Nesse caso, ele se demitiu e agora pastoreia uma igreja que se recusa a se acomodar e a permanecer indiferente.

Descobri, por experiência própria e estudando as Escrituras, que o adversário utiliza várias maneiras para nos tirar do rumo e nos prender em sulcos. Neste capítulo analisaremos duas dessas estratégias em detalhes e por ângulos diferentes. Graças ao bondoso Deus, a igreja primitiva resistiu a esses dois desafios e os superou. E nós também podemos obter sucesso, se seguirmos esse exemplo inspirador.

Retorno à primeira igreja conhecida

Muitas vezes idealizamos a igreja primitiva como um modelo de perfeição. Talvez o ambiente *fosse* mais ideal, mas certamente não era idílico. Era uma coisa mais pura, mas não perfeita. Eles também enfrentavam dificuldades, exatamente como nós. Entretanto, algumas das dificuldades deles eram muito maiores que as nossas.

Geralmente esboço um sorriso ao ouvir as pessoas dizendo: "Quero que a minha igreja seja igual à igreja do primeiro século". Quando ouço isso, muitas vezes gostaria de responder: "Ah é? E você quer ser perseguido?". Temos a tendência de esquecer *essa* dificuldade da igreja primitiva, não é verdade? A primeira igreja entendeu e resistiu vitoriosamente à perseguição ferrenha, na qual o martírio era comum e os maus-tratos eram parte do cotidiano. Conforme escreve o autor do livro de Hebreus a alguns cristãos da segunda geração:

> Na luta contra o pecado, vocês ainda não resistiram até o ponto de derramar o próprio sangue.
>
> Hebreus 12.4

Nada como um bom versículo para colocar as coisas sob a perspectiva correta! Parece que enfrentamos dificuldades, mas ainda nem chegamos a derramar sangue por causa do nosso testemunho. Observe as palavras "ainda não". Expressão interessante. Talvez esteja a caminho o dia em que seremos mais parecidos com a igreja primitiva, de um modo que jamais desejamos!

Entretanto, diferenças à parte, a igreja do primeiro século enfrentou desafios semelhantes ao contexto do século 21. Apesar dos contrastes geográficos, culturais e linguísticos, algumas características permanecem universais na experiência cristã. A boa notícia é que as soluções também são universais. Examinemos ambas.

A igreja primitiva passou por um crescimento rápido. Segundo Atos 2, após o dia de Pentecostes o número de cristãos em Jerusalém ultrapassava três mil. Dois capítulos depois, Atos informa que o número havia aumentado para quase cinco mil (cf. At 2.41; 4.4)! A chama se espalhava, os números aumentavam, o poder do evangelho se instaurava, o crescimento era exponencial. Era a igreja sendo construída, exatamente como o Senhor Jesus Cristo havia prometido.

Contudo, conforme observamos no experimento da gaiola dos ratos, quando esse crescimento não é gerenciado com sabedoria, os valores começam a se desintegrar. E veja só: o Senhor nem bem começou a construir sua igreja, e o adversário já estava de prontidão para destruí-la!

Certo dia, por volta das 3 da tarde, enquanto se dirigiram ao templo em Jerusalém para orar, Pedro e João, ao passarem pela porta leste, chamada Formosa, curaram um homem deficiente que mendigava por ali. Pedro aproveitou a ocasião para pregar uma mensagem poderosa aos judeus que haviam testemunhado a cura (cf. At 3), e muitos dos que ouviram a pregação creram, de modo que a igreja aumentou para "perto de cinco mil" (At 4.4).

No entanto, os que creram não foram os únicos a ouvir a mensagem. Entre a multidão também estavam líderes religiosos, que tiveram uma reação bastante diferente:

> Enquanto Pedro e João falavam ao povo, chegaram os sacerdotes, o capitão da guarda do templo e os saduceus. Eles estavam muito perturbados porque os apóstolos estavam ensinando o

> povo e proclamando em Jesus, a ressurreição dos mortos. Agarraram Pedro e João e, como já estava anoitecendo, os colocaram na prisão até o dia seguinte.
>
> Atos 4.1-3

Entraram em cena os profissionais que, obviamente, não queriam Pedro e João divulgando ao povo a ressurreição de Jesus dentre os mortos. Importante lembrar: foram esses líderes religiosos que sentenciaram Jesus à morte. O objetivo deles era silenciar essas testemunhas, esmagar o plano desses "ignorantes pretensiosos". Em outras palavras, colocar um fim a essa crescente empolgação! Com tal propósito, esses líderes jogaram Pedro e João na prisão e, no dia seguinte, reuniram-se para interrogar os dois discípulos a respeito daquela cura milagrosa.

Tente imaginar a cena; lembre com quem Pedro está falando. Esses líderes eram os mesmos que haviam condenado Jesus poucos meses antes (cf. Mt 26.57-66). Porventura não teriam eles o poder de fazer a mesma coisa com Pedro e João? Com certeza! É possível que Pedro tenha se lembrado daqueles mesmos rostos raivosos que condenaram o Salvador, cuspiram-lhe o rosto e o esmurraram (cf. Mt 26.67). Para dizer a verdade, aqueles homens mais pareciam matadores profissionais que líderes espirituais. Foi por medo do tratamento que esses homens deram a Jesus que Pedro negou a Cristo por três vezes (cf. Jo 18.22-25). E agora, esses mesmos líderes profissionais tinham Pedro e João na mira.

Entretanto, este é um Pedro diferente. As lágrimas da amargura são coisa do passado. O cantar do galo não mais o assusta. Pedro deixou de temer. Por quê? O pescador viu o Cristo ressurreto. Agora Pedro está cheio do poder do Espírito Santo. Por causa disso, o apóstolo se dirige a esses assassinos sem se sentir intimidado:

Então Pedro, cheio do Espírito Santo, disse-lhes: "Autoridades e líderes do povo! Visto que hoje somos chamados para prestar contas de um ato de bondade em favor de um aleijado, sendo interrogados acerca de como ele foi curado, saibam os senhores e todo o povo de Israel que, por meio do nome de Jesus Cristo, o Nazareno, a quem os senhores crucificaram, mas a quem Deus ressuscitou dentre os mortos, este homem está aí curado diante dos senhores. Este Jesus é 'a pedra que vocês, construtores, rejeitaram, e que se tornou a pedra angular'. Não há salvação em nenhum outro, pois, debaixo do céu não há nenhum outro nome dado aos homens pelo qual devamos ser salvos.

Atos 4.8-12

Isso, meus amigos, é *ousadia*!

Nenhuma hesitação, nenhuma intimidação, nenhum medo, nenhuma preocupação com as consequências. Apenas honestidade misturada com entusiasmo e convicção. *Que coisa estupenda!*

Como pregador, sei o que é ter essa coragem de Pedro e João. Quando você está cheio do Espírito e capacitado a falar em nome de Cristo, um sentimento de invencibilidade toma conta de você. Não existe o medo do que as pessoas possam dizer ou fazer. Às vezes, fico tão ligado na mensagem que estou pregando que tenho a impressão de ter me tornado um conduíte da Palavra de Deus. (Não é minha intenção impressionar ninguém com isso). Nesses momentos, essa percepção de invencibilidade se apossa da proclamação da mensagem. Posso afirmar, com certeza, que não há convicção maior que saber que você está declarando e aplicando a verdade da Palavra de Deus!

Foi *exatamente* o que Pedro e João experimentaram.

Enquanto isso, os profissionais da religião ouviam a mensagem audaciosa de Pedro. Qual a reação deles?

> Vendo a coragem de Pedro e João, e percebendo que eram homens comuns e sem instrução, ficaram admirados e reconheceram que eles haviam estado com Jesus. E como podiam ver ali com eles o homem que fora curado, nada podiam dizer contra eles.
>
> Atos 4.13-14

Ao contrário dos profissionais, Pedro e João eram homens *comuns* e *sem instrução*. Gosto demais dessas palavras! A segunda tem origem no termo grego *agrammatos* e se refere a alguém sem educação formal.[5] A primeira palavra provém do termo grego *idiotes*. É tentador deixar essa palavra como está! Naqueles dias, porém, o termo significava simplesmente uma pessoa "não profissional".[6]

Não surpreende que esses líderes religiosos estivessem admirados e nada tivessem a dizer. De fato, dizer o quê? Diante deles estavam, em sua opinião, dois idiotas iletrados que, apesar disso, eram bem articulados e convictos ao falar, e, ao lado deles, estava a prova viva do poder sobrenatural: o homem que havia sido curado em nome de Jesus.

Após reunirem-se em particular, ocasião em que tiveram de admitir a ocorrência do milagre, chamaram Pedro e João novamente e:

> Ordenaram-lhes que não falassem nem ensinassem em nome de Jesus.
>
> Atos 4.18

Pedro e João *poderiam* ter calado e ido embora. Mas lembre-se de que eles conheciam a verdade a respeito de Jesus, de modo que não havia razão para calar. Nesse momento, a convicção de Pedro voltou a jorrar de modo veemente:

> Julguem os senhores mesmos se é justo aos olhos de Deus obedecer aos senhores e não a Deus. Pois não podemos deixar de falar do que vimos e ouvimos.
>
> Atos 4.19-20

Ah, que coragem insuperável a deles! Veja o que aconteceu em seguida:

> Depois de mais ameaças, eles os deixaram ir. Não tinham como castigá-los, porque todo o povo estava louvando a Deus pelo que acontecera. Pois o homem que fora curado milagrosamente tinha mais de quarenta anos de idade. Quando foram soltos, Pedro e João voltaram para os seus companheiros e contaram tudo o que os chefes dos sacerdotes e os líderes reliogiosos lhes tinham dito. Ouvindo isso, levantaram juntos a voz a Deus.
>
> Atos 4.21-24

Uma vez soltos, Pedro e João não saíram imediatamente de Jerusalém. Pelo contrário, retornaram aos outros cristãos locais com o propósito de orar. Observe especialmente um trecho da oração:

> Agora, Senhor, considera as ameaças deles e capacita os teus servos para anunciarem a tua palavra corajosamente.
>
> Atos 4.29

Nem por um momento pense que a calma e tranquilidade de Pedro e João provinha deles mesmos. De modo nenhum. Na verdade, os apóstolos comunicaram a situação à igreja para que outros cristãos dividissem o fardo com eles diante do Pai. A igreja de Cristo orou ao Senhor como um só corpo, "unânime", pedindo que os apóstolos continuassem a falar com intrepidez. A oração foi uma reação natural, e não o último recurso de que se utilizaram.

Uma de minhas histórias em quadrinhos favoritas era *The far side* [O lado distante], de Gary Larson. (Por que os bons cartunistas *sempre* têm de se aposentar?). Uma tirinha em particular que aprecio muito mostra dois cervos em pé em uma floresta. Um deles traz um enorme alvo em um lado do corpo, próximo ao ombro, enquanto o outro observa e pronuncia a frase fantástica: "Que marca de nascimento mais infeliz, hein, Hal?".

Quero interromper por um momento para lembrá-lo de que qualquer pastor engajado no trabalho árduo de comunicar a verdade — e vivê-la — anda por aí com um alvo enorme gravado sobre o peito. Todo pastor corajoso que fala a verdade está sob pressão. Ele vive sob a mira do adversário, cujo desejo é nada menos que arruinar sua reputação ou, de preferência, destruí-la. Não pense que o pastor, por pregar com ousadia, a exemplo de Pedro e João, não precisa de seu apoio em oração. *Ore por seu pastor!* Ele precisa disso muito mais que você imagina. Também peço que o comunique de seu compromisso de orar por ele. O incentivo que ele receberá por meio de suas palavras, só será superado pela força que Deus concederá a ele por meio de suas orações. Por favor, ore por seu pastor.

Pedro e João não viviam obcecados pelo medo. Antes, compreenderam que a cruz de Cristo tem muitos inimigos. Escrevendo aos cristãos de Corinto a partir da cidade de Éfeso, Paulo observa:

> Porque se abriu para mim uma porta ampla e promissora; e há muitos adversários.
>
> 1Coríntios 16.9

Mais tarde, Paulo explica ao jovem pastor Timóteo que os cristãos devem esperar desafios e lutas:

> De fato, todos os que desejam viver piedosamente em Cristo Jesus serão perseguidos.
>
> 2Timóteo 3.12

Não estou sugerindo que devemos ser paranoicos. Como disse um piadista: "O fato de você não ser paranoico não significa que eles não estão atrás de você!". *Nem tanto!* Paulo não era paranoico, mas um realista. Ele compreendeu que as ameaças são superadas pela oração dos santos e pela coragem daqueles que anunciam as boas-novas. Foi essa mesma compreensão que levou Pedro e João a solicitar as orações de seus irmãos em Cristo.

Ordenados pelas autoridades que se calassem, Pedro e João se recusaram: "não podemos deixar de falar do que vimos e ouvimos", responderam (At 4.20). Eles permaneceram firmes porque sabiam que estavam sujeitos a um poder maior. As regras insignificantes daqueles profissionais religiosos nada significavam para eles. Claramente, estavam sujeitos a uma autoridade superior. Havia alguém maior a quem precisavam obedecer.

Sou amigo de um juiz federal que mora na região de Washington, D. C. Ele me enviou uma história de ficção que sempre me faz lembrar de Pedro e João e da razão de eles responderem da forma como respondiam:

> Dois patrulheiros rodoviários da Califórnia multavam motoristas na rodovia I-15, um pouco ao norte da base de fuzileiros da aeronáutica, em Miramar. Um dos policiais usava um radar de mão para averiguar a velocidade dos veículos que se aproximavam do topo de uma colina. Os policiais se surpreenderam quando o radar exibiu a leitura de 800 quilômetros por hora. O patrulheiro tentou reiniciar o aparelho, mas o dispositivo desligou completamente. Nesse momento, um barulho ensurdecedor acima das árvores revelou que o radar havia captado um jato F-18 Hornet da aeronáutica norte-americana; a aeronave realizava manobras em baixa altitude próximo ao local. O capitão de patrulha enviou uma reclamação ao comandante da base militar. A resposta veio em estilo militar característico:
>
> Caro senhor,
> Obrigado pela carta. Agora podemos encerrar o inquérito a respeito desse incidente.

Creio ser de seu interesse saber que o computador tático do F-18 detectou a presença de seu hostil equipamento de radar hostil e, por consequência disso, travou mira sobre ele. Automaticamente, nosso computador devolveu um sinal de interferência, razão pela qual o radar foi desligado.

Além disso, um míssil ar-terra a bordo da aeronave também travou automaticamente a mira na localização de seu equipamento.

Felizmente, o piloto que operava o avião compreendeu a situação e reagiu rapidamente ao alerta do sistema de mísseis, cancelando o sistema de defesa automático antes que o projétil fosse disparado e destruísse a posição do radar.

Nosso piloto também sugere que vocês cubram a boca com a mão quando estiverem a dirigir-lhe palavrões, uma vez que o sistema de vídeo desses aviões possui uma resolução muito alta. O sargento Johnson, patrulheiro que segurava o radar, deveria consultar o dentista para verificar o terceiro molar esquerdo; parece que sua obturação está soltando. Além disso, o fecho de seu coldre está quebrado.

Obrigado pela consideração.

Semper Fideles[7]

É muito fácil as autoridades terrenas esquecerem que há um senhorio maior que as observa. Há um Deus soberano que governa as épocas e as estações, que faz o que lhe apraz e cuja autoridade é suprema. Ele não tem de dar satisfações a ninguém. Nós, em contrapartida, somos responsáveis diante dele. Portanto, aqueles que servem ao Deus soberano não têm razão para temer!

Contudo, repito: onde Deus estiver agindo, esteja certo de que o inimigo ali estará igualmente atarefado. Nunca se esqueça de que, onde Cristo estiver construindo sua igreja, ali estará o adversário trabalhando duro para derrubá-la, tijolo por tijolo. Satanás tenta destruir a igreja pelo lado de fora, conforme se percebe no exemplo desses líderes religiosos mundanos. Não devemos nos surpreender quando o sistema do mundo dispara contra a igreja e seus propósitos. Isso é óbvio; isso é esperado. Entretanto, o que com frequência nos choca são aqueles tijolos arrancados *por dentro*. Estou me referindo àquelas épocas em que Satanás usa os cristãos (muitas vezes falsos cristãos) para derrubar o que Cristo está construindo. Parece incrível, eu sei, mas infelizmente acontece com regularidade.

AMEAÇA INTERNA: FALTA DE INTEGRIDADE
Mesmo no interior da primeira igreja registrada, a perversão estava presente. Imediatamente depois desse episódio com os líderes religiosos, uma ameaça surgiu dentro da igreja do primeiro século:

> Um homem chamado Ananias, com Safira, sua mulher, também vendeu uma propriedade. Ele reteve parte do dinheiro para si, sabendo disso também sua mulher; e o restante levou e colocou aos pés dos apóstolos.
> Atos 5.1-2

Não há nada errado em possuir propriedades, e não há nada errado em vendê-las. E, aproveitando o assunto, também não há nada errado em guardar parte do valor para si. Então qual era o problema? O problema surgiu quando o casal reteve parte do dinheiro e entregou o restante a Deus como se fosse o valor *total*. Isso se chama hipocrisia. Leia a maneira como Pedro, ao confrontar o marido, expôs a falta de integridade do casal:

> Ananias, como você permitiu que Satanás enchesse o seu coração, ao ponto de você mentir ao Espírito Santo e guardar para si uma parte do dinheiro que recebeu pela propriedade?
> Atos 5.3

Que confrontação, hein? Qual foi a última vez que alguém o confrontou cara a cara com a afirmação de que Satanás encheu seu coração? Provavelmente nunca. O que levou Pedro a uma iniciativa tão ousada? É possível que tenha se lembrado de um episódio ocorrido não mais de um ano antes, quando *ele* foi confrontado. As palavras de Jesus foram, na verdade, dirigidas a Satanás, mas o Senhor falou diretamente a Pedro:

> Para trás de mim, Satanás! Você é uma pedra de tropeço para mim, e não pensa nas coisas de Deus, mas nas dos homens.
> Mateus 16.23

Você deve estar lembrado do contexto dessa repreensão. Jesus havia acabado de prometer que construiria sua igreja sobre a firme confissão de Pedro, que dissera ser Jesus, o Cristo. O salvador prossegue profetizando a própria morte e ressurreição, mas Pedro nada queria ouvir a esse respeito. *Morrer? O Messias? Impossível!* Com isso em mente, Pedro chamou Jesus de lado e começou a repreendê-lo (cf. Mt 16.13-22). Dá para imaginar Jesus sendo repreendido? Satanás instigou Pedro a priorizar as coisas dos homens em detrimento das coisas de Deus. Jesus nem bem terminara sua promessa de construir a igreja, e lá estava o adversário tentando destruí-la em sua fundação. Que coisa impressionante! Jesus confrontou essa ameaça com palavras duras dirigidas a Satanás, e Pedro jamais esqueceu aquelas palavras.

Além disso, Pedro poderia ter lembrado outro incidente, este muito mais recente. Durante a última ceia, no cenáculo com os doze, Cristo se virou para Pedro e profetizou que o discípulo por três vezes negaria tê-lo conhecido. Pedro estava novamente preocupado com os interesses humanos, e não com os interesses de Deus. Qual a fonte da tentação de Pedro? As palavras de Jesus ao discípulo me dão calafrios na espinha toda vez que as leio:

> Simão, Simão, Satanás pediu vocês para peneirá-los como trigo.
> Lucas 22.31

Não surpreende que tenha sido Pedro quem mais tarde advertiu seus companheiros cristãos a respeito da difícil lição que ele mesmo aprendeu:

> Estejam alertas e vigiem. O Diabo, o inimigo de vocês, anda ao redor como leão, rugindo e procurando a quem possa devorar.
> 1Pedro 5.8

Acho irônico o fato de o Senhor ter utilizado Pedro em Atos para confrontar a mesma questão que o próprio discípulo aprendeu. Agora que Jesus havia começado a construir sua igreja, o adversário voltou a usar a mesma tática daquela primeira ocasião em que Cristo prometeu construí-la. Ananias e Safira, ao reterem parte do valor da propriedade e mentirem sobre isso, tinham o coração voltado aos interesses do homem, e não aos de Deus. Pedro deve ter balançado a cabeça em sinal de perplexidade.

Sempre imaginei Pedro falando com Ananias em tom ousado, duro, e até mesmo elevando a voz. Contudo, à luz das repreensões de Jesus a Pedro, fico pensando se as palavras do apóstolo transmitiram um tom mais compassivo. Tente ler novamente a passagem a partir dessa perspectiva:

> Ananias, como você permitiu que Satanás enchesse o seu coração, ao ponto de você mentir ao Espírito Santo e guardar para si uma parte do dinheiro que recebeu pela propriedade? Ela não lhe pertencia? E, depois de vendida, o dinheiro não estava em seu poder? O que o levou a pensar em fazer tal coisa? Você não mentiu aos homens, mas sim a Deus.
> Atos 5.3-4

Pedro aprendeu que a coisa mais importante era a presença do Senhor. Ao invés de buscar os interesses humanos, conforme vimos Pedro fazer mais de uma vez, buscamos os interesses de

Deus. Nós engrandecemos a Cristo. É a ele que exaltamos e servimos. Prestamos contas a uma autoridade superior às pessoas. "Você não mentiu aos homens", disse Pedro a Ananias, "mas sim a Deus".

> Ouvindo isso, Ananias caiu morto. Grande temor apoderou-se de todos os que ouviram o que tinha acontecido. Então os moços vieram, envolveram seu corpo, levaram-no para fora e o sepultaram. Cerca de três horas mais tarde, entrou sua mulher, sem saber o que havia acontecido. Pedro lhe perguntou: "Diga-me, foi esse o preço que vocês conseguiram pela propriedade?" Respondeu ela: "Sim, foi esse mesmo". Pedro lhe disse: Por que vocês entraram em acordo para tentar o Espírito do Senhor? Veja! Estão à porta os pés dos que sepultaram seu marido, e eles a levarão também". Naquele mesmo instante, ela caiu aos pés dele. Então os moços entraram e, encontrando-a morta, levaram-na e a sepultaram ao lado de seu marido. E grande temor apoderou-se de toda a igreja e de todos os que ouviram falar desses acontecimentos.
>
> Atos 5.5-11

Antes de pensar que a punição foi injusta, lembre-se de que Deus é santo, e para ele o pecado é muito grave. Em nossa cultura pós-moderna — na qual a importância do pecado é minimizada, Deus é humanizado, e o homem, deificado — não me surpreende quando as pessoas fazem cara feia e perguntam: "Como um Deus santo e amoroso pode fazer uma coisa dessas?". Minha resposta é: "O que mais um Deus santo poderia fazer?". Ainda bem que ele não nos trata como tratou Ananias e Safira! "Se Deus tratasse as pessoas, hoje, como um dia tratou Ananias e Safira", disse certa vez Vance Havner, antigo pregador norte-americano, "todas as igrejas precisariam manter um necrotério no porão".[8] Deus leva a sério assuntos que envolvem honestidade. Será que nos esquecemos disso?

E não pense, nem por um momento, que o fato de o cristão não cair morto imediatamente após pecar, seja indicação de que Deus faz vista grossa ao pecado na vida de seu povo. Deus continua disciplinando seus filhos; porém, a seu modo e no tempo certo. Pense dessa forma: "Será que realmente queremos a prestação de contas imediata como norma?". Eu certamente não quero! Mais uma vez me vêm à mente as palavras de Pedro:

> O Senhor não demora em cumprir a sua promessa, como julgam alguns. Ao contrário, ele é paciente com vocês, não querendo que ninguém pereça, mas que todos cheguem ao arrependimento.
>
> 2Pedro 3.9

Atualmente, há gente demais se espelhando em pessoas de menos em questões de integridade. Não tenho palavras para descrever a importância da integridade pessoal. Como cristãos, não podemos agir de modo irresponsável com nosso dinheiro e esperar que isso não traga nenhuma consequência. Nosso dinheiro pertence a Deus. Também não podemos agir de modo irresponsável com nossa moralidade. Um cristão não pode se promiscuir e escapar das consequências alegando ser cristão. Há um preço terrível a pagar, pois Deus considera seu povo responsável por seus atos. Não pertencemos a nós mesmos. Lembre-se: prestamos contas a Deus, não aos homens.

Sua integridade pessoal não é assunto de foro íntimo, uma vez que, como cristão, você é representante de Cristo. Você vive para honrar o nome dele e a reputação de sua igreja. Não é possível transigir sobre sua integridade sem causar prejuízo aos demais. É preciso ter em mente que a igreja é um corpo: se uma parte sofre, todos sofrem.

Entretanto, ao confiar com temor e tremor em um Deus santo, você passa a observar cuidadosamente seu estilo de vida.

Você percebe, como escreveu Alexander Whyte, que está "pendurando cargas pesadíssimas em fios finíssimos".[9] Você assume o propósito de buscar os interesses de Deus, o que no fim das contas é o melhor para você.

O próprio Deus resolveu o problema da falta de integridade em Atos 5, tirando a vida daqueles que transigiram. Essa disciplina divina, ao invés de dividir a igreja, tornou o corpo de Cristo mais unido e operante por meio de um intenso temor a Deus e ódio ao pecado. *Isso foi saudável*, e reanimou a intrepidez dos apóstolos para falar, independentemente das consequências. O que nos leva ao próximo acontecimento.

Ameaça externa: autoridades ímpias

A exemplo do lenhador que, diante de uma árvore alta, primeiro serra em uma direção e depois em outra, Satanás tentou derrubar a igreja com vários golpes em ângulos diferentes. Vimos como atacou externamente, por meio da ameaça dos líderes locais, e como atacou internamente, pela falta de integridade. Agora o inimigo se prepara novamente para tentar outro golpe externo usando aquela liderança religiosa que se recusava a desistir.

Em razão de a igreja continuar aumentando em número, além de o povo de Jerusalém ter os apóstolos em alta consideração, os líderes religiosos, cheios de inveja, capturaram os apóstolos e os jogaram na prisão, ordenando-lhes que se calassem a respeito de Jesus. Os apóstolos não mudaram nem uma vírgula de sua resposta desde a última ameaça.

É preciso obedecer antes a Deus do que aos homens!

Atos 5.29

Era essa resposta corajosa que João Crisóstomo, pai da igreja e arcebispo de Constantinopla, tinha em mente quando escreveu: "Não devemos nos preocupar em insultar os homens se, ao respeitá-los, ofendemos a Deus".[10]

Cristãos de todas as épocas enfrentaram autoridades que exigiram desobediência a Deus. Os pais de Moisés se recusaram a obedecer à ordem do faraó do Egito para matar o bebê, uma vez que "não temeram o decreto do rei" (Hb 11.23). Daniel e seus amigos desobedeceram aos decretos governamentais que os proibiam de adorar ao seu Deus Criador (cf. Dn 3;6). O apóstolo Paulo permaneceu firme diante daqueles que detinham o poder de tirar-lhe a vida por pregar a Cristo (cf. At 25—26). No decurso da história, houve pessoas, como Martinho Lutero, John Knox, Jan Hus e muitos outros, que se apegaram à Palavra de Deus, apesar das ameaças das autoridades terrenas.

Até mesmo em nossa época há quem resista firmemente por amor a Cristo. Durante o governo do cruel ditador Idi Amin, um bispo anglicano chamado John Rucyahana ministrava como pastor em Uganda. Amin havia selecionado milhares de inimigos políticos para serem exterminados, incluindo muitos líderes cristãos. Certa ocasião, soldados do governo pegaram o pastor John e encostaram uma arma em sua cabeça. Depois de intimidá-lo e ameaçá-lo, os soldados o soltaram, presumindo que John jamais voltaria a falar o nome de Cristo. Dois dias depois, entretanto, ao entrar na catedral, John se depara, surpreso, com o salão lotado de gente que ouvira a notícia do que lhe sucedera. Com ousadia, John continuou a falar-lhes de Jesus, apesar das ameaças que recebera.[11]

Por favor, não me entenda mal. Os cristãos *devem* obedecer ao governo. O próprio Pedro confirmaria esse mandamento mais tarde (cf. 1Pe 2.13-17). E lembre-se de que nos dias de Pedro o governo era comandado pelo brutal imperador Nero! O cristão deve ser cidadão exemplar submeter-se às autoridades — a menos que isso implique desobedecer a Deus. Nesse caso, citando Pedro: "É preciso obedecer antes a Deus do que aos homens". É preciso também estar preparado para sofrer as consequências disso.

Os líderes religiosos não soltaram os apóstolos depois de adverti-los, como anteriormente. Dessa vez, acrescentaram golpes aos insultos:

> Chamaram os apóstolos e mandaram açoitá-los. Depois, ordenaram-lhes que não falassem em nome de Jesus e os deixaram sair em liberdade.
>
> Atos 5.40

Preste atenção à palavra "açoitá-los". No original, o termo transmite a ideia de que foram golpeados ou espancados repetidas vezes. Tente imaginar os apóstolos enfileirados e surrados vezes sem conta. Você já foi açoitado? Provavelmente não. Alguma vez sofreu na pele por causa de sua fé? A maioria em nossa sociedade ocidental jamais passou por isso. Observe a reação surpreendente dos apóstolos:

> Os apóstolos saíram do Sinédrio, alegres por terem sido considerados dignos de serem humilhados por causa do Nome. Todos os dias, no templo e de casa em casa, não deixavam de ensinar e de proclamar que Jesus é o Cristo.
>
> Atos 5.41-42

Regozijaram-se por apanhar? Não. Alegraram-se pelo privilégio de sofrer afrontas por causa de Jesus. Foi a primeira vez que os apóstolos experimentaram dor física como resultado de seguir a Jesus. Apesar disso, regozijaram-se. "Trata-se de um exemplo do que os retóricos chamam de oximoro ou paradoxismo", escreveu o falecido Marvin R. Vincent, professor catedrático de literatura sagrada do Union Theological Seminary. "Os apóstolos são descritos como *dignificados pela indignidade*".[12] Que homens de caráter formidável! Que magnitude!

Por muitos anos, nosso ministério de rádio *Insight for Living* vem desfrutando o privilégio de participar da conferência anual dos National Religious Broadcasters (NRB).[13] Recentemente, os membros dessa agremiação apresentaram o esboço de um documento relativo à reconsagração do compromisso com a fé cristã histórica. Entre as declarações fundamentais apresentadas, chamou-me a atenção a última:

> *Aceitamos completamente* nossa incumbência de obedecer ao mandamento de Cristo de pregar o evangelho, ainda que governos e instituições humanas tentem se opor, constranger-nos ou proibir-nos de fazê-lo.[14]

Depois de ler esse parágrafo, lembrei-me dos apóstolos que "não deixavam de ensinar e proclamar que Jesus é o Cristo" (At 5.42). Também me lembrei da piada de J. Vernon McGee a respeito da perseguição que Daniel enfrentou por causa de sua fé: "Os leões não devoraram o profeta Daniel porque ele era três quartos osso, e o restante, cartilagem!".

Os apóstolos partilharam dessa mesma tenacidade. Não era possível intimidá-los. Embora continuamente sofressem ameaças e espancamentos, não era possível silenciá-los ou impedi-los, uma vez que eles estavam sujeitos a uma autoridade superior (lembra-se disso?). Eles prestavam contas ao Deus vivo e, portanto, não temiam as autoridades mundanas.

Um caso particular

Em nossa leitura de Atos 4—5, observamos o adversário golpeando a igreja por vários lados: primeiro por fora, depois por dentro, e novamente pelo lado de fora. Adivinhe de que lado ele atacará em Atos 6? Exatamente, outro ataque pelo lado de *dentro*; porém, dessa vez a investida é muito mais sutil.

A última ameaça interna partiu de um casal ganancioso. O que estava em jogo era uma questão entre o certo e o errado. Nesses casos, a solução é sempre descobrir o que é certo *e colocá-lo em prática*, ponto-final. Entretanto, o que fazer quando a ameaça não provém de coisas malignas, mas do excesso de coisas *boas*? Como reagir quando o ministério aumenta demasiadamente e as oportunidades de ministrar se tornam tão grandes a ponto de não sermos capazes de gerenciar tudo isso? É uma boa pergunta.

Antes de examinarmos essa questão em profundidade, vamos reler a lista de perigos potenciais resultantes de um crescimento rápido:

- Incertezas com relação ao propósito.
- Percepção obscurecida.
- Prioridades indefinidas.
- Transigência dos valores.
- Substituição do engajamento voluntário pelo profissionalismo.

Não é difícil compreender de que maneira a expansão pode produzir esses efeitos. A exemplo daquela explosão populacional de ratos presos na gaiola, corremos o risco de perder nossos valores, propósito e objetivos. Em outras palavras, existe o perigo de perdermos nossa influência como igreja.

Cada um dos riscos listados será tratado por meio da análise da ameaça interna que agora examinaremos. O que fazer quando enfrentamos conflitos por causa do excesso de coisas boas? As Escrituras fornecem a resposta em uma única palavra: *prioridades*.

A Jerusalém do primeiro século estava mergulhada na cultura judaica. Não surpreende, portanto, que os primeiros cristãos tivessem raízes judaicas. Contudo, alguns desses cristãos judeus provinham de países gentios e não sabiam falar aramaico, a língua nativa dos judeus em Israel. A igreja passou a congregar com pessoas de contextos diferentes, todos unidos pela fé em

Jesus Cristo como o Messias. Usando uma expressão contemporânea, a igreja se tornou uma família mista. Essa diversidade de contextos levou a uma proliferação de disfunções. *Mas na igreja?* Exatamente.

> Naqueles dias, crescendo o número de discípulos, os judeus de fala grega entre eles queixaram-se dos judeus de fala hebraica, porque suas viúvas estavam sendo esquecidas na distribuição diária de alimento.
>
> Atos 6.1

É possível que as carências tenham aumentado a ponto de os líderes não darem conta de atender a todos. Isso pode acontecer (lembra-se da minha experiência no capítulo anterior?). O tratamento preferencial apareceu até mesmo em um ambiente no qual "compartilhavam tudo o que tinham" (At 4.32). Naturalmente, com isso surgiram as murmurações. Certas coisas nunca mudam! O termo grego original para "murmuração" é *goggusmos*, palavra que os gramáticos chamam de onomatopeia, isto é, cujo som se parece com o significado que se deseja transmitir: *goggusmos* — murmurar.[15]

Tente pronunciar algumas vezes e rapidamente a palavra *goggusmos* e perceberá o que quero dizer. Os judeus helenistas estavam resmungando, reclamando, lamuriando.

Observe como os apóstolos lidaram com o problema. A resposta deles é instrutiva:

> Por isso os Doze reuniram todos os discípulos e disseram: "Não é certo negligenciarmos o ministério da Palavra de Deus, a fim de servir às mesas. Irmãos, escolham entre vocês sete homens de bom testemunho, cheios do Espírito e de sabedoria. Passaremos a eles essa tarefa e nos dedicaremos à oração e ao ministério da palavra".
>
> Atos 6.2-4

Não interprete mal a resposta dos apóstolos. Não há nada de errado em servir às mesas, isto é, suprir as necessidades físicas. Na verdade, está corretíssimo. O problema aparece quando o ato de suprir essas necessidades nos leva a *negligenciar a Palavra de Deus*. Jesus também enfrentou esse problema. Ao perceber que seu ministério crescera de tal maneira que as carências das pessoas consumiam todo o seu tempo, Cristo se retirou para orar. Contudo, os apóstolos foram buscá-lo, pois todos perguntavam pelo mestre. E o que queriam dele? Curas. A resposta de Cristo chamou a atenção dos discípulos para a importância das prioridades:

> Vamos para outro lugar, para os povoados vizinhos, para que também lá eu pregue. Foi para isso que eu vim.
>
> Marcos 1.38

Jesus sabia a importância de priorizar a oração e o ensino em seu ministério. Os apóstolos aplicaram esse mesmo padrão quando as carências da igreja aumentaram.

Consegue perceber como o crescimento rápido pode ameaçar nosso propósito, nossa visão, nossas prioridades e valores? Ninguém jamais exigirá que você ore e priorize a Palavra de Deus. As necessidades físicas sempre ocuparão o topo da lista das reclamações. O resultado disso é previsível: gastaremos tanto tempo tentando resolver uma porção de probleminhas irritantes que negligenciaremos a oração e Palavra de Deus. No excelente livro intitulado *The Courage to Be Protestant* [Coragem para ser protestante], David Wells propõe várias perguntas pungentes:

> Qual é a autoridade suprema da igreja? O que determina a maneira como a igreja pensa, o que ela deseja e de que forma executa seu trabalho? Será somente a Escritura, entendida como a palavra final de Deus, ou será a cultura? Será ela re-

gida por aquilo que é moderno, inovador, "de ponta"? Ou pela Palavra de Deus, sempre contemporânea em razão de suas verdades eternas?[16]

É possível que nos tornemos tão absortos em nosso esforço de "fazer igreja" (seja lá o que isso signifique) a ponto de passarmos a aplicar técnicas de *marketing* e estratégias organizacionais em vez de nos dedicarmos às coisas mais importantes (tenho muito a dizer sobre isso no próximo capítulo). Mas, espere aí... Jesus não quer que sua igreja cresça? Claro que sim. De fato, *ele* prometeu fazer isso. Portanto, qual é a nossa tarefa? Quais são as nossas prioridades? Conforme aprendemos, a igreja que opera adequadamente é aquela que permanece comprometida com os quatro fundamentos bíblicos: *ensino, comunhão, partir do pão* e *oração* (cf. At 2.42). Na igreja primitiva, eram os cristãos que plantavam e aguavam as sementes, conforme lembra o apóstolo Paulo a seus leitores, mas o crescimento procedia de Deus (1Co 3.6). O mesmo é válido para nós hoje.

Permitir que as demandas do ministério determinem as prioridades da igreja é o mesmo que colocar a carroça (o "urgente") na frente dos bois (o "importante"). Dessa maneira a erosão produz estragos; os tijolos desaparecem um a um até que o propósito original da igreja caia no esquecimento e sua influência espiritual seja completamente anulada. As necessidades no ministério sempre serão maiores que nossa capacidade de supri-las. *Sempre*. Não deixe que elas o distraiam.

Quer dizer que devemos ignorar as necessidades? De jeito nenhum. A questão é identificar o chamado de cada pessoa. Ao ratificarem suas prioridades, os apóstolos criaram oportunidade para os leigos se envolverem com o ministério. Aos que resmungavam a respeito de necessidades não supridas, os apóstolos pediram que escolhessem entre eles "sete homens de bom testemunho, cheios do Espírito e de sabedoria", os quais seriam encarregados desse serviço" (At 6.3). Essa resposta sábia refreou a tentação de substituir o voluntariado pelo profissionalismo.

Dois resultados ocorrerão se os líderes eclesiásticos tentarem suprir eles mesmos todas as necessidades da igreja. Primeiro, conforme observamos, os líderes espirituais negligenciarão a prioridade da oração e da Palavra de Deus. Segundo, a congregação deixará de funcionar como corpo! Deus concede talentos a todos os cristãos para que sirvam de alguma maneira (cf. 1Co 12.7). É uma questão de chamado e, sobretudo, de obediência.

Hoje algumas igrejas manifestam uma mentalidade inteiramente profissional. A exemplo da cultura em que vivem, as pessoas pagam ao pastor para que ele execute a obra do ministério, enquanto elas mesmas procuram seus assentos, observam e criticam. Isso está na Bíblia? O pastor que permite tal abordagem está sofrendo o que chamo de "síndrome de Super-homem". Não estou me referindo a vestir uma capa vermelha e um colante azul com um "S" estampado no peito — embora tenha ouvido a respeito de um pastor que fez *exatamente* isso em um domingo de Páscoa (e eu certamente gostaria que isso fosse uma piada). Antes, estou me referindo àquela atitude que aprega: "sou autossuficiente", "não preciso de ninguém", ou "não demonstrarei fraqueza nem admitirei nenhuma inadequação". Palavras como essas revelam sinais da síndrome de Super-homem, um problema característico dos pastores que avançam sozinhos e se tornam "estrelinhas".

A ironia é que raramente observei alguém perder espaço por admitir inadequação ou fraqueza. Os melhores professores com quem estudei admitiriam: "Não sei, Chuck, mas procurarei uma resposta para lhe dar na próxima vez em que nos encontrarmos". Respeito profundamente esse tipo de atitude em uma pessoa. As crianças reconhecem suas fraquezas o tempo todo e nem por isso se sentem menos confiantes. Pastores que se colocam nessa posição de super-herói exaltam-se diminuindo suas ovelhas.

No início do meu ministério, tive o grande privilégio de conhecer um homem chamado Jim Petersen. Por meio de sua liderança competente e caráter excelente, o ministério dos Navegadores tornou-se bastante conhecido em São Paulo, onde ele e sua esposa, Marge, serviram por mais de vinte anos. Eu e Cynthia encontramos Jim e Marge pela primeira vez em Glen Eyrie, sede dos Navegadores em Colorado Springs, nos Estados Unidos. Naquela época, eu era novato no ministério — e muito ingênuo — e estava à procura de uma fórmula de sucesso na obra de Deus.

— Jim, como você consegue? — perguntei a ele. — Conte-me o segredo de ministrar às pessoas.

Esperava que ele dissesse: "Sempre imponha o ritmo", "Seja forte, independentemente das circunstâncias", ou "Divulgue a verdade e permaneça firme em meio ao temporal".

Entretanto, Jim não disse nenhuma dessas coisas. Apenas sorriu, com aquele seu jeito impossível de imitar, e respondeu:

— Chuck, permita que as pessoas vejam as falhas em sua vida. Então, será capaz de ministrar a elas.

É só isso. Essa é a essência de tudo o que Jim me falou.

Ao partirmos naquele dia, senti-me abatido como o jovem rico que perguntara a Jesus como herdar a vida eterna (cf. Mc 10.17). A exemplo da resposta surpreendente de Jesus àquele jovem, a resposta de Jim *não* era o que eu esperava; em vez disso, ela me condenou, arrancou o "S" do meu peito e cortou os cordões da minha capa. Eu queria ministrar por minha força; porém, Jim desafiou-me a servir em fraqueza. Ele me disse isso mais de cinquenta anos atrás, e até hoje essa declaração é uma das maiores lições que aprendi no ministério. Jamais me esquecerei dela.

Recordo-me de certa ocasião em que uma jovem cristã de nossa igreja se aproximou de mim e disse: "Não admiro *nenhuma* outra pessoa tanto quanto admiro você...".

— Opa, pode parar por aí — interrompi. — Agradeço sua admiração, mas lembre-se sempre de uma coisa: no que diz respeito às pessoas aqui na terra, nunca coloque ninguém em um pedestal.

— Eu nunca havia pensado nisso — respondeu ela.

— Somente uma pessoa merece estar em um pedestal, e ele jamais sairá de lá. Essa pessoa é Jesus. Você pode me respeitar — continuei — mas, por favor, não me coloque em uma posição em que sem dúvida irei decepcioná-la.

Conforme perguntou o apóstolo Paulo em 2Coríntios 2.16: "Mas, quem está capacitado para tanto?". A resposta óbvia é *ninguém*! Por meio dessa pergunta, Paulo revela as falhas de sua vida. Agindo dessa maneira, ele desce dos pedestais aos quais o elevam para pisar o mesmo chão em que se encontram os outros seres humanos. Sou grato a Deus pela transparência do apóstolo em revelar seu verdadeiro eu. Os textos de Paulo estão permeados de fraquezas:

> Mas temos esse tesouro em vasos de barro, para mostrar que este poder que a tudo excede provém de Deus, e não de nós.
> 2Coríntios 4.7

"Quem está capacitado para tanto?". A atitude apropriada, obviamente, é aceitar o fato de que nós, pastores, não somos autossuficientes. Somos falhos; precisamos dos outros.

Falando francamente: se você é pastor, *peça ajuda*! Nunca dê a impressão de estar vestindo colante e capa. Dificilmente passa-se um dia sem que eu precise pedir ajuda para alguma coisa. E quando alguém ajudá-lo com um projeto bem-sucedido, faça com que tal pessoa receba o crédito. Quando alguém trouxer uma ideia interessante que seja aceita pela igreja, diga às pessoas que a ideia partiu daquele indivíduo. Haveria motivo para agir diferente? A propósito, isso me lembra da instrução que a mamãe chipanzé deu a seu filhote: "Cuidado quando subir nos galhos mais altos. Quanto maior a altura, maior a possibilidade de os outros enxergarem seu traseiro". Em outras palavras, lembre-se de que a exposição faz de você um alvo fácil. Portanto, é importante reconhecer: "Não posso gerenciar isso por mim mesmo", ou "Preciso da ajuda de vocês". Ora, não foi isso o que Jesus fez no Getsêmani? Confesse suas falhas e fraquezas; reconheça que é falível. Não caia na síndrome do Super-homem. É impossível carregar o peso do mundo inteiro (inclusive o peso da igreja) sobre seus ombros. Já existe outra pessoa incumbida dessa tarefa.

Se você não está na liderança, *ajude seu pastor*! Já mencionei que o pastor precisa de sua oração e apoio, pois ele vive na mira do adversário. Contudo, ele também precisa de seu companheirismo e envolvimento. Além do mais, *você* também precisa disso! Deus não chamou o pastor para ser um profissional independente, que faz tudo sozinho enquanto os consumidores observam. O pastor é chamado para ensinar, pastorear e aperfeiçoar os "santos para a obra do ministério, para que o corpo de Cristo seja edificado" (Ef 4.12). Perceba que o texto está se referindo a você. Você permite que seu pastor o ensine e o prepare? Está disponível para servir? Chegou a dizer isso a ele? Lembre-se: há muito mais responsabilidades no ministério além das que nos são possíveis cumprir. Deus preparou de antemão muitas boas obras para você (cf. Ef 2.10). Não deixe de realizá-las.

Se a igreja do primeiro século tivesse adotado um modelo profissional de ministério, teria contratado uma empresa chamada "Fazemos e Acontecemos", cujo *slogan* seria: "Especializada em conflitos culturais, cristãos murmurantes e viúvas lamuriosas". Mas a igreja não age dessa maneira, e sabe por quê? A igreja é uma família — uma família mista. Foi assim que Deus planejou. É desse modo que aprendemos a crescer em graça uns com os outros. A família não contrata profissionais para realizar todos os serviços domésticos. Ao contrário, todos cooperam! A mentalidade de profissionalismo e consumismo priva o corpo de Cristo do privilégio de servir ao Senhor. Em vez disso, a igreja deveria pensar: "Temos uma necessidade, e alguém aqui pode nos ajudar a supri-la". Foi o que os apóstolos fizeram.

Obviamente, nem todos estão aptos a servir em qualquer circunstância. No caso analisado, a igreja primitiva escolheu sete indivíduos cheios do Espírito Santo, uma vez que o relacionamento deles com Cristo os impediria de roubar. (A igreja já estava cheia desse tipo de coisa!). Eles escolheram indivíduos sábios a fim de que a distribuição de alimentos às viúvas helenistas ocorresse de modo justo e imparcial. Observe de que maneira uma igreja sensível à orientação do Espírito de Deus reage aos líderes cujas prioridades são corretas:

> Tal proposta agradou a todos. Então escolheram Estêvão, homem cheio de fé e do Espírito Santo, além de Filipe, Prócoro, Nicanor, Timom, Pármenas e Nicolau, um convertido ao judaísmo, proveniente de Antioquia.
>
> Atos 6.5

Algum piadista comentou que essa foi a primeira e única vez na história da igreja em que uma congregação aprovou por unanimidade uma decisão! Interessante observar que havia um elemento comum nesses indivíduos escolhidos: o nome de todos eles era de origem helenista. Excelente decisão. Que sabedoria!

Há outro aspecto interessante: embora os nomes de dois escolhidos, Estêvão e Filipe, apareçam novamente no livro de Atos, os outros cinco desaparecem dos registros. Gosto disso porque não precisamos saber nada mais a respeito deles, exceto que eram servos, gente que se contentava em trabalhar no anonimato. Eles eram parte de um grupo bíblico que chamo de "anônimos da boa vontade". São indivíduos que se satisfazem em servir sem exigir reconhecimento, ostentação ou aplausos. É gente honesta que trabalha sem exigir recompensas tangíveis. Acredite, é raríssimo encontrar pessoas assim.

A única menção da expressão "os Doze" de Atos ocorre somente em 6.2. Lembre-se de que Judas havia morrido, de modo que restaram onze dos apóstolos originais. Você se lembra de quem ocupou o lugar do traidor de Jesus? E, mais importante, lembra-se das qualificações que esse substituto precisava ter? Voltemos rapidamente ao primeiro capítulo de Atos, em que Pedro fornece as credenciais necessárias ao substituto de Judas:

> Portanto, é necessário que escolhamos um dos homens que estiveram conosco durante todo o tempo em que o Senhor Jesus viveu entre nós, desde o batismo de João até ao dia em que Jesus foi elevado dentre nós às alturas. É preciso que um deles seja conosco testemunha de sua ressurreição. [...] Então tiraram sortes, e a sorte caiu sobre Matias; assim, ele foi acrescentado aos onze apóstolos.
>
> Atos 1.21-22,26

O nome de Matias não aparece em nenhuma outra passagem nos evangelhos. Muitos cristãos atualmente jamais ouviram falar dele. Matias tinha o mesmo grau de qualificação que os outros apóstolos, mas seu nome nunca foi mencionado durante o ministério de Jesus. *Nunca.* Apesar disso, ele esteve lá o tempo todo! Matias nunca exigiu admiração, nunca se mostrou obcecado por sua posição e nunca pediu cargos ou títulos específicos. (Que tal a palavra *servo* como título de cargo?). A honestidade de Matias não tinha segundas intenções, como o desejo de ganhar tapinhas nas costas ou de substituir alguém. Não, ele não era esse tipo de pessoa. Tenho grande admiração por aqueles que demonstram essa integridade humilde no ministério.

Hoje a igreja continua precisando de servos com esse tipo de disposição e modéstia discreta. Se você é um anônimo da boa vontade, mas às vezes se sente desanimado por causa do excesso de responsabilidades, lembre-se da promessa do Senhor:

> Deus não é injusto; ele não se esquecerá do trabalho de vocês e do amor que demonstraram por ele, pois ajudaram os santos e continuam a ajudá-los.
> Hebreus 6.10

O ministério com as viúvas gregas precisava de alguém que tivesse exatamente esse tipo de compromisso abnegado com a obra de Jesus. Eis a razão que levou a congregação a escolher esses sete servos fiéis:

> Apresentaram esses homens aos apóstolos, os quais oraram e lhes impuseram as mãos. Assim, a Palavra de Deus se espalhava. Crescia rapidamente o número de discípulos em Jerusalém; também um grande número de sacerdotes obedecia à fé.
> Atos 6.6-7

A essa altura, não causa surpresa que o número de discípulos continuasse aumentando. O que surpreende, entretanto, é o fato de "muitíssimos" deles serem sacerdotes! Imagine estar em sua igreja no domingo de manhã e ver entrar um daqueles sacerdotes que perseguiram os apóstolos. Põe família mista nisso!

Dois princípios para ter em mente

O objetivo do mundo é moldar as pessoas ao padrão secular. E o arquiteto desse padrão é Satanás, nosso adversário, aquele que odeia tudo o que amamos e ama tudo o que odiamos. Embora Cristo tenha prometido edificar a igreja, o adversário está igualmente engajado em destruí-la.

Quero concluir este capítulo com dois princípios que julgo prudente memorizar: um sobre o adversário e outro referente ao nosso Senhor. Primeiro, *o adversário jamais desistirá de atacar e, se possível, destruir a igreja*. Tenha isso sempre em mente. Sabemos que ele não pode destruir a igreja por completo, pois Cristo prometeu que "as portas do Hades não poderão vencê-la" (Mt 16.18). Entretanto, Satanás avançará o máximo que puder! A fim de atingir seus propósitos, o inimigo atacará pelo lado de fora, por meio das autoridades mundanas, e pelo lado de dentro, por meio dos cristãos carnais, dos cristãos irascíveis, dos pseudocristãos. Satanás utilizará qualquer coisa para causar rupturas e destruir o ministério. Para ele, os fins justificam os meios, de modo que não obedece a nenhuma regra, exceto às próprias. Hipocrisia, motivos perversos, mau uso dos recursos financeiros, escândalos sexuais, erros bíblicos, técnicas de intimidação, criticismo mordaz, cartas anônimas, desânimo, falta de harmonia; enfim, um vale-tudo no qual o adversário não desistirá por nada. Ao incitar o corpo da igreja à transigência e ao caos, Satanás procura nos distrair da erosão espiritual que introduziu em nosso meio. Enquanto nossa atenção estiver voltada para números, orçamentos, necessidades, reclamações e murmúrios, deixaremos de perceber os tijolos que começam a desaparecer de nossas paredes, um a um.

O inimigo procura atrair nossa atenção para as necessidades físicas e nos faz perder de vista os conflitos espirituais que devastam nossa vida. Não muito tempo atrás, o renomado estudioso A. W. Tozer descreveu com muita vivacidade a ilusão que estamos vivendo:

> Não é nada animador imaginar a possibilidade de que milhões de nós — vivendo em um país de Bíblias, frequentando igrejas e trabalhando para promover a religião cristã — atravessemos a vida inteira neste mundo sem nunca ter cogitado ou tentado refletir seriamente a respeito de Deus. [...] Preferimos empregar nosso esforço mental naquilo que trará mais benefícios —

por exemplo, encontrar um modo de construir ratoeiras mais eficientes ou produzir duas folhas de grama no espaço onde antes crescia apenas uma. Por causa disso, agora estamos pagando um preço muito alto: a secularização de nossa religião e a decadência de nossa vida interior.[17]

Nosso adversário, a criatura espiritual mais cruel e abominável que existe, promove uma guerra invisível e sem derramamento de sangue contra você, sua família, sua igreja e todas as pessoas que foram resgatadas pelo sangue do Cordeiro. Lembre-se da advertência de Pedro:

> Sejam alertas e vigiem. O Diabo, o inimigo de vocês, anda ao redor como leão, rugindo e procurando a quem possa devorar.
>
> 1Pedro 5.8

Alcançaremos a sobriedade espiritual quando recordarmos que estamos lutando na linha de frente de uma guerra implacável, brutal e invisível. Infelizmente, muitos na igreja não notam isso. Talvez tenham sido aprisionados sem o saber; talvez tenham sido feridos, mas não percebem porque não há derramamento de sangue. O apóstolo Paulo conhecia bem tal conflito e com frequência escrevia a esse respeito:

> Pois, embora vivamos como homens, não lutamos segundo os padrões humanos. As armas com as quais lutamos não são humanas; ao contrário, são poderosas em Deus para destruir fortalezas.
>
> 2Coríntios 10.3-4

Estamos em uma batalha não por nossos corpos, mas por nossas mentes. E, por favor, não pense na mente como aquela massa cinzenta no interior do crânio. Pense nela como o ser interior, com suas emoções, vontade e intelecto, todos interligados. A mente envolve nosso modo de pensar e de reagir à vida.

São nessas áreas inobserváveis e vulneráveis que Satanás concentra sua atenção. Ele cria contendas por meio das pessoas, ou sem elas; por meio dos acontecimentos; por meio da depressão, do sucesso ou do fracasso; pela riqueza ou pobreza; pelo sobe e desce dos números; pelos presbíteros sem qualificação e membros insubmissos ao Espírito Santo. Satanás trabalha o tempo inteiro com o objetivo de nos destruir. Mas por que ele despreza o povo de Deus e luta tão traiçoeiramente contra nós? A resposta não pode ser negligenciada: porque ele tem ódio mortal da obra de Cristo. Sabendo que não tem nenhuma chance de sobrepujá-la — uma vez que o inferno jamais sairá vencedor nessa luta — Satanás disputa um jogo perverso de xadrez espiritual cuja intenção é arrastar consigo o máximo de pessoas possível. Ele sabe que Cristo já ganhou o jogo, mas não desistirá sem lutar de modo cruel e perseverante.

Como permanecermos alertas e sóbrios? Podemos nos defender contra as estratégias do inimigo levando "cativo todo pensamento, para torná-lo obediente a Cristo" (2Co 10.5). Que versículo magnífico! Uma vez que Satanás transforma nossa mente em um campo de batalha, a melhor defesa é submeter nossos pensamentos a Jesus Cristo e pedir a ele que nos guarde e proteja. Quando entregamos nossos pensamentos a Cristo, ele assume o comando, e Satanás se afasta. Tenho colocado isso em prática em minha vida por meio de orações frequentes: "Deus, preciso do Senhor agora mesmo; assuma o comando. Preciso de teus pensamentos, de tua força, de tua graça e de tua sabedoria. Preciso de verdades específicas das Escrituras e preciso de tuas palavras. Proteja-me do medo. Traga-me para perto de ti. Dá-me coragem resiliente. Ajuda-me a atravessar essa tempestade". E ele faz isso; ele ajuda a atravessar a tormenta até a vitória.

Apenas com foco na Palavra de Deus podemos fixar nossa mente nos interesses divinos, e não nos interesses humanos. Apenas por meio do Espírito de Deus podemos encontrar capacitação divina. Apenas pela oração a Deus confessamos nossas vulnerabilidades, fraquezas e total dependência do poder dele na vida e no ministério. E isso me leva ao próximo princípio.

Segundo, *o Senhor honrará e abençoará qualquer plano que incorpore a oração e promova sua palavra*. Por favor, leia a frase novamente, pois escolhi essas palavras com muito cuidado. Admito que esse conceito está na contramão das atuais técnicas de *marketing* eclesiástico e das estratégias de sete passos para um rápido crescimento numérico. O mundo entende essa dependência como fraqueza e insensatez. Entretanto, estamos falando de uma confiança impregnada da sabedoria de Deus (cf. 1Co 1.20-21). *Deus* — não as pessoas — é quem recebe a glória no ministério que incorpora a oração e promove sua palavra. Que razão haveria para ele não abençoar isso?

Os apóstolos mantiveram suas prioridades mesmo em meio a uma igreja em crescimento e às voltas com necessidades urgentes. Como conseguiram? Com dedicação "à oração e ao ministério da palavra" (At 6.4). Se me permite, quero chamar novamente sua atenção para o óbvio: veja que a oração aparece em primeiro lugar. Ou seja, a oração deve ser prioridade. "*Antes de tudo,*", escreveu o apóstolo Paulo ao jovem pastor Timóteo, "recomendo que se façam súplicas, orações, intercessões e ações de graças por todos os homens" (1Tm 2.1). Imagino o buril de Paulo pressionando com firmeza o pergaminho enquanto escrevia tais palavras: "Antes de tudo, recomendo [...]". A oração deve ser prioridade entre a liderança de nossas igrejas, tanto na minha igreja quanto na sua.

Tenho o privilégio de pastorear uma igreja cujos presbíteros e outros oficiais são líderes de oração. Nossas reuniões são entremeadas de preces. Oramos antes de debater um item da agenda.

Conforme o andar da reunião, questões difíceis ou que requeiram sabedoria especial são postas em oração diante do Pai. Ao examinar as finanças e perceber como Deus tem provido, fazemos uma pausa e louvamos o Senhor em oração. Nunca terminamos uma reunião sem agradecer a Deus pela congregação, pelas pessoas que colaboram com o ministério e por todos os líderes. Passamos momentos preciosos em oração, momentos que um modelo de ministério profissional consideraria enorme desperdício de tempo. Mais uma vez, leia as palavras ponderadas de John Piper, escritas em formato de oração que ele mesmo compôs:

> Elimine o profissionalismo de nosso meio, ó Deus, e em seu lugar dai-nos uma oração apaixonada, pobreza de espírito, fome de ti, estudo rigoroso das coisas sagradas, devoção fervorosa a Jesus Cristo, extrema indiferença diante de todo lucro material e o labor incessante para resgatar os que estão perecendo, aperfeiçoar os santos e glorificar nosso soberano Senhor.[18]

Gosto muito dos textos de E. M. Bounds, capelão da época da guerra civil norte-americana, cujas palavras criteriosas, escritas há mais de cem anos, continuam relevantes como se ele as tivesse acabado de escrever. Leia as palavras a seguir com calma e reflexão:

> Esforçamo-nos o tempo inteiro para criar novos métodos, planos e organizações para expandir a igreja. Estamos sempre trabalhando para prover e estimular o crescimento e a eficiência do evangelho. Essa tendência moderna tem a propensão de perder de vista o ser humano, ou então ele é absorvido pelos mecanismos do planejamento ou da organização. As pessoas ocupam um papel importante no plano de Deus, mais importante que qualquer outra coisa. O método de Deus é o ser humano. A igreja busca aperfeiçoar o método; Deus busca aperfeiçoar o homem [...] O que a igreja precisa hoje não é de

mais e melhores mecanismos, novas estruturas de organização ou métodos mais modernos. Ela precisa de pessoas que o Espírito Santo possa usar — pessoas de oração, pessoas intrépidas na oração. O Espírito Santo não é derramado por meio de métodos, mas por intermédio de seres humanos; ele não vem mediante mecanismos, mas por meio de gente; ele não abençoa planos, mas pessoas — pessoas de oração![19]

Entretanto, com relação à oração em si, quero chamar a atenção para a importância a respeito do *que* oramos. Por exemplo, durante o 5º Café da Manhã Anual de Oração (que contradição de termos!), realizado em Washington, D. C. pela Organização Interconfessional de Planejamento Familiar, o bispo V. Gene Robinson, um clérigo homossexual da igreja Episcopal, fez este comentário assustador:

> Deixamos que a Bíblia fosse tomada como refém, e agora ela está sendo manipulada por gente que a utiliza contra nós. Precisamos resgatar as Escrituras [...] Que Deus pouco criativo seria ele se tivesse atribuído um único sentido a qualquer versículo das Escrituras.[20]

Palavras inacreditáveis. E ainda tem mais. Peter James Lee, um dos sessenta bispos episcopais que aprovaram a nomeação de Robinson, afirmou durante o concílio diocesano anual de 2004:

> Caso seja necessário escolher entre heresia e cisma, escolha sempre a heresia, pois, como herético, você será culpado unicamente de uma opinião errônea. Como cismático, você terá rompido e dividido o corpo de Cristo. Em todas as circunstâncias, prefira sempre a heresia.[21]

Por causa de absurdos eclesiásticos como esse é que formulei o princípio precisamente desta forma: "O Senhor honrará e abençoará qualquer plano que incorpore a oração *e* promova sua palavra". Se suas orações contradizem as Escrituras Sagradas, por que Deus deveria abençoá-las? É muita audácia imaginar que ele o faria! Que tremenda confusão isso nos causa!

A Palavra de Deus informa ser ela mesma nossa única orientação para a vida e a piedade (cf. 2Pe 1.2-4). Isso inclui o que precisamos saber a respeito da oração. Somente as Escrituras nos informam a respeito do que orar, quando orar, por que orar, como orar, a quem orar, por quem orar e em meio a quais circunstâncias orar! A oração se torna herética se não for pronunciada em submissão ao corpo histórico e objetivo da verdade revelada na Bíblia. A "opinião errônea" é exatamente isso: um erro. E, portanto, jamais será o caminho certo a percorrer para aqueles que consideram a si mesmos parte do corpo de Cristo. A unidade nunca deve ser buscada em detrimento da verdade. De fato, Jesus não viu contradição entre as duas coisas (cf. Jo 17.17-23). Pelo contrário, ambas são parte da mesma caminhada cristã.

Assim como sofreríamos de inanição sem alimentos, do mesmo modo não sobreviveríamos sem a Palavra de Deus. Não surpreende, portanto, que a Palavra de Deus, especialmente a inerrância bíblica, permanece um divisor de águas em todas as gerações. George Barna, um pesquisador de opinião pública, descobriu recentemente que apenas 55% dos cristãos norte-americanos acreditam firmemente na exatidão dos princípios bíblicos.[22] Em outras palavras, pouco mais que a metade! Nossa crença na inerrância das Escrituras é a questão mais relevante de nossa época — e de nosso cotidiano. A redução da importância da Palavra de Deus produz imediatamente fome espiritual na igreja. Satanás aplicou essa tática no jardim do Éden com nossos primeiros pais (cf. Gn 3.1-4) e desde então jamais abandonou essa estratégia eficiente, tanto fora quanto dentro da igreja.

Nossa dedicação à Palavra de Deus não está fundamentada apenas em lê-la, acreditar nela, ou mesmo pregá-la, mas na vivência de seu conteúdo. Escrevendo a respeito da igreja, o autor e pastor Eugene Peterson comenta:

> Quando os cristãos se reúnem na igreja, uma hora ou outra tudo o que pode dar errado, dará. Os de fora, observando esse fato, concluem que não há nada de extraordinário nas atividades da igreja, exceto, talvez, somente isto: atividades — e pior, atividades desonestas. As pessoas dentro da igreja percebem de modo diferente. Do mesmo modo como os hospitais ajuntam doentes debaixo de um mesmo teto, assim as igrejas ajuntam pecadores. Fora do hospital há pessoas tão enfermas quanto os doentes internados lá dentro, com a diferença de que a doença delas ainda não foi diagnosticada ou está mascarada. O mesmo ocorre com os pecadores fora da igreja. De modo geral, as igrejas cristãs não são modelos de comunidade de bom comportamento. Antes, são lugares onde o comportamento humano é revelado abertamente, confrontado e tratado.[23]

Tratar do erro em questões de comportamento e fé é parte da busca da verdade. Contudo, tratar do erro também é parte da busca da unidade na igreja. Pedro não teve receio de repreender Ananias e Safira. E mais: lembre-se de que o próprio Deus não hesitou tirar a vida do casal! E qual o resultado? O corpo de Cristo foi fortalecido; a causa de Cristo, purificada; a Palavra de Deus, honrada; a glória de Deus, mantida.

Ainda restarão desafios à igreja que Jesus está construindo? Certamente! Seja por dentro ou por fora, o adversário jamais desistirá de golpear e tentar demolir a igreja, tijolo por tijolo. Esses ataques, entretanto, não destruirão o corpo de Cristo. Pelo contrário, são oportunidades de aplicar os princípios bíblicos e as prioridades — a única solução aos desafios que enfrentamos.

Precisamos ter os dedos sobre as páginas da Bíblia como um barco ancorado no cais durante uma tempestade violenta. Embora o objeto de nossa adoração não sejam as palavras impressas sobre o papel, as letras nos conduzem ao conhecimento daquele a quem adoramos, Jesus, nosso Senhor e Salvador.

Precisamos viver ajoelhados. A oração é uma interferência radical no estado das coisas. É a maneira pela qual Deus concede poder aos que confiam nele, uma dependência que nunca sofre variação. Mesmo depois dos 60 anos de idade e após anos de pregação fiel do evangelho, Paulo continuou a caminhar em dependência de Deus. Não há como deixar de admirar a humildade do apóstolo:

> Dediquem-se à oração, estejam alerta e sejam agradecidos. Ao mesmo tempo, orem também por nós, para que Deus abra uma porta para a nossa mensagem, a fim de possamos proclamar o mistério de Cristo, pelo qual estou preso. Orem para que eu possa manifestá-lo, como me cumpre fazê-lo.
>
> Colossenses 4.2-4

Paulo era uma pessoa sem pretensões. O sucesso no ministério e os anos de serviço não foram capazes de produzir nele um falso senso de realização. Ele sabia que ainda não havia alcançado esse objetivo, e permaneceu dependente do Espírito de Deus. E assim, com gratidão genuína no coração, Paulo suplica a seus companheiros cristãos que orem por ele. Percebeu o poder que há nesse tipo de atitude? Muito estimulante no primeiro século, e muito *raro* no século 21.

Não surpreende que Paulo tenha causado tamanho impacto por Cristo! O Senhor honrou e abençoou o ministério de Paulo pelo fato de o apóstolo ter incorporado a oração e promovido a Palavra de Deus.

Deus não imita o sistema do mundo. Pelo contrário, ele nos orienta a caminhar em outra direção, para um estilo de vida que, embora descompassado em relação ao mundo, nunca se distancia das pessoas que estão no mundo. J. Wilbur Chapman, pastor e evangelista que viveu entre o final do século 18 e o começo do século 19, comenta: "Não é o barco na água, mas a água no barco que faz o navio afundar. Do mesmo modo, não é o cristão no mundo, mas o mundo no cristão que constitui o perigo".[24]

A igreja primitiva não pediu que Deus abençoasse seus estratagemas. A igreja não precisa de artifícios para atrair as pessoas. Antes, precisa ensinar as verdades bíblicas com consistência, pregar com ardor e viver com autenticidade.

É isso que veremos no próximo capítulo, um assunto que desejava escrever havia muito, muito tempo.

Apertem os cintos.

capítulo três

Características de uma igreja contagiante

> *A maioria de nós não precisa de mais conhecimento tanto quanto precisa ser mais conhecida. Não necessitamos de um conjunto de princípios a serem praticados tanto quanto carecemos de outra pessoa para nos ajudar. Precisamos de alguém que acredite em nós, permaneça ao nosso lado, nos oriente e seja um modelo de Cristo para nós. Precisamos do estímulo, da sabedoria, do exemplo e do acompanhamento de outra pessoa.*
>
> Howard Hendricks

Gostaria de ter estado lá para ver.

Eram 7h51 do dia 12 de janeiro de 2007. A estação de metrô L'Enfant Plaza, em Washington, D. C., apresentava a movimentação matinal costumeira de pessoas se dirigindo ao trabalho.

Um jovem vestindo boné, camiseta e calça *jeans* desbotada entrou no saguão e discretamente tirou um violino do estojo, colocou ali algumas moedas para enganar os transeuntes e levou o instrumento ao queixo. O sujeito era Joshua Bell, provavelmente o melhor violinista de nossa geração. O instrumento era um raro Gibson ex Huberman feito à mão em 1713 por Antonio Stradivari, um dos violinos mais caros e cobiçados do mundo. A música que Bell começou a tocar era Chaconne, Partita n.º 2, em ré menor, aclamada por alguns como a peça musical mais extraordinária já composta na história. A reação do público? Você ficaria surpreso.

Dos 1.097 transeuntes que passaram por Bell naquela manhã, somente sete pararam para ouvi-lo. Isso mesmo, *sete*. Apenas três dias antes, Bell havia se apresentado no Boston Symphony Hall, que na ocasião teve lotação esgotada e onde o ingresso custa em média cem dólares. Sabe quanto Bell ganhou naquela manhã no metrô? Pouco mais de trinta dólares — geralmente ele ganha cerca de mil dólares por minuto[1] (eu deveria ter continuado a estudar violino quando era jovem!).

O jornal *The Washington Post* patrocinou a apresentação anônima de Bell com o objetivo de avaliar o gosto, as prioridades e a percepção do público. Para mim, entretanto, a experiência apresentou uma poderosa lição a respeito da importância de outra coisa: o contexto.

Não importa quão maravilhosamente bem Joshua Bell tenha tocado seu Stradivarius ou quão excelente fosse seu repertório de músicas, ainda faltava alguma coisa. O talento dele não era suficiente. Havia necessidade de um *contexto* apropriado e favorável.

Creio que o mesmo se aplica à pregação.

Uma exposição bíblica primorosa não é suficiente para que as pessoas continuem frequentando os cultos e permaneçam unidas como igreja. É preciso mais.

Por favor, não me entenda mal. Não estou rebaixando a importância da pregação da Palavra de Deus. Estou dizendo que há pregadores no mundo inteiro que proclamam fielmente a palavra e mesmo assim suas igrejas não estão crescendo. Para dizer a verdade, eu costumava ministrar em uma congregação assim. Preguei naquela igreja de uma maneira tão ardente quanto prego em meu ministério atual. Mas não houve nenhum crescimento. Não se viam ali as características de uma igreja cativante. Lembro-me de um feriado, no Dia da Independência, em que havia apenas sete pessoas na igreja, e quatro delas pertenciam à minha família! Aquilo *não* era um contexto atraente. Daria na mesma se eu fosse pregar em uma estação de metrô.

Qual a razão de passarmos em frente a vários templos para congregar em uma igreja específica situada a uma distância maior de nossa casa que as demais? O que nos atrai e nos estimula a investir nosso tempo e dinheiro e a nos tornar membros de uma igreja em lugar de outra? O que torna um ministério tão atrativo e tão importante para nós a ponto de administrarmos nossa vida de modo a participar das programações, trazer nossas crianças e inclusive convidar outras pessoas?

A melhor palavra para descrever esse tipo de atração é *contagiante*, da raiz latina *contagium*, que o dicionário Aurélio define como: "1.Transmissão de doença dum indivíduo a outro por contato imediato ou mediato".[2] Quando uma igreja se encontra nessa categoria, as notícias se espalham rapidamente: as pessoas veem o fervor do nosso entusiasmo e ouvem o regozijo em nossa voz; elas percebem traços que destacam nossa igreja e, por fim, a curiosidade as motiva a vir e ver por conta própria. Uma coisa é certa: essas pessoas estão diante de um conjunto de características em nada parecido com o que o mundo tem a oferecer. Não existe nada comparável a uma igreja contagiante.

Algumas frases de filmes se tornaram tão inimitáveis e características que basta dizer a primeira parte para que a maioria das pessoas as reconheça sem nenhuma dificuldade. Por exemplo: "Houston, temos um...", "Meu nome é Bond, James...", "Hasta la vista...", ou "Luke, eu sou seu...".

Uma dessas frases aparece no filme Campo dos Sonhos: "Se você construir...". Sabe o que vem depois? "ele virá" (alguns pensam que o correto é "*eles* virão"). Para dizer a verdade, quando me formei no seminário, muito antes de o filme ser produzido (milhões de anos atrás!), pensei que isso aconteceria na minha igreja: *se você pregar, eles virão.* Eu estava redondamente enganado!

Durante esses anos percebi que, embora uma pregação vigorosa seja essencial, uma igreja contagiante também requer outras características. É preciso mais que pregação, mais que um dom sendo exercitado, mais que a convicção de uma única pessoa. A igreja contagiante é formada por indivíduos que vivenciam os princípios bíblicos com tamanha transparência a ponto de fazer as pessoas interromperem seu ritmo alucinado e refletirem. Essas pessoas percebem que existe um lugar aonde vale a pena ir e um movimento do qual vale a pena participar.

Se você observar o panorama das igrejas atualmente, verá muitas congregações que obtiveram um crescimento fenomenal, inacreditável. Entretanto, se observá-las mais atentamente, perceberá que essas igrejas não assumiram um compromisso com os quatro fundamentos bíblicos de uma igreja prescritos no livro de Atos: *ensino, comunhão, partir do pão* e *oração* (cf. At 2.42). É possível haver mais elementos, mas não menos.

Será exatamente nessas quatro áreas que o adversário atacará a fim de causar danos e, se possível, destruir a igreja. Por essa razão, é importante estabelecer prioridades. É fundamental não nos distrairmos com tudo aquilo que *podemos* fazer e permanecermos focalizados naquilo que *devemos* fazer como igreja. Caso contrário, é possível que estejamos atraindo as multidões pelos motivos errados.

Essa ênfase nas coisas fundamentais é o que o apóstolo Paulo tinha em mente quando passou o bastão do ministério ao jovem pastor Timóteo:

> Na presença de Deus e de Cristo Jesus, que há de julgar os vivos e os mortos por sua manifestação e por seu Reino, eu o exorto solenemente: Pregue a palavra, esteja preparado a tempo e fora de tempo, repreenda, corrija, exorte com toda a paciência e doutrina. Pois virá o tempo em que não suportarão a sã doutrina; ao contrário, sentindo coceira nos ouvidos, juntarão mestres para si mesmos, segundo os seus próprios desejos. Eles se recusarão a dar ouvidos à verdade, voltando-se para os mitos.
> 2Timóteo 4.1-4

Observe o mandamento e a razão de sua existência. O mandamento é claro: "pregue a palavra", e vem acompanhado de explicações a respeito de *quando* e *como* fazê-lo. Entretanto, também há o *porquê* de proclamar a Bíblia com coragem e consistência:

haverá uma época em que as pessoas rejeitarão a verdade bíblica para ouvir apenas aquilo que desejam. Qual a alternativa bíblica? No capítulo anterior aprendemos que o Senhor honrará e abençoará qualquer plano que incorpore a oração e promova sua palavra. Era isso o que Paulo queria dizer a Timóteo.

Crescimento numérico não é necessariamente a prova das bênçãos de Deus. Ao contrário, pode revelar erros; pode refletir um ministério que produz coceira nos ouvidos ao entregar às multidões aquilo que *querem* ouvir, e não aquilo que *precisam* ouvir. Atualmente, cada vez mais igrejas e denominações consideram desnecessários esses quatro fundamentos — incômodos, diriam alguns, tradições arcaicas de uma época que não existe mais. Consequentemente, a fim de ratificarem seu estilo de vida carnal e egoísta, essas igrejas têm buscado o que chamo de "prostitutas de púlpito", ou em termos menos ásperos, "mestres segundo os próprios desejos". Não é de admirar que as multidões estejam aumentando; é como se Deus tivesse aprovado oficialmente o pecado que elas cometem!

Entretanto, até mesmo a consciência calejada eventualmente sente a dor do vazio que apenas Deus, o verdadeiro Deus, pode preencher. O trágico é ver esses indivíduos vazios culpando a Deus por tê-los deixado tão insatisfeitos quanto o mundo. Isso é desastroso ao extremo.

Nossa cultura é impulsionada pelo *marketing*. Não há como escapar disso. O consumismo e o materialismo se infiltraram em nossa vida, e o *marketing* se espalha como doença. Por exemplo, como saber qual das diversas marcas de cereais é a mais saudável? Que carro comprar? Onde passar as férias?... Percebeu o dilema? O consumidor precisa tomar decisões, mas como escolher o melhor produto entre tantas opções e, ainda por cima, com pouco dinheiro para gastar e pouco tempo para avaliar? Ora, o *marketing* nos diz quais escolhas nos trarão mais conforto, mais satisfação, menos inconvenientes, a melhor barganha e assim por diante.

Aprendi ao longo dos anos que a percepção obscurece a realidade. Detesto isso, mas é verdade. De candidatos à política a camisas de poliéster, o modo de perceber as pessoas é, para o indivíduo, mais convincente que um caminhão de evidências. Infelizmente, a maioria tira conclusões a partir dos riachos superficiais da percepção em vez de descer às profundezas dos mares da verdade. Para mim, isso é algo tão estranho quanto frustrante.

O *marketing* funciona. É por essa razão que as empresas gastam bilhões de dólares com a intenção de nos levar a gastar a mesma quantia. Em seu livro *The Brand Gap*, Marty Neumeier fornece uma série de estratégias para ajudar as empresas a desenvolver e proteger suas marcas. Contudo, também exibe um discernimento perspicaz sobre as motivações mais profundas quanto às compras pelos consumidores:

> Dependendo de seu estilo único de comprar, você pode se juntar a várias tribos a qualquer tempo e se sentir parte de algo maior que você mesmo. Pode pertencer à tribo Callaway enquanto joga golfe, à tribo Volkswagen enquanto dirige até o trabalho ou à tribo Williams-Sonoma enquanto prepara uma refeição. Você se torna parte de um clã seleto (ou pelo menos é assim que se sente) ao comprar produtos dessas empresas claramente distintas. As marcas são os pequenos deuses da vida moderna, cada uma governando uma necessidade, uma atividade, um estado de humor ou situação. E, no entanto, é você quem está no controle. Se seu deus cair do Olimpo, você pode substituí-lo por outro.[3]

Apesar do tom irônico, o exemplo toca uma questão relacionada a uma carência profunda. Com frequência, nossas decisões, tanto as grandes quanto as pequenas, são tentativas de satisfazer algo intenso, arraigado. Esse fato representa uma motivação maior que apenas o desejo de gastar. Até mesmo as decisões importantes de nossa vida são frequentemente baseadas em uma mentalidade consumista. Isso é assustador, não? A percepção obscurece a realidade.

E mais assustador ainda é perceber que nossa cultura não comercializa o cristianismo de modo satisfatório. Já percebeu que geralmente são os "cristãos" excêntricos, preferivelmente os evangélicos, que a mídia exibe como nossos representantes? A exemplo de William Jennings Bryan, no julgamento conhecido como "Processo do Macaco de Scopes"[4], esses coitados têm a vida escancarada em toda sua ingenuidade deplorável, para em seguida serem rotulados e difamados, depois tratados com desprezo e por fim repudiados às gargalhadas. É a ridicularização do cristianismo. De fato, a percepção obscurece a realidade.

Outras vezes, quando assuntos controversos, como aborto, homossexualidade, evolução ou inerrância bíblica, alcançam espaço nobre nos debates, é comum ver o ponto de vista "cristão" defendido por algum teólogo liberal que não saberia diferenciar Gênesis de Boy George. É aquele tipo de pessoa que cita versículos a respeito do amor de Deus, porém sem exigir nenhum padrão moral de ninguém. São esses teólogos liberais que a cultura politicamente correta gosta de ouvir. Porém, o mundo condescendente não consegue tolerar os cristãos fiéis à Bíblia.

Nossa cultura tem rotulado os evangélicos de exclusivistas ignorantes, desmancha-prazeres hipócritas e fanáticos religiosos. Resumindo, somos excêntricos (um rótulo pouco nobre). Quem deseja ser um excêntrico? E mais: quem deseja frequentar uma igreja excêntrica?

Eis, portanto, a questão: como saber qual igreja frequentar? Como identificar o ministério mais adequado para mim? Cientes dos estereótipos que nos atribuem, nós, evangélicos, somos tentados a usar fogo contra fogo, ou *marketing* contra *marketing*. "Nossa igreja não é tacanha"; "Não somos igreja de vovozinha", anunciamos à geração mais nova. Entretanto, precisamos ter cuidado com nossas palavras, uma vez que usar fogo contra fogo pode ser muito perigoso. Tyler Wigg-Stevenson, autor e pregador batista, escreveu um artigo intitulado "Jesus não é uma marca":

> O *marketing* não é uma linguagem de valores neutros. Ele inevitavelmente altera a mensagem, como fazem todas as mídias. A razão disso é que o *marketing* é o idioma próprio da sociedade consumista, na qual tudo tem uma etiqueta de preço. Comercializar algo é, portanto, rotular definitivamente um produto para ser consumido. [...] E a igreja é comercializada por nossa conta e risco quando deixamos de prestar atenção às diferenças cruciais e categóricas entre a Verdade e a verdade que vendemos. Em uma cultura de *marketing*, a Verdade se torna um produto, de modo que as pessoas a tratarão baseadas na mesma mentalidade consumista com que tratam todos os outros produtos disponíveis no mercado americano.[5]

A maioria das pessoas jamais compararia intencionalmente Jesus Cristo à Coca-Cola ou à Chevrolet. Contudo, em uma sociedade consumista, há o risco de sugerirmos que a boa-nova de Jesus é apenas uma entre várias opções semelhantes, todas igualmente válidas. Basta escolher seu sabor preferido de Salvador. Entretanto, Jesus nunca nos deu essa opção. Cristo declarou-se o *único* caminho ao Pai (cf. Jo 14.6). Em um mundo a caminho do inferno, a afirmação de Jesus não é egoísmo exclusivista. É graça.

O mundo perdeu o rumo. Não surpreende, portanto, que a igreja, ao espelhar-se no mundo, comece ela mesma a se desviar. Será mesmo necessário recorrer a estratagemas para atrair pessoas à igreja? Será a reinterpretação bíblica o novo caminho para o crescimento eclesiástico? Devemos rebaixar o cristianismo histórico a mero entretenimento para agradar aos consumidores? Que o Senhor nos livre disso! Estou convencido de que a igreja não precisa de planos de *marketing*, de estratégias seculares, de entretenimento ou de uma mentalidade corporativa para se tornar contagiante; não se a glória de Deus for nosso objetivo; não se o crescimento do povo de Deus for nossa prioridade. Ao contrário, a igreja precisa de verdades bíblicas ensinadas de maneira clara e correta e vivenciadas de modo autêntico.

Um dos piores danos que podemos infligir à igreja é perder de vista os fundamentos; isto é, espelharmo-nos no mundo pós-moderno para criar um método de "fazer igreja", em vez de determinarmos nossas características e prioridades a partir das Escrituras. Essa é a grande tentação que enfrentamos em nossos dias. Muitas igrejas estão recorrendo a isso; e dão a impressão de saber o que estão fazendo, afinal, as multidões comparecem, as estatísticas sobem, o caixa engorda. Nelas, a pregação é tão convincente que somos tentados a pensar: "De repente eles é que estão certos, e a gente aqui perdendo tempo". Por favor, jamais pense dessa maneira.

Enquanto refletimos sobre a necessidade de a igreja despertar, precisamos definir o que a torna contagiante. De que maneira a igreja deve crescer, no sentido bíblico? Que ambiente favorece o comparecimento da comunidade? Não é somente o prédio, o sistema de som ou a música. Não é nem mesmo a pregação. Repito: o que torna a igreja contagiante é o contexto.

E esse contexto são as pessoas.

Isso se refere a muito mais que certa curiosidade quanto ao número de frequentadores: estamos falando de entusiasmo, de sentimento arrebatador pelo Espírito, da operação óbvia de um Deus engajado na vida desses cristãos por meio de um relacionamento significativo, uma paixão genuína e uma alegria quase eletrizante de participar da comunidade e dedicar-se de coração ao ministério.

Depois de estabelecido o fundamento sólido a respeito do que as Escrituras prescrevem como essencial à igreja, analisemos agora algumas das características que tornam uma congregação contagiante. Encontraremos essas características na mesma carta de Paulo a Timóteo que lemos anteriormente.

A última carta de um mentor a seu amigo

De modo geral, as últimas palavras de uma pessoa podem ser contadas entre seus pronunciamentos mais importantes. Trata-se de um momento em que a vida parece destilar os pensamentos mais significativos, mostrando um conhecimento temperado pela sabedoria. Temos a impressão de ouvir com mais atenção quando uma pessoa está prestes a morrer, especialmente quando se trata de alguém conhecido e amado.

Antes de estudarmos as palavras de Paulo a Timóteo, quero compartilhar a carta que uma avó escreveu aos seus netos depois de ter recebido um diagnóstico de câncer. O texto a seguir foi reproduzido com a permissão dos netos.

> ### Arrumando as malas para a maior viagem da vida
> Estou no carro voltando para casa depois da consulta com o médico e tentando digerir a notícia que recebi após uma biópsia de rotina, a respeito de algo que o otorrinolaringologista pensou tratar-se de uma glândula infeccionada. Fui ao médico imaginando que tinha uma infecção sinusal, mas ele diagnosticou refluxo de ácido estomacal. Tive várias infecções sinusais ao longo dos anos e, embora o refluxo fosse uma novidade, pensei que saberia lidar com isso. Talvez fossem necessárias algumas mudanças alimentares, mas certamente não seria problema. Nunca fiz o tipo "viver para comer". Ao contrário, sou mais o tipo "comer para viver". Dizer que fiquei chocada com a notícia que acabei de receber é pouco. A biópsia veio rotulada com aquela palavra assustadora: maligno. Atordoada, surpresa e abalada são palavras medíocres para expressar o que senti. Talvez descrença resuma melhor o emaranhado de emoções que explodiram em meu corpo.

De repente (instantaneamente, diria), fui golpeada pela realidade que minha mente sabia havia anos, mas que meu coração nunca aceitara: somos mortais e vamos morrer. Quando eu era jovem, pensava que a morte fosse algo destinado aos velhos, e mesmo agora na velhice ela continua parecendo algo distante no futuro.

Naquele momento me lembrei de um versículo que havia memorizado alguns dias antes, um trecho que saltou aos meus olhos como se Deus estivesse me dizendo: "ESSA É A ATITUDE QUE ESPERO DE VOCÊ". Ele me disse isso por meio de Lucas 1.38, versículo que registra a resposta de Maria ao anjo, palavras que muitas vezes admirei ao longo da vida. Maria diz: "Aqui está a serva do Senhor; que se cumpra em mim conforme a tua palavra". Nem em um milhão de anos imaginaria que Deus fosse querer isso de mim e que me pediria para aceitar essa situação. A paz inundou minha alma naquele instante, ao mesmo tempo em que percebi a presença de Deus e me dispus a aceitar sua vontade. Soube em meu coração que era hora de me preparar para partir.

Seu avô e eu viajamos muito em nossos 58 anos de casamento. E como sou uma andarilha inveterada, amei cada uma de nossas viagens. Parte da graça de cada jornada tinha a ver com a antecipação e a preparação. Eu gostava muito de planejar o que levar, o que obviamente sempre dependia do lugar aonde iríamos, o que faríamos e quem veríamos ou encontraríamos. A preparação para esta viagem, porém, foi uma coisa totalmente diferente. Esta seria a maior, a mais importante e mais significativa viagem da minha vida. Eu me encontraria com o Rei dos reis e o Senhor dos senhores, o Deus de toda a criação. Como preparar-se para isso?

Enquanto pensava no assunto, percebi que havia um grande problema: eu não poderia levar nada comigo, nenhuma mala, nenhuma roupa, nenhuma joia ou cosmético. Apenas eu mesma. E pensar que achei complicado quando as companhias aéreas estipularam novas regras permitindo apenas uma bagagem de mão e uma bagagem para despachar! Esta viagem seria um desafio muito maior, pois eu só poderia levar comigo aquilo que estivesse guardado em minha alma e em meu espírito. Eu poderia levar qualquer mudança que o Espírito Santo tivesse realizado em minha vida, qualquer coisa que tivesse valor eterno, e certamente levaria os versículos aos quais me dediquei a memorizar, pois eram as próprias palavras de Deus.

Em seguida, pensei nas coisas que Deus disse de si mesmo: "Pois assim diz o Alto e Sublime, que vive para sempre e cujo nome é santo: 'Habito num lugar alto e santo, mas habito também com o contrito e humilde de espírito, para dar novo ânimo ao espírito do humilde e novo alento ao coração do contrito.[...]'". Não acha interessante que Deus não escolheu habitar com os sábios, os ricos e os poderosos? Apesar de sua grandiosidade, seria de esperar que Deus desfrutasse a companhia dessas pessoas. Nossa tendência aqui na terra é gravitar ao redor de gente que pensa como nós e tem ideias semelhantes. Nesse instante me ocorreu que é exatamente essa a razão. Porventura existirá alguém mais humilde que Deus? Além de tudo o que o torna tão grandioso, Deus também é humilde. O que poderia ser mais modesto que assumir a semelhança de um simples ser humano, caminhar entre nós com todas as nossas limitações e depois morrer por nós? É por essa razão que Deus habita com aqueles que sabem o que são (corrompidos até o âmago) e quem são (seres humanos complexos criados por Deus). Tudo o que somos e temos provém somente de Deus.

Em 1Coríntios 4.7, lê-se claramente: "Pois, quem torna você diferente de qualquer outra pessoa? O que você tem que não tenha recebido? E se o recebeu, por que se orgulha, como se assim não fosse?". E 2Coríntios 10.17 acrescenta: "Contudo, 'quem se gloriar, glorie-se no Senhor'". Na realidade, portanto, as únicas coisas que valem a pena guardar, ou que consigo reter, são as coisas que o próprio Deus realizou EM mim e POR mim. Só me resta a esperança de que haja alguma dessas coisas em mim. Não posso voltar ao passado e reviver os momentos que desperdicei correndo atrás de objetivos egoístas, glórias e autoelogios, nem apagar todas as ocasiões em que estive ocupada com meu conforto. Posso, porém, comunicar um fato: vocês têm a vida inteira pela frente. Em minhas palavras de despedida, peço que a partir de hoje pensem nas coisas lá do alto e não nas coisas aqui da terra (Colossenses 3.2). Pois as coisas que vemos são temporais, e as que não vemos são eternas (2Coríntios 4.17-18). Não é fácil fazer isso quando se é jovem, pois tudo parece demonstrar exatamente o contrário, atraindo nosso ego por meio do desejo de tornar grande o nosso nome ou alcançar realizações que proporcionem mais ganhos. Sei disso porque também trilhei esse caminho. Porém, se há pessoas que podem viver a vida a partir de uma perspectiva eterna, certamente essas pessoas são os treze melhores netos que Deus já fez.

Lembrem-se: o céu é a nossa casa. Estarei esperando por vocês e os verei quando chegarem lá.

Com todo o meu amor,

Vovó[6]

Caso seja verdade que as palavras finais de uma pessoa geralmente são as mais importantes, isso só faria aumentar a importância da carta de 2Timóteo, um texto curto que representa as últimas palavras de Paulo, endereçadas a um indivíduo a quem o apóstolo considerava "sincero" e "verdadeiro filho na fé" (Fp 2.20; 1Tm 1.2). Paulo e Timóteo eram como pai e filho, dois homens crescendo em intimidade ao longo de vários anos de ministério, amizade e aconselhamento. Como você se sentiria no lugar de Timóteo, sabendo que o grande apóstolo lhe escreveu sua última carta? Certamente, foi isso o que aconteceu. A verdade contida nessa correspondência é eterna. A última carta do mentor a seu amigo também representa suas palavras finais a todos nós.

Há anos venho dizendo que ter em mente que a carta de 2Timóteo foi escrita na prisão é o que confere vivacidade ao texto. Paulo não escreveu essa carta sentado em uma cadeira de balanço ao lado da lareira, nem tomando chá diante de uma vista para o mar Mediterrâneo. Ele estava sozinho em um calabouço escuro nos subterrâneos de Roma. É bastante provável que você nunca tenha visto um calabouço, muito menos sido aprisionado em um. Leia a descrição breve, porém esmerada, do autor John Pollock em sua obra *The Apostle: A Life of Paul*, sobre a prisão Mamertina em Roma:

> Paulo foi novamente preso e algemado, e dessa vez rigorosamente encarcerado em Roma, não como um cidadão honrado em prisão preventiva, mas "preso como criminoso". [...] Ele estava preso com os bandidos em Mamertina ou outro calabouço igualmente horroroso, com acesso somente por meio de cordas ou escadas baixadas por um buraco a partir do teto. Seu corpo fatigado era obrigado a descansar sobre pedras ásperas. O ar era pútrido e o saneamento, quase inexistente.[7]

Raramente leio 2Timóteo sem imaginar a mim mesmo como um observador silencioso, na mesma cela com Paulo. Imagino-o tossindo e respirando com dificuldade enquanto ratos passeiam pelas fendas das paredes. Algumas vezes, ajudo o ancião a acender uma vela ao cair da noite; outras, cubro-o com um cobertor, para aquecê-lo na madrugada. Vejo-o chorando enquanto escreve; ele sabe que seus dias estão contados.

Em seguida, ocorreria uma audiência no tribunal, onde Paulo compareceria algemado, exibindo as marcas da idade e das torturas, perante o ímpio imperador Nero. O autor James Stalker faz um bom trabalho ao descrever a ironia daquela cena:

> No trono de julgamento, vestindo o manto imperial, estava [Nero] um homem que, em um mundo maligno, alcançou a proeza de consagrar-se o pior de todos [...], e no banco dos réus estava o melhor homem que havia no mundo, agora grisalho

por causa de seus labores em prol do bem dos homens e da glória de Deus. Eis o primeiro sentado no trono da justiça; eis o segundo em pé no lugar destinado aos criminosos.[8]

T. R. Glover, especialista no classicismo inglês e professor em Cambridge, fez um comentário inesquecível a respeito do paradoxo da história em relação ao julgamento de Paulo por Nero: "Viria o dia em que os homens chamariam seus cachorros de Nero e seus filhos de Paulo". Que frase estupenda!

Eis o apóstolo envelhecido, sentado diante de uma chama tremeluzente enquanto escreve suas últimas palavras no pergaminho. Ele sente frio e se percebe só. Fim da linha. Hora de transmitir a alguém mais jovem algumas diretrizes para o ministério. É como se Paulo usasse a pena como um bastão para passar a Timóteo princípios fundamentais, como que dizendo: "Corra com este bastão!". A carta tem um impacto maior quando temos em mente que foi escrita por um homem condenado e preso em um calabouço.

Por que essa carta é tão perspicaz? Não é apenas por ter sido escrita em um contexto de prisão, nem por representar as palavras finais de Paulo, nem pela sabedoria nela contida, mas porque também é *Escritura*. As diretrizes do primeiro século continuam inspiradas por Deus... Continuam relevantes e dignas de confiança. Esses princípios funcionaram no passado, funcionam hoje e *sempre* funcionarão.

Características atemporais de um ministério contagiante

Em se tratando do crescimento da igreja, precisamos pensar de modo estratégico, pregar de forma criativa e adorar de forma envolvente. Contudo, também precisamos tomar cuidado. A atual mentalidade consumista e marqueteira não tem espaço na igreja de Jesus Cristo. Com isso quero dizer que Jesus *não* é uma marca, a igreja *não* é uma empresa, as estratégias humanas *não* ditam os rumos da obra de Deus. A igreja de Jesus Cristo é uma *entidade espiritual* orientada pelo Senhor por meio dos preceitos de sua palavra.

Sacrificar os fundamentos da *doutrina*, da *comunhão*, do *partir do pão* e da *oração* no altar da estratégia, da criatividade, do entretenimento e da "relevância" é abandonar as principais razões da existência da igreja. Precisamos edificar *sobre* esses fundamentos em vez de tentar substituí-los.

Examinemos quatro características de um ministério contagiante, todas extraídas da última carta de Paulo a Timóteo.

Local de graça

Paulo utiliza quatro verbos para salientar os princípios de uma igreja contagiante. Ao interpretarmos as Escrituras, precisamos estar sempre atentos aos verbos do trecho lido: eles formam a espinha dorsal da literatura; são eles que mantêm os pensamentos coesos. Quando há uma ação a realizar, os verbos indicam os passos que devemos tomar nos alinharmos com a verdade. Nesse caso, os verbos aparecem sob a forma de mandamentos, com o objetivo de fomentar um ambiente bíblico e atraente na igreja. Vejamos o primeiro:

> Portanto, você, meu filho, fortifique-se na graça que há em Cristo Jesus.
>
> 2Timóteo 2.1

O verbo *fortifique-se* fornece a primeira característica de uma igreja contagiante: *é sempre necessário permanecer forte na graça*. Parece simples, mas esse é o princípio mais difícil de se aplicar em nossa sociedade consumista.

Por onde começar a aplicação desse preceito? Nos líderes da igreja. Paulo era capaz de dar essa ordem porque ele mesmo a obedecia: ele proclamava e promovia a graça; vivia da graça; sua mensagem era o evangelho da graça. Paulo jamais esqueceu a importância do favor imerecido de Deus em sua vida, um fato que permeava todo o seu ministério. Veja alguns exemplos extraídos de textos do apóstolo:

> Pois todos pecaram e estão destituídos da glória de Deus, sendo justificados gratuitamente por sua graça, por meio da redenção que há em Cristo Jesus.
> Romanos 3.23-24

> Pois vocês são salvos pela graça, por meio da fé, e isto não vem de vocês, é dom de Deus.
> Efésios 2.8

> Mas quando, da parte de Deus, nosso Salvador, se manifestaram a bondade e o amor pelos homens, não por causa de atos de justiça por nós praticados, mas devido à sua misericórdia, ele nos salvou pelo lavar regenerador e renovador do Espírito Santo, que ele derramou sobre nós generosamente, por meio de Jesus Cristo, nosso Salvador. Ele o fez a fim de que, justificados por sua graça, nos tornemos seus herdeiros, tendo a esperança da vida eterna.
> Tito 3.4-7

Não é incrível que esse ex-legalista fariseu, esse homem violento outrora obcecado em erradicar os cristãos da face da terra, tenha sido detido pela graça? A caminho de Damasco, Paulo foi cegado por uma luz do céu enquanto o Senhor Jesus falava e o chamava (justo quem!) para o ministério. Esse chamado mudou o apóstolo de dentro para fora: o legalista inveterado foi transformado em um mensageiro da graça! O ministério de Paulo enfatiza a graça tanto aos ímpios quanto ao povo de Deus. Estudando a vida de Paulo, percebi a graça em seu ministério como se fosse uma linha de prata entretecida em um tapete colorido. Paulo se tornou um proeminente porta-voz da graça:

> Portanto, meus irmãos, quero que saibam que mediante Jesus lhes é proclamado o perdão dos pecados. Por meio dele, todo aquele que crê é justificado de todas as coisas das quais não podiam ser justificados pela Lei de Moisés.
>
> Atos 13.38-39

A mensagem de Paulo anuncia as boas-novas da graça aos perdidos. Essa é a primeira parte da grande comissão de Cristo à igreja (cf. Mt 28.18-20). Imagine o impacto que nossas congregações teriam em nossas comunidades se cada cristão se dispusesse a compartilhar o evangelho da graça de Deus uma vez por semana com alguém que estivesse necessitado. O ímpio precisa ouvir como atravessar a ponte de uma vida vazia e repleta de culpa para uma vida em que a graça, a paz e o perdão são abundantes, e tudo por causa da graça de Deus. Ajudamos a construir essa ponte, quando comunicamos o evangelho com amor e paciência.

Não é preciso ter diploma de seminário nem conhecer o vocabulário religioso ou as nuances da teologia. Simplesmente compartilhe de forma aberta, autêntica e honesta o que Cristo realizou em sua vida. O que você tem a perder? Talvez não demore muito para descobrir a alegria de ajudar alguém que esteja perdido no calabouço escuro da morte a cruzar a ponte em direção à esperança de uma nova vida em Cristo. Isso é empolgante; isso é *contagiante*!

Há outra razão para o fato de o fortalecimento na graça tornar a igreja atraente: ausência de legalismo. Da mesma forma que os ímpios não entendem as boas-novas de Cristo, também os salvos raramente compreendem a realidade extraordinária da graça. Não conheço atividade mais enfadonha e desmerecedora do que ver cristãos tentando agradar aos outros por meio da preservação de legalismos impossíveis de realizar. Que triste armadilha! E a maioria dos cristãos está presa nela. Quando vamos aprender que a graça nos libertou? Essa é a mensagem que jorra dos sermões e testemunhos pessoais do apóstolo Paulo.

O autor Steve Brown comenta que algumas pessoas colocam as igrejas legalistas no mesmo nível das igrejas orientadas pela graça. Entretanto, essas igrejas são, segundo Brown, tão diferentes quanto um empalhador de animais é diferente de um veterinário. Alguns diriam: "Tudo bem, no final das contas a gente sempre recebe o cachorro de volta!". É verdade; porém, um volta imóvel e empoeirado, enquanto o outro volta latindo, correndo e se alimentando; em outras palavras, *está vivo*! Eis a diferença fundamental. Fiquemos, portanto, com os veterinários. Vamos estabelecer o propósito de tornar nossas igrejas locais de graça. A igreja orientada pela graça é uma igreja viva, disposta a correr riscos, livre de julgamentos e cheia da esperança de realizar a obra de Deus... Mas não se engane: não é uma igreja desprovida de santidade. Eis a grande diferença.

Depois de o indivíduo ter confiado em Jesus para o perdão de seus pecados, precisamos soltá-lo para a liberdade magnífica que a graça nos proporciona. Não estou dizendo para deixá-lo por conta própria, sem instrução bíblica ou orientação (falaremos sobre isso adiante). Antes, quero dizer que não o sufocamos com toneladas de regras e regulamentos *não bíblicos*, como se ele estivesse em "fase de experiência" ou sob observação enquanto "coloca a vida em ordem". E "regras", aqui, refere-se a que roupa vestir, qual aparência demonstrar, o que comer e beber, que tipo de entretenimento desfrutar, quais filmes Jesus assistiria etc. *Tenha a santa paciência*! Isso tudo funciona como uma camisa de força de servidão religiosa. Essas coisas não produzem um ambiente contagiante; pelo contrário, torna qualquer lugar assustador. A igreja perderá seu magnetismo no dia em que deixar de ser forte na graça. A verdade liberta (cf. Jo 8.32). Tragicamente, as igrejas legalistas encarceram as pessoas atrás das grades do medo.

Paulo, quando esteve no areópago em Atenas e proclamou a graça de Deus aos perdidos, pregou a uma multidão de céticos, críticos e pessoas que poderíamos chamar de intelectuais sofisticados. A fim de apresentar Cristo àquelas pessoas, Paulo começou falando do mundo criado em que elas viviam, em vez de iniciar com as Escrituras. Ele começou apelando à fome espiritual daquela gente, para, em seguida, apresentar Jesus como a satisfação de tal apetite... E como pagamento por seus pecados. Paulo inclusive citou poetas pagãos, com o intuito de formar uma ponte entre os ímpios e o Senhor (cf. At 17.16-33).

Diversas denominações e movimentos têm adotado em suas igrejas o que chamo de "filosofia de ministério ateniense". Com base na mensagem de Paulo no areópago, essas igrejas pretendem encontrar maneiras de alcançar os incrédulos ou pós-modernos ou aqueles a quem chamam de "buscadores". Nos últimos anos, o movimento da igreja "emergente" tem procurado "fazer igreja" (ou *ser* igreja) de uma maneira diferente em nosso mundo pós-moderno. O propósito dessas congregações está voltado para a "vivência missionária"; isto é, envolver-se com o mundo na esperança de transformá-lo. Esse estilo de ministério procura relacionar-se com a cultura por meio da "conversação", em lugar de pregar às pessoas no estilo profético. Trata-se de um movimento contemporâneo que apresenta uma ampla variedade de teologias e estratégias. Alguns indivíduos defendem crenças ortodoxas; porém, adotam uma forma de comunicação bastante heterodoxa. Tenho lido a respeito de sermões cuja linguagem faria a maioria dos cristãos ficar de cabelo em pé e tapar os ouvidos de suas crianças.[9]

Devemos ministrar como os que *estão no mundo*? Claro que sim. Essa é a resposta da oração de Jesus por seus discípulos (cf. Jo 17.14-16). Entretanto, precisamos tomar cuidado aqui. Isso significa que devemos ministrar como os que *são do mundo*? Devemos adotar um pensamento pós-moderno com o objetivo de ministrar às pessoas que têm essa mentalidade? *De jeito nenhum.* Esse tipo de comportamento e discurso não se encaixa na vida do cristão (cf. Ef 5.4) e, portanto, não se encaixa no contexto do culto.

Por favor, compreenda que graça não é sinônimo de "liberou geral", e isso vale inclusive para a teologia bíblica. Comparando a igreja emergente à reforma protestante, a escritora norte-americana Phyllis Tickle escreve:

> A verdadeira natureza da expiação [...] ou a doutrina de um Deus irado que precisa ser apaziguado com relação à origem do mal estão repentinamente abertas a reconsiderações. Se, ao buscar essa linha de exegese, a Grande Emergência de fato faz o que a maioria dos observadores pensa que fará, ela reescreverá a teologia cristã — e por meio disso a cultura norte-americana — em algo muito mais judaico, paradoxal, narrativo e místico que qualquer outra coisa que a igreja tenha experimentado nos últimos 1.700 ou 1.800 anos.[10]

É isso o que a graça requer de nós? Desde quando a natureza da expiação é determinada por outra coisa a não ser um exame cuidadoso das Escrituras? Conforme escrevi no último capítulo, se a inerrância da Palavra de Deus não for nosso padrão de verdade, a erosão se infiltrará e eventualmente empurrará a verdade para fora. David Wells escreve um lembrete útil:

> A Escritura é a revelação divina. Ela não é uma coleção de comentários pessoais que pretende nos dizer mais a respeito dos comentaristas do que acerca das coisas comentadas. Não. Ela nos fornece o conhecimento perfeito de Deus a respeito de si mesmo e de toda a realidade. Ela nos foi entregue em

um formato que podemos compreender. Deus a entregou a nós por que queria que soubéssemos das coisas, para que não tivéssemos de adivinhar ou ter uma vaga noção, e, sem dúvida, para que não nos perdêssemos. Ele deseja que saibamos. Não é falta de modéstia nem arrogância afirmar que sabemos, na medida em que o que sabemos é o que Deus nos informou por meio de sua palavra.[11]

Preciso esclarecer que minha intenção não é criar um homem de palha "emergente" para em seguida atear-lhe fogo. Percebo, da mesma maneira que perceberam os evangélicos injustamente acuados por nossa cultura, que a igreja emergente, ou qualquer movimento semelhante, corre o risco de cair em estereótipos. O perigo da generalização é criar uma representação errônea ou deixar de reconhecer as exceções. Estou certo de que nem todos os que se consideram integrantes da "tribo" da igreja emergente são a favor da teologia liberal e de sua descrença em convicções ortodoxas absolutas ou tradicionais. Entretanto, minha preocupação é com aquelas igrejas, de qualquer movimento, que, na tentativa de se relacionar com a cultura, acabam transigindo as verdades bíblicas. Paulo tinha a mesma preocupação urgente enquanto escrevia a Timóteo:

> Na presença de Deus e de Cristo Jesus, que há de julgar os vivos e os mortos por sua manifestação e por seu Reino, eu o exorto solenemente: Pregue a palavra, esteja preparado a tempo e fora de tempo, repreenda, corrija, exorte com toda a paciência e doutrina.
>
> 2Timóteo 4.1-2

Em outras palavras, fique com o plano que Deus prometeu abençoar e use-o para pregar a eterna, poderosa e sempre relevante Palavra de Deus. Pregue as verdades bíblicas! Permaneça ligado nas Escrituras. Seja forte na graça que há em Jesus Cristo.

Convém observar que essa exortação não foi dirigida a quem ouve, mas a quem fala. Quem deve obedecer a esse mandamento é aquele que proclama a mensagem: eu, o seu pastor, os presbíteros; enfim, todos aqueles que foram chamados a entregar a mensagem. É esse o compromisso que as igrejas precisam assumir. Esse é o elemento crucial para se tornar um local de graça, uma igreja contagiante. O fortalecimento na graça começa sempre com a liderança.

Métodos e gostos musicais podem variar. Entretanto, as igrejas precisam estabelecer uma limitação conveniente. Não há necessidade de querer tornar-se uma igreja criativa e atraente ao custo de os membros perderem de vista a verdade. Não é necessário criar substitutos tolos e sem sentido que rebaixam a Palavra de Deus. Essas coisas podem entreter as pessoas, até mesmo estimulá-las, mas raramente conseguem levar os perdidos ao arrependimento ou fazer com que os cristãos cresçam em maturidade. O ensino da verdade dá conta de tudo isso. Lembre-se das palavras de Paulo: "pregue, repreenda, exorte" (2Tm 4.2). Não são termos politicamente corretos, pois Deus não é politicamente correto, o que, aliás, nunca foi sua intenção.

Infelizmente, em um número alarmante de igrejas, hoje o povo de Deus está ouvindo o que *deseja* ouvir, e não o que *precisa* ouvir. Essas pessoas estão recebendo leitinho na boca em vez de serem desafiadas a digerir alimento sólido. Um ministério de ensino minguado geralmente atrai as multidões (por algum tempo), mas não deixa um impacto eterno. Jesus nos escolheu e nos designou para que déssemos frutos eternos (cf. Jo 15.16). Até mesmo Jesus perdeu seguidores (cf. Jo 6.66) por pregar uma mensagem que, embora verdadeira, era politicamente incorreta. Não há nada errado nisso. Até hoje não encontrei nenhuma passagem bíblica em que Deus demonstrasse qualquer preocupação com o aumento da audiência como objetivo da igreja. Satisfazer a curiosidade, a coceira nos ouvidos de nossa audiência pós-moderna é um exercício de futilidade. É como ingerir algodão-doce: pode até ser gostoso, mas não tem nenhum nutriente. David Wells escreve outro lembrete útil:

> A verdade é que a igreja, sem uma compreensão bíblica quanto à razão de Deus tê-la criado, cai facilmente em desvantagem em um mercado no qual compete às duras penas contra o cardápio de religiões disponíveis ao alcance da conveniência do lar, em uma cultura inclinada à distração e ao entretenimento. [...] A igreja evangélica, ou pelo menos boa parte dela, anda nervosa, inquieta e melindrosa quanto aos desejos do consumidor, pronta a mudar em nanossegundos ao menor sinal de mudança nos gostos e interesses. E por quê? Porque o apetite do consumidor é soberano.[12]

Há um grande problema em adaptar a igreja ao gosto do freguês em vez de seguir o planejamento quanto ao que Deus deseja realizar. Colocando de forma simples e direta, eis a questão: a igreja é um corpo de pessoas chamadas dentre as demais para o propósito específico e singular de glorificar seu Senhor e Salvador. Em nenhuma passagem no livro de Atos ou nas epístolas, encontramos uma igreja convocada para oferecer uma subcultura aos incrédulos. O ímpio não precisa encontrar na igreja o mesmo mundo que encontra fora dela. A igreja não está competindo com o mundo. Jesus não é uma marca.

A igreja precisa se proteger do perigo de transigir sobre a Palavra de Deus ao querer se tornar mais palatável aos recém-chegados. Os cristãos sofrem quando fazemos isso. Há anos venho dizendo que "minissermões são para minicristãos". Igrejas que oferecem sermões de doze minutos não estão alimentando o rebanho. Isso é torturar as pessoas em vez de ensiná-las; é divertir ao invés de desafiá-las. Nossas congregações precisam de pastores que estudem muito, orem muito, preparem mensagens balanceadas e em seguida abram suas Bíblias e ensinem as pessoas a estudar a palavra por si mesmas. É isso o que traz equilíbrio às pessoas em tempos de dificuldade, discernimento em meio ao engano e força para caminharem sozinhas.

Contudo, a exemplo de Joshua Bell no metrô, dons exercitados com destreza não são suficientes para formar uma igreja contagiante; é preciso um contexto. É preciso que a igreja inteira opere como um local de graça, com os líderes ditando o passo.

Em 2007, o pastor Bill Hybels e uma equipe de líderes da Willow Creek Community Church anunciaram o surpreendente resultado de um estudo que conduziram em suas próprias igrejas e também entre as ditas igrejas dos buscadores. "O resultado", disse Hybels, "foi o maior despertar da minha vida". Entre outros achados, eles descobriram que seu ministério com os "buscadores" era muito eficiente para apresentar Cristo às pessoas que compareciam à igreja pela primeira vez. Até aí, nenhuma surpresa. Entretanto, não haviam alcançado sucesso em cumprir sua declaração de missão, a saber, transformar "pessoas sem religião em fervorosos seguidores de Cristo". Ou seja, o ministério deles não alcançava o mesmo nível de eficácia em relação ao desenvolvimento espiritual das pessoas que confiaram em Cristo. Em uma conversa que Hybels teve com Greg Hawkins, seu pastor-sênior, ambos perceberam o seguinte:

> Deveríamos ter dito e ensinado que as pessoas têm de assumir a responsabilidade de alimentarem-se por si mesmas. [...] Deveríamos tê-las ensinado como ler suas Bíblias durante a semana, como realizar as práticas espirituais [...] O que está acontecendo com essas pessoas [é que] quanto mais envelhecem, mais esperam que a igreja as alimente, quando, na verdade, quanto mais o cristão amadurece, mais deveria se alimentar por conta própria. [...] Vamos elevar o nível de responsabilidade que colocamos sobre as pessoas para que cresçam, mesmo que a igreja não consiga suprir todas as suas necessidades.[13]

Admiro Bill por sua vulnerabilidade e receptividade. Aplaudo qualquer igreja que encare o crescimento espiritual com seriedade suficiente para avaliar sua eficácia e modificar os métodos de discipulado conforme o modelo bíblico. Ah, se *todas* as igrejas de tempos em tempos examinassem a si mesmas demoradamente diante do espelho da Palavra de Deus! Na verdade, se essa avaliação não for feita periodicamente, a erosão *ocorrerá*. A erosão pode ocorrer em qualquer lugar. Sei disso por experiência própria.

A quem estiver considerando adotar a filosofia da igreja emergente ou a quem estiver em busca de estratégias para atrair "buscadores", peço encarecidamente que reflita com clareza a respeito do que está tentando alcançar e *por quê*. Verifique se está agindo de acordo com a Bíblia. Esteja certo de contar com uma base bíblica para dar conta de qualquer mudança que intencione aplicar. Não se concentre no areópago de Atos 17 sem antes verificar os fundamentos propostos em Atos 2. Em vez de procurar justificativas na Bíblia, ore pedindo orientação a partir do texto bíblico e então siga essas instruções. Isso se aplica a *qualquer* igreja, inclusive à minha.

A igreja centrada na graça não é um local de repressão, mas de liberdade e sustentação. A graça não destrói, mas promove a dignidade das pessoas. A graça não é ciumenta nem receosa, mas apoiadora e estimulante. Na igreja, a graça é o meio pelo qual o evangelho é pregado. Contudo, a graça também se torna o contexto no qual os mandamentos de Deus são ensinados. Paulo coloca da seguinte maneira:

> Porque a graça de Deus se manifestou salvadora a todos os homens. Ela nos ensina a renunciar à impiedade e às paixões mundanas e a viver de maneira sensata, justa e piedosa nesta era presente, enquanto aguardamos a bendita esperança: gloriosa manifestação de nosso grande Deus e Salvador, Jesus Cristo.

> Ele se entregou por nós a fim de nos remir de toda a maldade e purificar para si mesmo um povo exclusivamente seu, dedicado à prática de boas obras. É isso que você deve ensinar, exortando-os e repreendendo-os com toda a autoridade. Ninguém o despreze.
>
> Tito 2.11-15

Mais uma vez: "a graça de Deus se manifestou [...]. Ela nos ensina a renunciar à impiedade [...]". Repito apenas para salientar que a graça não é um passaporte para a liberdade irrestrita. Ao contrário, a graça serve de motivação para nosso comportamento. Ela nos liberta para obedecer. Fortalecer-se na graça está relacionado ao compromisso de vivenciar a verdade. Não há contradição entre esses dois compromissos. Afinal, "a graça e a verdade vieram por intermédio de Jesus Cristo" (Jo 1.17). A graça providencia o contexto em que os mandamentos de Deus são ensinados. A verdade equipa nossa mente e molda nossa vida; portanto, *deve* ser ensinada! E isso nos leva à segunda característica de uma igreja contagiante.

Local de mentoria

Jesus deu ordem de marcha à igreja em termos práticos. Provavelmente, você esteja familiarizado com esta passagem:

> Portanto, vão e façam discípulos de todas as nações, batizando-os em nome do Pai e do Filho e do Espírito Santo, ensinando-os a obedecer a tudo o que eu lhes ordenei. E eu estarei sempre com vocês, até o fim dos tempos.
>
> Mateus 28.19-20

Não há desafio maior nem promessa mais reconfortante do que o "ide" de Jesus a seus discípulos. Entretanto, creio que você nunca imaginou a grande comissão como elemento de uma igreja contagiante. A ordem para "fazer discípulos" tem duas partes. A primeira, "batizando-os", presume compartilhar nossa fé com o ímpio. A segunda, "ensinando-os a obedecer", orienta-nos a compartilhar nossa vida de fé com os que creram em Jesus. Voltando ao capítulo 2 da última carta de Paulo a Timóteo, é possível perceber na prática de que maneira o Senhor intencionava que este ensino fosse realizado:

> E as palavras que me ouviu dizer na presença de muitas testemunhas, confie-as a homens fiéis que sejam também capazes de ensinar a outros.
>
> 2Timóteo 2.2

Esse versículo apresenta nossa segunda característica: *igrejas contagiantes orientam fielmente aqueles que estão trilhando a vida cristã*. Essa diretriz é fornecida por meio do verbo "confie", cujo termo original significa literalmente entregar "algo a alguém [...] como custódia".[14] Aprecio a ideia de transmitir a verdade como quem entrega uma custódia a outrem. Temos uma mensagem valiosa para passar adiante.

As palavras de Paulo a Timóteo esboçam um processo de multiplicação que pode ser visualizado em um esquema simples:

Paulo → Timóteo → homens e mulheres fiéis → outros

O apóstolo Paulo transmitiu a Timóteo seu coração, sua alma, suas verdades, suas confrontações, seus estímulos e suas asserções, enfim, sua vida. Timóteo era um recebedor, da mesma maneira que, em uma corrida de revezamento, o segundo corredor recebe o bastão do primeiro. Mais tarde, Timóteo também passaria o bastão a outros fieis, que, por sua vez, fariam o mesmo, um movimento que vem desde Jesus e seus apóstolos, incluindo Paulo. Na verdade, somos todos recebedores do bastão de Paulo. Duane Litfin, que foi presidente da faculdade cristã Wheaton College, chama esse processo de "interminável corrente de discipulado cristão". Os Navegadores o chamam de "ministério da multiplicação". Ambos estão corretos. Essa atividade é uma parte essencial da igreja contagiante.

A igreja não é apenas um agrupamento de pessoas interessadas em ouvir alguém pregar. Ainda que a mensagem seja muito importante, ela é apenas parte do processo de passar o bastão. A vida de um indivíduo toca a vida de outro, que, por sua vez, toca a vida das pessoas em sua esfera de influência — pessoas que o primeiro indivíduo nunca conheceu. Para tornar a coisa ainda mais empolgante, estes últimos, por sua vez, tocam a vida de outras pessoas. Isso é um ministério contagiante.

A ideia de multiplicação está representada de maneira bastante conveniente pelos profissionais da área médica. Depois de educar e formar os estudantes médicos, esses profissionais não os mandam embora, dizendo: "É isso aí pessoal. Boa sorte para vocês. Vão à luta!". Como você se sentiria se estivesse deitado em um leito de hospital, prestes a ser operado, e o médico dissesse: "Veja bem, eu nunca realizei uma cirurgia de verdade, mas... Já que estamos aqui, vamos ver se a faculdade de medicina serviu para alguma coisa. Vamos lá pessoal, manda bala nessa anestesia que eu quero acabar logo com isso". Provavelmente, você gritaria na hora: "Para tudo! Alguém me tire daqui!". Sem dúvida, queremos ser atendidos por um médico *realmente* treinado, um cirurgião habilidoso, alguém que tenha viajado para estudar com os melhores médicos na área. Queremos um profissional que possua treinamento específico em técnicas testadas e aprovadas por meio de procedimentos médicos adequados; alguém que tenha passado anos sendo observado, corrigido, confrontado, criticado e repreendido. Enfim, queremos alguém que tenha sido *mentoreado*.

As áreas do conhecimento que mais progridem são aquelas em que os professores são muito mais que meros depósitos de informação. Os estudantes precisam de escolas onde os professores se preocupem com a vida de seus estudantes, onde o aluno não é apenas um número de chamada. É por essa razão que não acredito em educação teológica *on-line*. (Por falar nisso, ninguém pode aprender cirurgia pela internet.) A *informação* pode trafegar na rede; porém, a *educação* exige mais do que acesso a dados: é preciso o envolvimento de um mentor — uma pessoa amadurecida cuja vida influencie o indivíduo sem experiência.

Posso dizer isso com convicção porque sou resultado de aconselhamento. Conheci indivíduos, homens que você não conheceria se eu mencionasse o nome, que fizeram uma enorme diferença na minha vida. Eles viram potencial onde eu não enxergava nada; eles me estimularam a me tornar mais do que eu era; eles me repreenderam e me corrigiram; eles foram para mim o modelo daquilo em que eu mais ansiava me tornar. Um dos primeiros desses homens enxergou meu maior potencial em uma área na qual eu pensava estar minha maior fraqueza.

No início do ensino médio, eu tinha uma gagueira tão forte que mal conseguia terminar uma frase. Essa dificuldade de falar acabou produzindo uma baixa autoestima. Aprendi a ficar de boca calada e a me esquivar para não chamar atenção. O último lugar em que gostaria de estar seria diante de uma plateia! De alguma forma, consegui enfrentar aquelas primeiras semanas de novato sem passar muita vergonha, até que um dia Dick Nieme me encontrou no corredor e me deixou em pânico quando disse: "Chuck, quero você no meu grupo de debate. Também quero que você se matricule em um de meus cursos opcionais de artes cênicas".

— Quem, e-e-e-e-eu? — Olhei para um cara atrás de mim; com certeza o sr. Nieme estava falando com ele. — É co-co-com ele que vo-vo-você tem que falar, nã-nã-não co-co-comigo — respondi.

— Não. Sei exatamente com quem estou falando, e é com você. Você tem talento, meu jovem. Precisamos apenas lapidá-lo.

Com muita relutância, acabei cedendo. Na semana seguinte, comecei a fazer sessões de terapia de fala com o dr. Nieme todas as manhãs, das 7h15 às 7h45, antes do horário de início das aulas. Hoje em dia, isso é muito comum; mas na época era algo desconhecido. O dr. Nieme me ajudou a compreender que minha mente estava se adiantando à minha capacidade de articular as palavras. Dito de outra forma, minha boca estava atrasada em relação aos meus pensamentos (agora tenho o problema oposto). Ele me ensinou a me acalmar, a pensar com tranquilidade e a me concentrar em iniciar as palavras que eu queria dizer. Passou-me exercícios para aprimorar a pronúncia e dar ritmo a cada sílaba seguinte. Ingressei no grupo de debates e gostei! Isso me levou a participar de peças teatrais no colégio. Nossa equipe de teatro era composta de vários atores jovens talentosos. Éramos um sucesso! E nem preciso dizer que Dick Nieme esteve conosco o tempo todo. Quando eu falhava, ele me orientava e estimulava, aplaudia meus êxitos mais intensamente que qualquer espectador na plateia. Ele me desafiou e me inspirou, de modo que continuei a estabelecer objetivos que me fizessem superar meus limites.

No último ano do ensino médio, fiz um teste de audição para o papel principal de uma peça teatral e passei. Ao se levantarem as cortinas naquela noite de apresentação, Dick Nieme estava sentado na primeira fileira do camarote. Quando retornei para a reverência final, ele foi o primeiro a se colocar em pé e, mais uma vez, aplaudiu mais forte que os demais. Fiquei bastante envergonhado por causa dele, mas gostei muito daquilo. Hoje, passados mais de 25 anos, olho para trás e percebo quanto devo àquele homem. Ele acreditou em mim e me respeitou. Ele me colocou no rumo para que eu me tornasse o homem — um pregador — que Deus intencionava que eu fosse. Sou feliz por ter tido a oportunidade de expressar minha profunda gratidão a ele antes de sua morte. Senti-me honrado quando me convidaram para escrever a homenagem de seu tributo fúnebre. Ainda hoje agradeço a Deus pela vida daquele mentor.

A igreja se torna um lugar de mentoria, quando paramos de enxergar as pessoas como números de relatório e entrada de dízimos. Ao contrário, enxergamos as pessoas como oportunidade de participar da edificação da vida de cada uma. Na carta de Paulo a Tito, o apóstolo escreve de modo parecido, ao se referir ao processo de multiplicação, semelhante ao que escrevera a Timóteo. Observe que há mais do que mera informação transmitida de pessoa para pessoa. Mentorear é moldar o caráter:

> Semelhantemente, ensine as mulheres mais velhas a serem reverentes na sua maneira de viver, a não serem caluniadoras nem escravizadas a muito vinho, mas a serem capazes de ensinar o que é bom. Assim, poderão orientar as mulheres mais jovens a amarem seus maridos e seus filhos, a serem prudentes e puras, a estarem ocupadas em casa, e a serem bondosas e sujeitas a seus maridos, a fim de que a Palavra de Deus não seja difamada.
>
> Tito 2.3-5

Howard Hendricks, outro de meus mentores, disse que todo cristão precisa de, pelo menos, três pessoas na vida. Primeiro, alguém que lhe mentoreie; segundo, alguém com quem compartilhar as dificuldades; e terceiro, alguém a quem possa servir de mentor. Do contrário, não crescemos. E quando isso acontece, a igreja se torna um lugar onde os cristãos se sentam, suam e sofrem. Eles se sentam, ouvem a pregação e vão embora; retornam na semana seguinte, sentam-se, ouvem a pregação e vão embora; retornam na próxima semana, sentam-se, ouvem a pregação e vão embora... Até que (ó, vida!) Jesus volte. O que há de errado nisso? *Praticamente tudo!* Não há contágio, não há nenhuma aplicação da palavra, nenhuma mudança de vida. Não há ninguém passando o bastão. Nenhuma multiplicação, apenas paralisia. Em minha opinião, ninguém esclareceu melhor essa circunstância que o dr. Hendricks em sua magnífica obra intitulada *Standing Together: Impacting your Generation* [Junte-se às pessoas e influencie sua geração]. Veja se você consegue enxergar um pouquinho de si mesmo nas palavras abaixo:

> Muitos de nós na igreja temos a errônea impressão de que o caminho para produzir cristãos espiritualmente desenvolvidos é matricular as pessoas em um curso de maturidade espiritual. Em seguida, fornecemos livros que tratam do assunto, apresentamos passagens bíblicas e entregamos tarefas e planilhas. Não há nada errado com essas atividades. Entretanto, você já parou para pensar que o crescimento espiritual raramente é resultado da assimilação de novas informações? Se isso fosse verdade, teríamos transformado o mundo milhões de livros atrás. Entretanto, uma vez que conhecer a Cristo implica *relacionamento*, a maturidade em Cristo também envolve convivência. Um dos relacionamentos mais proveitosos envolve a presença de um mentor. Isso porque a maioria de nós não precisa de mais conhecimento tanto quanto precisa ser mais *conhecida*. Não precisamos de um conjunto de princípios para praticar tanto quanto precisamos *de outra pessoa* para nos ajudar. Precisamos de alguém que acredite em nós, permaneça ao nosso lado, oriente-nos e seja um modelo de Cristo para nós. Precisamos do estímulo, da sabedoria, do exemplo e do acompanhamento de outra pessoa. Precisamos de seus sorrisos, abraços, correções e lágrimas. [...] As pessoas esquecerão a maior parte das coisas que você disse, e pouco se lembrarão do que fez. Portanto, o comportamento que você demonstrar àquele que mentoreia será o padrão que ele estará inclinado a seguir ou, em alguns casos, rejeitar.[15]

Não se engane: todos nós precisamos de mentores. E mais: precisamos daqueles a quem estamos mentoreando. A igreja é o lugar ideal para envolver ambos. Quando isso ocorre, a congregação se torna um ambiente contagiante. Do mesmo modo como o lar é o local onde treinamos para a vida, a igreja é uma espécie de família — uma família espiritual. Li um artigo mencionando o fato de que 90% dos ministérios engajados com a geração mais jovem — a geração X, por exemplo — acaba tendo dificuldades depois de apenas três anos de operação.[16] Uma das razões para isso é o fato de os ministérios voltados para essa faixa etária geralmente separarem os jovens adultos dos outros grupos da igreja.

Uma igreja contagiante é um corpo de homens e mulheres que se importam, percebem o valor das pessoas e se dão ao trabalho de cultivar aquelas vidas. Esse deve ser o objetivo de nossas igrejas. Do contrário, a congregação se tornará um museu empoeirado cheio de cristãos empalhados saídos direto do taxidermista. A igreja morre quando deixa de se reproduzir.

O dicionário Houaiss define a palavra *mentor* como "1. pessoa que serve a alguém de guia, de sábio e experiente conselheiro".[17] Essa definição descreve um homem a quem conheci durante uma situação vulnerável que experimentei na juventude. Naquela ocasião, eu estava servindo ao exército na ilha de Okinawa. Por cerca de dezessete longos e solitários meses, estive separado da minha esposa, com quem me casara havia pouco tempo. Cheguei à ilha abatido e desiludido, mas saí de lá um homem transformado. O que causou essa mudança? Um mentor.

Para minha surpresa, Bob Newkirk, um representante dos Navegadores, interessou-se por mim. Com frequência, jogávamos handebol, almoçávamos, orávamos e nos divertíamos juntos. Passei vários feriados em sua casa quando tinha folga do quartel. Certa vez, morei uma temporada na casa dele. Bob e eu saíamos juntos para evangelizar nas ruas. Nessas ocasiões, ele pregava e eu cantava. Ministrávamos como uma equipe. Graças a Bob, passei por um intensivo programa de memorização das Escrituras. Ele me confrontava e me desafiava a perceber meus erros. Ele se envolveu com minha vida. Ele me amou. Decidi retomar meus estudos, entrei para o seminário e me engajei em uma vida ministerial por meio de sua influência. *Isso* é mentoria.

Os sermões que preguei, os livros que li e o exemplo de vida que dei à minha família e à minha congregação são resultado direto dos mentores que dividiram sua vida comigo. A vida desses irmãos e a verdade das Escrituras que me passaram por meio da mentoria é o que hoje transmito às pessoas com quem convivo.

Descobri que pessoas jovens e extraordinariamente talentosas têm grande tendência à arrogância e, por vezes, à presunção desmedida. Quase sem exceção, quando detecto vaidade em alguém, penso: "Esse indivíduo não foi mentoreado". Nunca encontrei uma pessoa arrogante e presunçosa que tivesse recebido uma mentoria adequada. Para dizer a verdade, a arrogância não sobrevive ao aconselhamento. O mentor apontará seus pontos fracos e o repreenderá apropriadamente, quando você necessitar ser confrontado em seu orgulho. E o mentor jamais desistirá. Ele pressionará implacavelmente em prol da excelência.

A igreja contagiante se preocupa com as pessoas a ponto de edificar-lhes a vida. Nunca se esqueça disso. Como resultado da mentoria, o indivíduo aprende o valor de uma vida vulnerável, acessível, sem barreiras, honesta e, idealmente, autêntica.

Local de sofrimento e comunhão

A igreja contagiante exibe uma terceira característica, relacionada à realidade da vida que geralmente escondemos atrás da máscara do orgulho e, se me permite dizer, da hipocrisia. Todos nós estamos machucados, mas nem todos têm a honestidade e a vulnerabilidade de admitir essa dor. Isso se deve ao fato de que, comumente, não há um lugar seguro para fazê-lo. A igreja deveria ser o primeiro lugar a oferecer esse ambiente (o nosso lar viria em segundo).

Ouvi falar de um estudo em que psicólogos descobriram os três principais lugares onde a maioria das pessoas age com hipocrisia. Em primeiro lugar, temos a tendência de agir com presunção ao entrar no saguão de um hotel luxuoso. Em segundo, costumamos esconder nossos verdadeiros sentimentos, quando estamos ao lado de um vendedor de carros em um salão de exposição. E sabe qual é o terceiro lugar onde usamos máscaras? Isso mesmo: na igreja!

A igreja, justamente o local em que deveria haver autenticidade, infelizmente é onde exibimos um sorriso falso no rosto, damos tapinhas nas costas e usamos de dissimulação para esconder o que temos no coração: o fato de que estamos verdadeiramente machucados. Conforme comentei inúmeras vezes, você ficaria chocado se pudesse conhecer a dor da pessoa que se senta atrás e à frente de você na igreja. Todos estamos feridos. Todos levamos um tiro e estamos sangrando, incluindo aquela pessoa que se coloca em pé atrás do púlpito. Gosto muito das palavras criteriosas de Dietrich Bonhoeffer:

> As comunidades religiosas não permitem que as pessoas sejam pecadoras, de modo que todos têm de esconder seu pecado, tanto de si mesmos quanto dos outros. Não nos atrevemos a ser pecadores. Muitos cristãos se horrorizam ao extremo quando um pecador é repentinamente descoberto em meio aos justos. Por essa razão, permanecemos sozinhos com nossos pecados, vivendo na mentira e na hipocrisia. O fato é que *somos* pecadores! Entretanto, é a graça do Evangelho, tão difícil para os religiosos entenderem, que nos confronta com a verdade e diz: você é um pecador, um grande e desesperado pecador; apesar disso, venha, pecador como está, para o Deus que ama você. Deus quer você da forma como você é; Deus não quer nada de você, nem sacrifícios, nem obras; ele quer apenas você. "Meu filho, dê-me o seu coração" (Pv 23.26). Deus veio para salvar o pecador. Alegre-se! É a mensagem da libertação por meio da

verdade. Não pode esconder nada de Deus. A máscara que usa diante dos outros não serve para nada diante de Deus. Ele quer você como está. Ele quer ser gracioso com você. Não é necessário continuar mentindo para si mesmo e para os seus irmãos, vivendo como se não tivesse nenhum pecado; pode ousar ser um pecador. Agradeça a Deus por isso; Deus ama o pecador, mas o odeia o pecado.[18]

Parte do que torna a igreja um lugar atraente é o fato de os cristãos não terem medo de viver de modo transparente uns com os outros. O desafio de Paulo a Timóteo rompe as máscaras e chama nossa atenção para viver a realidade:

> Suporte comigo os meus sofrimentos, como bom soldado de Cristo Jesus.
>
> 2Timóteo 2.3

Gosto da simplicidade das palavras de Paulo, embora não sejam simples de vivenciar. No grego original, o trecho: "Suporte comigo os sofrimentos" compõe a tradução de um único verbo, *sugkakopatheson*, que significa: "suportar o mesmo tipo de sofrimento que os outros".[19] Não é um mandamento ao qual alguém consiga obedecer por si mesmo. É preciso aplicar a terceira característica da igreja contagiante: *quando posto à prova, o corpo se recolhe*. Que bênção quando isso ocorre de fato! Notou a palavra *comigo* no texto bíblico? É isto o que torna a igreja atraente aos outros: quando alguém se machuca, todos sofrem juntos. Ninguém sofre sozinho.

Tenho o privilégio de fazer parte de uma igreja onde as pessoas se importam. Temos até mesmo um grupo chamado "cuidadores da alma", formado por gente comum que se dispõe a apoiar pessoas que enfrentam dificuldades extremas. Em nossa congregação, há gente enfrentando momentos terríveis de divórcio não desejado. Alguns são vítimas de estupro; outros, de maus-tratos. Alguns enfrentam vícios debilitantes e prolongados; outros possuem familiares que necessitam de cuidados especiais. Muitas igrejas o convidarão a se retirar, caso você esteja enfrentando alguma dessas dificuldades (não estou brincando; já vi acontecer!). Entretanto, em nossa comunidade acolhemos essas pessoas; queremos ajudá-las a enfrentar seus problemas; *participamos* do sofrimento delas. Não é minha intenção dar a entender que temos solução para tudo. Porém, esforçamos-nos para trabalhar em conjunto, ainda que de modo imperfeito. Como isso funciona? Volto àquela maravilhosa verdade: graça. A graça está constantemente chamando nossa atenção para o fato de o chão aos pés da cruz ser plano.

Algo semelhante ocorreu com a igreja primitiva. Quem imaginaria que tantos cristãos seriam martirizados? Por causa da perseguição, a igreja continuou avançando. Por causa do sofrimento conjunto, o número de pessoas aumentou. Mas no mundo as coisas não funcionam assim. Quando o sofrimento sobrevém, as pessoas geralmente fogem como ratos em um navio que naufraga. É cada um por si! No mundo impera a competição e a inveja. Todos os esforços são direcionados para obter dinheiro. Na igreja, ao contrário, é a graça que nos une. É ela que nos leva a atribuir maior importância aos outros que a nós mesmos. Quando alguém enfrenta uma dificuldade, discamos um número de telefone. Então alguém vai à casa da pessoa; outro traz uma compra de supermercado ou talvez uma refeição pronta. Não podemos participar do sofrimento de alguém a distância. Em uma igreja contagiante, todos estão machucados, mas ninguém ali sofre ou se cura sozinho.

Essa é uma das razões por que considero o evangelho da prosperidade uma tremenda heresia. Em nenhum lugar no Novo Testamento encontramos um Deus que promete riqueza, saúde e prosperidade àqueles que adquirem fé suficiente. Essa forma de pensar é resultado direto de um cristianismo de consumo. Não vemos isso na igreja primitiva e em nenhuma outra passagem nas cartas do Novo Testamento. Até mesmo Cristo — aquele que *completou* nossa fé — viveu uma vida de dificuldades que culminou em sua crucificação! Jesus era um "homem de dores e experimentado no sofrimento" (Is 53.3). Que tal isso como prosperidade? "Quando Cristo chama um homem", escreve Dietrich Bonhoeffer, "ele o chama para morrer".[20] A vida cristã normal consiste em carregar a cruz. As promessas de prosperidade e riquezas são para a *próxima* vida. Afirmar o contrário é deturpar a mensagem pessoal de Cristo, incluindo o conteúdo do Novo Testamento como um todo.

O apóstolo Paulo ilustra, por meio de três metáforas, o que significa participar de seus sofrimentos:

> Nenhum soldado se deixa envolver pelos negócios da vida civil, já que deseja agradar aquele que o alistou. Semelhantemente, nenhum atleta não é coroado como vencedor, se não competir de acordo com as regras. O lavrador que trabalha arduamente deve ser o primeiro a participar dos frutos da colheita.
>
> 2Timóteo 2.4-6

Analogias magníficas! Um soldado, um atleta e um lavrador. A menção ao soldado chama a atenção para o fato de que estamos em uma guerra, e essa batalha requer nossa total dedicação a Deus. Onde se ouviu falar de um soldado que exerça outra atividade em tempo integral ao mesmo tempo em que empunha uma arma para defender seu país? Impossível. Há uma guerra a lutar. Em sua obra *Aos mártires*, Tertuliano, pai da igreja, escreveu: "Nenhum soldado vai à guerra rodeado de luxo, nem entra em combate saindo de um quarto confortável, mas de sua tenda apertada e temporária onde existe apenas a simplicidade". Gosto da maneira como Warren Wiersbe aborda esse assunto:

O serviço cristão implica invadir um campo de batalha, não um jardim; você e eu somos as armas que Deus usa para atacar e derrotar o inimigo. Quando Deus usou o bordão de Moisés, foi necessário que Moisés o levantasse. Quando Deus usou a funda de Davi, foi necessário que Davi a manuseasse. Quando Deus constrói um ministério, ele necessita de alguém que se entregue de corpo e alma para realizar a obra.[21]

A exemplo do soldado, o atleta também se dedica completamente ao seu objetivo. É evidente que Paulo era fã de esportes, pois utilizou essa metáfora mais de uma vez (cf. 1Co 9.25). Assim como diferentes eventos esportivos ofereçam prêmios característicos, cada um deles também opera com regras específicas, de modo que o atleta deve competir "de acordo com as regras". O termo original para *regras* se refere à participação "legítima". Deus estabeleceu limites dentro dos quais devemos viver: santidade, motivação pura, disciplina, domínio próprio, coração de servo, integridade de foro íntimo e social, perseverança até o final. Exatamente como um atleta correndo. Dureza!

A analogia ao lavrador chama a atenção para o trabalho envolvido em qualquer ministério significativo. O resultado nunca acontece por acaso. As bênçãos de Deus repousam sobre ministérios que permanecem ativamente engajados em servi-lo. Isso exige trabalho árduo, e muitas vezes anônimo. Nunca vi gente ir aos campos e às plantações para aplaudir e elogiar: "É isso aí! Bom trabalho, agricultor! Olha só que sulcos retinhos! Muito bom, continue assim!". Ao contrário, o agricultor realiza todo o trabalho necessário de arar e plantar sem que ninguém o observe. Ele limpa o suor do rosto com o lenço, entra em casa, lava-se e prepara uma refeição gigantesca — sem engordar um quilo a mais por isso. Por quê? Porque trabalha duro e com diligência para cuidar de sua plantação.

Anos atrás me hospedei na casa de um fazendeiro durante meu ministério no vale de San Joaquin na Califórnia. Atrás da casa havia um pomar de laranjas com árvores *carregadas* de frutas. Certa manhã tranquila, enquanto voltávamos juntos para casa, aproveitamos para conhecer o pomar. Colhi uma laranja enorme de um árvore e disse:

— Caramba, olha o tamanho desta laranja! E pensar que ela apareceu por conta própria!

O fazendeiro esticou o braço e tomou a laranja da minha mão:

— Me dê esta laranja — disse ele. — Ela não apareceu "por conta própria", Chuck. Eu podei, reguei, borrifei, vigiei esta árvore e orei por ela. Esta laranja não apareceu "do nada".

Demos boas gargalhadas por causa do meu comentário estúpido. O fazendeiro diligente alcança resultados. Não é de admirar que tantas pessoas atualmente não demonstrem nenhum interesse em trabalhar no campo. Trabalhar com agricultura é tarefa duríssima; nada é fácil nessa lide. O mesmo acontece com o sofrimento em conjunto exigido no ministério. John Stott escreve:

> Este ponto de que o serviço cristão é um trabalho árduo é hoje tão impopular em certos círculos de cristãos festivos que sinto ser necessário sublinhá-lo [...]. A bênção de Deus foi abundante no ministério do apóstolo Paulo. [...] Mas até que ponto consideramos essa bênção decorrente do zelo e do interesse, da quase obsessiva devoção com que Paulo se entregava ao trabalho?[22]

Temos um trabalho árduo pela frente como corpo de Cristo. Isso inclui orar em grupo como nunca oramos antes; trabalhar para tornar nossas comunidades lugares de graça; edificarmo-nos mutuamente, aconselhando os mais jovens na fé. Também significa enfrentar as dificuldades juntos. Mostre-me uma igreja contagiante que atraia pessoas de toda a parte e mostrarei a você um grupo de cristãos dispostos a realizar trabalho pesado, não obstante o custo. Isso nos leva à quarta e última característica.

Local de resistência abnegada

A última característica pode ser resumida desta forma: *por causa de Jesus Cristo, a igreja deve suportar todas as dificuldades em benefício dos outros*. Outra vez percebo esse princípio na carta de Paulo a Timóteo:

> Por isso, tudo suporto por causa dos eleitos, para que também eles alcancem a salvação que está em Cristo Jesus, com glória eterna.
>
> 2Timóteo 2.10

O ponto principal aqui está no verbo *suportar*, do grego original *hupomeno*, uma palavra composta — *hupo*, "embaixo", e *meno*, "resistir".[23] Devemos, portanto, "resistir embaixo". A ideia é permanecer firme sob a pressão das dificuldades e sofrimentos decorrentes da lealdade. Enfrentamos todos os transtornos juntos, sem reclamar e sem desistir. Líderes não renunciam quando a situação se torna difícil. Mantemos nossa palavra e integridade; não servimos por interesse próprio. Paulo explica a razão para agir desse modo: "por causa dos eleitos, para que também eles alcancem a salvação que está em Cristo Jesus, com glória eterna" (2Tm 2.10). Não cedemos à cultura nem amenizamos ou rebaixamos o padrão. Permanecemos focados na mensagem, anunciando-a de modo constante. Não desviamos do objetivo de tornar Deus conhecido.

Gosto da história que Charles Paul Conn conta em seu livro *Making it Happen* [Fazendo acontecer]:

> Quando eu morava em Atlanta, muitos anos atrás, descobri nos classificados, na seção de restaurantes, um lugar chamado Grelhados da Igreja de Deus. Atiçado pela curiosidade desse nome peculiar, liguei para o número indicado. Um homem atendeu em tom jovial:

— Grelhados da Igreja de Deus, bom-dia!

Perguntei a razão do nome inusitado e obtive a seguinte resposta:

— Bem, tínhamos um pequeno ministério aqui e começamos a vender refeições à base de frango após os cultos de domingo, para ajudar nas despesas. As pessoas gostaram do frango e o negócio prosperou a tal ponto que deixamos as atividades da igreja de lado. Depois de algum tempo, fechamos de vez a igreja e ficamos apenas com o restaurante, mantendo apenas o nome com o qual começamos: Grelhados da Igreja de Deus.[24]

Assumi o compromisso de impedir que a Stonebriar Community Church se torne uma Stonebriar Community Grill. Peço a Deus que você também tenha esse compromisso em sua congregação. *Graça, mentoria, comunhão, resistência*. Se nossas igrejas acrescentassem essas características aos fundamentos de Atos 2.42, não haveria espaço para receber as multidões. Nossas reuniões seriam incrivelmente diferentes e maravilhosamente atraentes. Em uma palavra, *contagiantes*.

Uma coisa é concordar que a igreja precisa dessas qualidades, outra é sustentá-las. Como manter o foco em uma cultura pós-moderna e consumista? Eis a resposta: *precisamos nos lembrar dessas características e resistir a qualquer sinal de erosão*. Fácil falar, difícil fazer. Como igreja local, precisamos assumir o compromisso de não nos desviarmos dos fundamentos de Atos 2.42 nem dos atributos de uma igreja contagiante.

Se desviarmos desses objetivos, nossa identidade se alterará completamente. Quando isso acontece, a igreja se torna apenas mais um prédio como tantos outros na cidade.

Em nossa cultura orientada pelo *marketing*, muitas igrejas estão se contorcendo para permanecer fiéis ao objetivo. O anseio da igreja pelo crescimento numérico muitas vezes supera seu compromisso com os princípios bíblicos. Isso é trágico...

É desnecessário. Em uma igreja contagiante e em desenvolvimento, cada parte do corpo deve operar em um conjunto saudável, atencioso, desenvolvido e maduro. Tudo depende do contexto. Porém, ainda que seja desejável tornar-se uma igreja contagiante, esse não é o propósito *principal* de o corpo se reunir no templo. A finalidade é outra.

Aquela pequena colina chamada areópago onde Paulo pregou não era a igreja. A mensagem de Paulo aos intelectuais de Atenas não tinha a intenção de ser um modelo para nossos cultos de adoração. Ela *é*, entretanto, um magnífico exemplo de *evangelismo* pessoal. Há evangelismo na igreja? Sem dúvida! Não consigo me lembrar de um único domingo em que deixei, de alguma maneira, de anunciar a mensagem do evangelho. Contudo, o evangelismo não é o objetivo *principal* de os cristãos se reunirem. A meta não é nem mesmo ensiná-los a obedecer os mandamentos de Jesus, embora isso também aconteça. A grande comissão é o propósito da igreja universal, um propósito que deve ser vivenciado *diariamente* pelos membros da congregação local. Até mesmo os fundamentos de Atos 2.42 — *ensino, comunhão, partir do pão* e *orações* — são apenas meios pelos quais as igrejas cristãs procuram alcançar seu objetivo principal.

Então, qual é a razão primordial de nos reunirmos na igreja? Continue lendo.

capítulo quatro

O CULTO COMO COMPROMISSO, NÃO COMO GUERRA

> *A maioria dos americanos de classe média tende a cultuar a profissão, a trabalhar na hora do lazer e a se divertir no culto a Deus. Como resultado, seus valores e significado de vida estão distorcidos. Seus relacionamentos se desintegram antes que consigam restaurá-los, e seu estilo de vida se parece com o de um elenco de atores que procura um enredo para atuar.*
>
> Gordon Dahl

Embora pequeno, o livro *A tirania do urgente!* é um "tapa na cara". Carreguei-o comigo por tanto tempo a fim de memorizar sua mensagem, que o livro virou um farrapo; porém sua mensagem está gravada em meu cérebro. Esse opúsculo trata da diferença entre as coisas urgentes e as coisas importantes da vida. Ele adverte a respeito do perigo de as demandas urgentes tomarem o lugar das coisas importantes. Urgente e importante não são a mesma coisa. Charles E. Hummel, autor do livro, descreve o problema:

> Quando paramos tempo suficiente para refletir, percebemos que nosso dilema vai além da falta de tempo: é fundamentalmente um problema de prioridades. [...] Sentimos mal-estar quando não conseguimos realizar aquilo que era realmente importante. As ventanias da exigência dos outros e a nossa compulsão interior nos arrastaram contra o recife da frustração.[1]

Quando assumiu o governo, Dwight D. Eisenhower, 34º presidente dos Estados Unidos, ordenou a seus assistentes e assessores executivos que sobre sua mesa, na sala oval, deveria haver apenas duas pilhas de papel: a primeira, somente os assuntos urgentíssimos e a segunda, somente os importantíssimos. Anos mais tarde, Eisenhower comentou que achou interessante o fato de as duas coisas raramente coincidirem com o mesmo assunto. Ele estava certo.

Não há como escapar do conflito entre o urgente e o importante. E como é fácil confundir os dois! É comum pensarmos que, pelo fato de trabalharmos muito e andarmos ocupados, estamos tratando das coisas importantes. Porém, isso não é necessariamente verdade. As coisas urgentes *raramente* equivalem às coisas importantes. Eis a razão de muitas pessoas hoje sentirem-se insatisfeitas após longas horas de trabalho árduo a cada dia.

Trata-se de uma frustração real não apenas no mundo em que vivemos, mas principalmente na igreja que frequentamos. Quando substituímos o importante pelo urgente na igreja de Jesus Cristo, a ênfase passa a ser o trabalho, a atividade, o engajamento, a produção, o fazer, a boa impressão e o senso de realização. Entretanto, tudo isso gera um sentimento de vazio dentro de nós. A fadiga passa a ocupar o lugar da satisfação. E mais: essas coisas reproduzem dentro da igreja o mundo secularizado onde trabalhamos. Quantas pessoas desejosas de encontrar o verdadeiro Deus vivo têm se afastado do cristianismo por deparar-se, em suas congregações, com um substituto secularizado?

Talvez isso ajude a explicar a razão de um grande número de igrejas realizar atividades desligadas daquilo que torna a igreja única em nossa sociedade pós-moderna: *o culto*. O autor Gordon Dahl analisa a questão melhor que qualquer outro que já observei:

> A maioria dos americanos de classe média tende a cultuar a profissão, a trabalhar na hora do lazer e a se divertir no culto a Deus. Como resultado, seus valores e significado de vida estão

distorcidos. Seus relacionamentos se desintegram antes que consigam restaurá-los, e seu estilo de vida se parece com o de um elenco de atores que procura um enredo para atuar.[2]

Que declaração profunda! Cultuamos o trabalho, trabalhamos no lazer e nos divertimos no culto. *Deus nunca intencionou que as coisas funcionassem dessa maneira.*

A vida encarada a partir de uma perspectiva horizontal coloca a urgência no centro do palco. Afinal, o que é urgente chama a atenção, é popular, volta-se ao produto. Ou seja, a perspectiva horizontal focaliza o homem: suas realizações, sua importância, sua lógica, seu sentido, sua opinião, sua eficiência, seus resultados. Tudo isso exige tempo e atenção. Quando esse tirano poderoso resmunga, a reação natural é ceder e elevá-lo ao topo de nossas prioridades. Afinal, *é urgente*! Estamos bastante familiarizados com essa situação.

As coisas importantes, em contrapartida, são diferentes. São quietas e reservadas. Elas operam a partir de uma perspectiva vertical e chamam a atenção para as coisas de Deus: sua palavra, sua vontade, seus planos, seu povo, sua maneira de agir, suas razões para a vida, sua glória, sua honra. E qual é o objetivo dessas coisas? *O culto* a Deus.

A meta fundamental de uma igreja comprometida com as coisas importantes — ao contrário das coisas urgentes — é cultivar um corpo de adoradores cujo único foco é o Senhor nosso Deus.

Prioridade insubstituível

Não surpreende que Jesus tenha falado várias vezes o culto a Deus. A primeira menção que me vem à mente está entranhada no quarto capítulo do evangelho de João. No contexto da passagem, Jesus está no território de Samaria, falando com uma mulher daquela região. A cena apresenta dois escândalos:

primeiro, era impensável que um homem judeu, especialmente um rabino, se dispusesse a conversar com uma mulher samaritana, como fez Jesus — usando palavras dignas e honrosas. Segundo, era um fato extraordinário *encontrar* um judeu em Samaria! A tensão racial entre judeus e samaritanos perdurava havia séculos e não existia outro território mais evitado pelos judeus que Samaria. Jesus ignorou esses escrúpulos e falou com a samaritana no momento em que ela experimentava sua maior necessidade:

> Ele lhe disse: "Vá, chame o seu marido e volte". "Não tenho marido", respondeu ela. Disse-lhe Jesus: "Você falou corretamente, dizendo que não tem marido. O fato é que você já teve cinco; e o homem com quem agora vive não é seu marido. O que você acabou de dizer é verdade".
>
> João 4.16-18

Eis a samaritana, inesperadamente, a ouvir de um desconhecido os segredos mais profundos de sua vida. Ela fica envergonhada; seu coração dispara. Sentindo o peso da culpa, a mulher muda rapidamente o foco para Jesus — e para o assunto da adoração. O ser humano faz coisas estranhas quando se sente exposto.

> Disse a mulher: "Senhor, vejo que é profeta. Nossos antepassados adoravam neste monte, mas vocês, judeus, dizem que Jerusalém é o lugar onde se deve adorar".
>
> João 4.19-20

Em uma viagem recente à Terra Santa, ouvi um comentário que circulava entre os judeus contemporâneos: "Se quiser se divertir, vá a Tel Aviv. Se quiser fazer negócios, vá a Haifa. Se quiser adorar, vá a Jerusalém". Interessante, não acha? Ainda hoje os judeus dizem, como no primeiro século, que Jerusalém é o lugar de adoração. Jesus, entretanto, esclareceu que isso não era verdade:

[...] "Creia em mim, mulher: está próxima a hora em que vocês não adorarão o Pai nem neste monte, nem em Jerusalém. Vocês, samaritanos, adoram o que não conhecem; nós adoramos o que conhecemos, pois a salvação vem dos judeus [...]".
João 4.21-22

Jesus explicou calmamente que o culto a Deus não está ligado a um *lugar*, mas a uma *pessoa*. O problema da samaritana não era a falta de entendimento da adoração, mas falta de relacionamento com aquele a quem adorava. Jesus declarou que adorar a Deus não é um envolvimento místico, obscuro, com uma divindade incompreensível. A adoração começa com um relacionamento claro, definido e consciencioso com o Deus vivo. Jesus teve a audácia de afirmar que a samaritana não tinha esse relacionamento!

"A salvação", enfatizou Jesus, "vem dos judeus". Observe, entretanto, que Jesus não disse: "para os judeus". A salvação não é exclusividade dos judeus, mas a *origem* da salvação é exclusiva: ela veio dos judeus mediante Jesus Cristo. Para adorar a Deus, o Pai, o indivíduo precisa se aproximar por intermédio de Jesus. Isso se aplica tanto aos judeus quanto aos gentios (cf. Jo 14.6; Rm 1.16).

Estrito demais? *Sim, é*, mas não tenha medo da exclusividade. Vivemos em uma era pós-moderna e pluralista em que as pessoas não se importam qual deus você adora, contanto que o faça com sinceridade (há uma palavra hebraica muito interessante para essa maneira de pensar: *hogwash!*). É *muito* importante considerar em quem acredita. Sejamos claros quanto a isso: você veio a conhecer o Deus vivo por Jesus. A salvação ocorre estritamente por meio da fé em Jesus Cristo. *Jesus* é a razão da paz que tem no coração; *Jesus* é o motivo de sua disposição para viver e, se necessário, morrer; *Jesus* é quem lhe dá condições de adorar o Deus vivo. Embora politicamente incorreto, é biblicamente exato dizer que o Senhor Jesus Cristo é o único mediador entre Deus e a humanidade (cf. 1Tm 2.5). Não se engane: o modo de salvação é estrito. Jesus afirmou: "é estreita a porta, e apertado o caminho que leva à vida" (Mt 7.14). Claramente, Jesus é esse caminho. E a maravilhosa graça divina é a *única* razão de existir um caminho até o próprio Deus.

Prosseguindo a conversa com a samaritana, Jesus explica de que maneira as pessoas que se relacionam de modo adequado com Deus devem adorá-lo:

> No entanto, está chegando a hora, e de fato já chegou, em que os verdadeiros adoradores adorarão o Pai em espírito e em verdade. São estes os adoradores que o Pai procura.
>
> João 4.23

Se não estou enganado, essa é a única passagem na Bíblia na qual se diz que Deus procura alguma coisa em nós. E o que ele procura em seus seguidores? *Adoração*. Deus se alegra quando nos relacionamos com ele, quando nossa atenção está voltada totalmente em sua direção. O culto a Deus não é ocasião para alguém se divertir. O Pai quer que o adoremos em espírito de total envolvimento com ele. Além disso, cultuamos a Deus de acordo com a verdade declarada nas Escrituras. Guarde isso em sua mente. Essa verdade abrirá seu entendimento ao significado da verdadeira adoração.

A ESSÊNCIA DO CULTO

Quando refletimos sobre o culto no contexto da igreja, geralmente pensamos em cantar e orar. Embora muitas vezes adoremos a Deus dessa forma, o significado de adorar é muito mais profundo. A palavra hebraica para "cultuar" tem origem em um verbo que exprime a atitude de reverenciar ajoelhado.[3] Interessante observar que a raiz da palavra grega adoração, *proskuneo*, se refere ao costume de "prostrar-se diante de alguém e beijar-lhe os pés", transmitindo a ideia de prestar homenagem.[4] *Adorar* provém do latim *adorare* e exprime, por extensão de sentido, o significado de "ter veneração por (algo ou alguém); ter grande apreço por; reverenciar".[5] Adorar nosso Deus, portanto, é atribuir apreço supremo ao único digno de honra e louvor. Por favor, leia novamente este parágrafo.

A adoração é importante porque concentra nossa atenção total naquele que é o único digno de recebê-la. Ela evidencia nossa empolgação com tudo aquilo que honra o nosso Deus. Há algo indescritivelmente satisfatório e gratificante: conceder honras a Deus, isto é, adorá-lo de verdade. Sua importância ofusca todas as coisas urgentes.

Durante minha viagem a Israel, a qual mencionei anteriormente, nosso grupo — com mais de seiscentas pessoas — sentou-se ao redor de mesas espalhadas em um pátio às margens do mar da Galileia. O sol havia acabado de se pôr atrás das colinas, e a lua cheia despontava do outro lado do mar, refletindo sua luz sobre a água. Foi uma visão inesquecível. Quase de improviso, nosso líder de louvor se levantou e conduziu o grupo em adoração. Entre outros hinos, cantamos "Sinto a presença do Senhor", de Lanny Wolfe. Fechei os olhos enquanto meditava na letra da música. Apropriando-me das palavras de um hino de Charles Wesley, fiquei "perdido em admiração, em amor e em louvor!".[6] Foi maravilhoso, mas não por estarmos na Terra Santa (lembre-se de que a adoração não está relacionada a um *lugar*). Para dizer a verdade, por um momento esqueci a lua cheia e o fato de eu estar às margens do mar da Galileia, por onde Jesus andou. O que estava acontecendo? Adoração verdadeira: eu estava totalmente concentrado em Deus; meus pensamentos estavam voltados somente para ele. Refleti, por meio de vários pensamentos, sobre quanto Deus significava para mim, quão magnífico ele é... E queria que ele soubesse que eu cantava cada palavra com sinceridade.

Uma vez que Deus procura nossa adoração, é lógico supor que a igreja deve ser tanto um lugar de adoração como um lugar que produz adoradores. A igreja não é um ponto de encontro para fazer contatos de negócios, não é um centro de entretenimento e não é um lugar aonde vamos para nos sentir bem. Antes, a igreja é fundamentalmente um lugar de *adoração*.

Além disso, a *essência* do culto a Deus não está ligada a determinadas ações externas. A adoração ocorre no íntimo; está vinculada à mente e ao coração. Adorar é um ato pessoal de contemplação e reverência a Deus. É a reação natural daqueles que reconhecem quem Deus é e o que ele fez a nosso favor. A *essência* do culto a Deus está relacionada à interiorização de nossa adoração. Adorar é declarar um compromisso profundo e pessoal com o Senhor. É isso o que Deus procura.

A *expressão* do culto, em contrapartida, refere-se às manifestações externas de adoração, aos modos de exprimir nosso louvor a Deus. Essas expressões podem variar conforme as diferentes culturas: algumas são calorosas e animadas, outras são mais reservadas. Entretanto, nunca se esqueça: a essência permanece a mesma. O entendimento correto da *essência* da adoração determina suas formas de *expressão*. A primeira sempre serve de fundamento para a segunda.

DE QUE MANEIRA O CULTO NOS CONECTA

Adorar é um verbo, é algo que *fazemos*. Com essa compreensão em mente, o culto na igreja pode ocorrer de maneiras distintas. Já vimos quais são os componentes essenciais de uma igreja; agora, vamos estudá-los no contexto do culto:

> Eles se dedicavam ao ensino dos apóstolos e à comunhão, ao partir do pão e às orações. Todos estavam cheios de temor [...].
> Atos 2.42-43

Se a essência da adoração é de natureza interior, observamos sua manifestação por essas ações externas. Mas como saber se tais manifestações representam atos de adoração? "Eles se *dedicavam*". A expressão do culto não é uma atividade religiosa hesitante e casual que realizamos com indiferença. Ao contrário, envolve devoção nascida de um entusiasmo interior, que por sua vez tem origem na essência da adoração.

Trata-se de ouvir a mensagem do pastor com engajamento ativo, e não com passividade. É entregar-se de mente e alma às verdades dignas de nosso tempo e atenção. É acompanhar a pregação das Escrituras com a ponta do dedo sobre as páginas da Bíblia — se não literalmente, ao menos mentalmente. É levar a sério a Palavra de Deus. Por meio de nossa participação no culto, substituímos informações falsas — ou tradicionais, meio falsas e meio verdadeiras — por informações exatas. O ensino da palavra se torna nosso alimento, atraindo nossa atenção para aspectos cruciais a respeito de Deus. Quando aprendemos sobre Deus por meio da pregação fiel e empolgante de sua palavra, nossa adoração aumenta em profundidade, significado e compreensão. Ouvir e reagir à doutrina bíblica pregada dessa maneira é adorá-lo.

O culto também acrescenta outra dimensão aos relacionamentos, ultrapassando a esfera da amizade comum. Isso ocorre pelo fato de o Senhor participar dessa comunhão, tornando-a avivada e atraente. Aqui está a razão de muitos desejarem permanecer na igreja após o encerramento do culto. Certamente não se trata de alguma fascinação pelas cadeiras da igreja. É aquele sentimento de "temor" ou profundo respeito que lemos em Atos 2.43. É a presença invisível e magnífica de Deus. Esse temor, quando ocorre em nossa comunhão, representa adoração da melhor qualidade. Conforme diz minha neta mais nova: "É um troço incrível!".

No capítulo um, resumimos em uma única palavra as ordenanças do batismo e do partir do pão: *cultuar*. Durante a ceia do Senhor, ou eucaristia, nossa atenção se volta totalmente para Cristo enquanto nos lembramos do corpo e do sangue do Salvador. Essa adoração nos traz satisfaz por completo e purifica nossa alma.

O culto na igreja também inclui momentos prolongados de silêncio. A verdadeira adoração envolve intercessão intencional e efetiva. Nada de clichês ou repetições vãs; nada de mantras entediantes. Durante a oração, lembramos-nos de nossos familiares, dos sofredores, dos angustiados e dos felizes. Intercedemos por homens e mulheres que estão no exército e foram enviados a lugares desolados e perigosos. Oramos pelas pessoas que estão encarceradas por causa da fé. Orar na igreja é um ato de adoração.

Percebeu como tudo se conecta? A essência da adoração constitui o fundamento de suas expressões por meio do *ensino*, da *comunhão*, do *partir do pão* e das *orações*. A adoração não é somente mais um item no boletim dominical. Não há pausas na adoração entre um hino e outro. O culto está mais ligado àquilo que trazemos conosco para a igreja que àquilo que fazemos ali. É o *desejo íntimo no coração* de glorificar a Deus.

O culto a Deus, entretanto, não está limitado a essas quatro manifestações. De jeito nenhum! Estamos mais familiarizados com a adoração congregacional por meio da música. Paulo inclusive ordenou que fizéssemos assim:

> Habite ricamente em vocês a palavra de Cristo; ensinem e aconselhem-se uns aos outros com toda a sabedoria, e cantem salmos, hinos e cânticos espirituais com gratidão a Deus em seu coração.
>
> Colossenses 3.16

Instrumentos musicais também podem ser usados para louvar ao Senhor:

> Louvem-no ao som de trombeta, louvem-no com a lira e a harpa, louvem-no com tamborins e danças, louvem-no com instrumentos de cordas e com flautas, louvem-no com címbalos sonoros; louvem-no com címbalos ressonantes.
>
> Salmos 150.3-5

Ao cantar, nós o fazemos somente para Deus. Ao ouvirmos um solo, seja de canto ou de instrumento musical, por mais que apreciemos o talento do artista e sejamos gratos por sua voz, nosso foco é adorar o nosso Deus. A pessoa que toca um instrumento o faz para a glória divina. A música é um veículo maravilhoso pelo qual podemos expressar louvor, gratidão e amor a Deus, pois ele é o único digno dessas expressões.

Este é um bom momento para mencionar que, caso encontre uma congregação na qual a música tenha lugar apropriado e proeminente centrado na mensagem da Palavra de Deus, terá encontrado uma igreja fora do comum. Não desperdice a oportunidade. A música não é uma preliminar ou um aquecimento para as coisas "realmente importantes" que virão em seguida. Sua função não é preencher o início do culto até que o pregador se dirija ao púlpito. Ela é parte vital da adoração. Deus nos deu canções e ele quer que as cantemos! A música é apenas um meio, embora poderoso, de adorarmos ao Pai como congregação. Deus deseja que nosso louvor congregacional seja uma voz unificada dirigida a ele e *por causa* dele.

Tragicamente, porém, outra palavra aderiu como crosta à adoração, resultando em uma contradição horrorosa: *a guerra do culto*. Haverá expressão mais contraditória?

O CULTO JAMAIS DEVE SER UMA GUERRA
Há uma guerra feroz, e ela está causando um estrago medonho. Essa guerra começou na década de 1980, intensificou-se na década seguinte e parece ter atingido o ápice por volta da virada

do século. Não ocorreu derramamento de sangue, mas houve muitas vítimas. Um incontável número de pessoas foi ferido. Desiludidas, desencantadas e deslocadas, muitas pessoas concluíram que o conflito apenas provou ser a igreja uma piada, e então a deixaram. Alguns desses indivíduos acabarão retornando. Mas a batalha se tornou gravíssima.

De que se trata esse combate? Ele surge quando cristãos entram em conflito a respeito do *estilo* do culto: tradicional *versus* contemporâneo, órgãos *versus* guitarras, coral *versus* grupo de louvor, terno e gravata *versus* jeans e camiseta, hinos *versus* cânticos, hinário *versus* projetor, sermões longos *versus* minissermões, Bíblia Viva *versus* Almeida Revista e Atualizada — a lista é longa. Percebeu o conflito? Trata-se de uma guerra de *expressão*: meu estilo contra o seu. Muitos jamais *acreditariam* nas brigas que surgem por causa disso!

Aquele compromisso profundo da alma, que Deus intencionava para sua glória e para nosso crescimento pessoal e congregacional — o culto — transformou-se em uma briga feia e carnal. Cristo prometeu que os portões do inferno jamais prevaleceriam contra a igreja. Não obstante, essa guerra tem metralhado o corpo de Cristo e desfeito a união dos cristãos. Se há uma coisa que deixa Satanás satisfeito é a ruptura do culto. Sem dúvida, isso deve causar grande tristeza ao Senhor! Esse confronto jamais deveria existir.

Quase todo ano levo os estagiários de nossa igreja para visitar outras congregações. Em uma dessas viagens, visitamos várias igrejas, todas empenhadas na guerra da adoração. Em algumas delas, vimos que havia apenas jovens. Ao observar esse fato, perguntei a um pastor:

— Como é o perfil dos membros desta igreja? — eu estava interessado na comunidade onde a igreja estava inserida.

— Bem, não temos muitas pessoas de idade mais avançada.

— Quão avançada?

— Diria que acima dos 40 anos.
— E onde estão eles?
— Foram embora.
— Sim, mas para *onde*?
— Não... Não sei — ele deu a impressão de que *nunca* havia pensando no assunto.
— Isso não incomoda você como pastor? — pressionando um pouco mais, perguntei: — A igreja não deveria incluir todas as partes do corpo, tanto os jovens como os mais velhos? E não moram ambos os grupos nos arredores de sua comunidade? Obviamente, ninguém quer uma congregação formada somente por pessoas mais velhas. Mas você tem certeza de que deseja uma congregação sem nenhuma pessoa de mais idade e maturidade? Quem fará a mentoria dos jovens se os mais velhos forem embora?

Ele ficou calado, sem ter o que responder.
— Quero perguntar mais uma coisa — continuei. — Por que você não quer que sua igreja se pareça com uma igreja?
— Porque as pessoas não gostam de igreja — devolveu ele, rápido e confiante.
— É obvio que não — respondi. — Mas elas não gostam do *tipo errado* de igreja. Quando a igreja é inclusiva, quando todas as idades e fases da vida são bem-vindas, a igreja se torna atraente.

Na hora de sairmos, ele me abraçou e disse:
— Quero agradecer as perguntas difíceis que você me fez.
— Eu não quis ser impertinente ou desagradável, de modo nenhum. Mas você não pode continuar fazendo isso. Você vai se arrepender, pois seu rebanho deixará de crescer. Você conhece alguma passagem bíblica que justifique o que está fazendo?
— Não.
— Então por que "cargas-d'água" continua com isso?
Nunca mais esquecerei aquele olhar de perplexidade.

Tradições autoperpetuantes

Sem querer ser mal compreendido, digo francamente que tenho uma grande admiração pelos hinos majestosos do passado. Ao longo da minha vida cristã, tenho procurado entesourar em meu coração essas históricas declarações de fé por parte da igreja, muitas das quais trago guardadas na memória. Esses hinos têm sido companheiros queridos em momentos difíceis de solidão e desânimo, bem como têm provido estímulo formidável em momentos de celebração e adoração. E, embora eu seja o primeiro a admitir que não há nenhum elemento sagrado nos hinos propriamente ditos, eles constituem uma parte importante de nossa herança cristã pelo fato de exprimirem uma teologia muito rica e benéfica, que não pode ser descartada. Os autores dos hinos eram músicos e especialistas no uso das palavras (qualidades raramente encontradas em uma mesma pessoa), os quais combinavam teologia e melodia em composições esplêndidas. Eles nos deram palavras para expressar nosso louvor, sem contar o fato de nos oferecerem canções maravilhosas. Um dos benefícios da música, independentemente do estilo, é que ela ajuda a sedimentar a verdade em nosso cérebro, e faz isso de modo mais intenso que a pura memorização da letra. Temos mais facilidade para nos lembrar das palavras quando elas são acompanhadas por uma melodia. Os hinos nos fazem recordar verdades profundas e práticas, não somente durante o culto, mas em momentos de dificuldade e aflição. Sempre gostei e continuarei gostando dos hinos antigos por causa das verdades eternas que exprimem.

Entretanto, quero acrescentar que o cânone não está encerrado no que se refere à participação da música no culto. Além desses hinos, cada geração continuará a compor novas músicas de adoração e canções de louvor. E é exatamente assim que deve ser — isso é bíblico! As igrejas que propõem cantarmos somente hinos tradicionais esqueceram-se das palavras de

Davi, o salmista de Israel que escreveu: "Cantarei uma *nova canção* a ti, ó Deus; tocarei a ti a lira de dez cordas" (Sl 144.9). Mais tarde, o profeta Isaías e o apóstolo João escreveram palavras semelhantes (cf. Is 42:10; Ap 5.9). O culto ao nosso Criador deve manter-se revigorado e criativo. David Wells nos brinda com uma proveitosa perspectiva:

> Seria fantasioso esperar que as igrejas evangélicas hoje tivessem a mesma aparência de 50, 100 ou 500 anos atrás. Em contrapartida, a verdade que fundamenta a existência da igreja nunca muda, pois Deus, o fundamento dessa verdade, nunca muda. Deve haver, portanto, filamentos de continuidade a unir os cristãos em todas as eras. Foi um desses filamentos, creio eu, que agora se perdeu.[7]

Não há nada errado em cantar novos cânticos, mas precisamos ter certeza de que as canções que compomos e cantamos exprimem uma doutrina sólida, e não filosofias centradas no ser humano. Dizer simplesmente "O Senhor me deu esta canção" não a qualifica para ser utilizada no culto público (algumas vezes desejei que o cantor *devolvesse* sua canção ao Senhor!). Até mesmo os cristãos do primeiro século foram instruídos a "examinar" as palavras que ouviam (cf. 1Jo 4:1-6). Além disso, a melodia agradável não deve anular nossa capacidade de análise crítica. Harmonia não invalida heresia. A letra da música recebe seu significado somente depois de filtrada pelo texto infalível das Escrituras Sagradas. A música pode ser nova, mas a verdade por ela proclamada, não. Eu acrescentaria ainda que volume alto não é prova de sinceridade nem substitui a arte de tocar instrumentos musicais com habilidade.

Alguns dizem que as canções e os grupos de louvor contemporâneos têm muita "repetição sem sentido". Não sei se você já ouviu esse comentário, mas eu sim. De qualquer forma, será que a repetição por si mesma qualifica uma canção como "sem sentido"? Meu amigo Don Wyrtzen, compositor da música tema do nosso programa de rádio, se diz feliz pelo fato de George Fredric Handel não ter ouvido essa objeção quando compôs o hino "Aleluia". Alguém se atreveria a chamar isso de repetição sem sentido? Dificilmente. A repetição da verdade nunca é ausente de sentido quando o adorador é sincero (cf. Ap 4.8).

Mais uma vez: a *essência* do culto serve de fundamento para nossas *expressões* de adoração. Seja um cântico escrito há duas semanas ou um hino composto dois séculos atrás, qualquer declaração bíblica genuína de adoração a Deus composta em forma de música sempre será adequada ao corpo de Cristo.

É interessante que somente as palavras dos Salmos eram inspiradas ao salmista — mesmo assim, foram compostas como música apropriada à cultura da Antiguidade. É certo que havia melodias específicas para os salmos. Por exemplo, o cabeçalho do salmo 22 traz: "Para o mestre de música. De acordo com a melodia *A Corça da Manhã*. Salmo davídico" (cf. Sl 9; 45; 56; 60; 69; 75; 80). Ou seja, a melodia que acompanhava o salmo não era inspirada, de modo que a orientação de Paulo pedindo que cantássemos salmos admite uma ampla variedade de expressões musicais (cf. Cl 3.16).

Fico impressionado com o fato de a melodia original de alguns hinos não ter nada a ver com a letra. Várias dessas melodias têm origem em canções seculares, e, mesmo assim, muitas pessoas colocam a melodia no mesmo nível da letra inspirada por Deus. *Tenha a santa paciência*! Há um grande perigo aqui: muitas vezes confundimos tradição com inspiração. Quando qualquer tradição humana ou expressão de adoração, antiga ou recente, é equiparada ao nível das Escrituras, isso é sinal de que fomos longe demais. É puro legalismo querer atingir determinados resultados por meio da imposição de nossas tradições, seja sobre música, roupas, uma tradução específica ou qualquer outra coisa. Essa questão nos remete a outro episódio no qual Jesus falou de adoração — mas não a adoração que Deus procura.

> Então alguns fariseus e mestres da lei, vindos de Jerusalém, foram a Jesus e perguntaram: "Por que os seus discípulos transgridem a tradição dos líderes religiosos? Pois não lavam as mãos antes de comer!
>
> Mateus 15.1-2

Antes de comer, os discípulos de Jesus não lavavam as mãos à maneira prescrita pela religião, e isso causava raiva e incômodo nos escribas e nos fariseus. Veja que não se tratava de uma questão de higiene, mas do cumprimento de regras penosas impostas pela tradição. Os líderes religiosos obedeciam a um sistema que exigia a lavagem meticulosa das mãos antes das refeições, sob pena de se tornarem imundos. A "tradição dos anciãos" era um conjunto de regras de comportamento detalhadas, estabelecidas a partir da interpretação das leis do Antigo Testamento pelos rabinos (cf. Mc 7.8-9,13; Gl 1.14; Cl 2.8). Na época de Cristo, essas tradições eram transmitidas principalmente de modo oral. Contudo, mais de um século depois, elas seriam codificadas em um compêndio conhecido como *Mishnah*. De acordo com a "tradição dos anciãos", um simples mandamento da Velha Aliança poderia ter centenas de aplicações específicas, por exemplo: de que modo lavar as mãos antes de uma refeição. Os fariseus consideravam essa tradição oral *equivalente à autoridade das Escrituras*. Soa familiar? Eis um bom exemplo de uma guerra nos cultos do primeiro século. "Você não observa a nossa tradição", acusaram os fariseus. Jesus respondeu:

> E por que vocês transgridem o mandamento de Deus por causa da tradição de vocês? Pois Deus disse: "Honra teu pai e tua mãe" e "Quem amaldiçoar seu pai ou sua mãe terá que ser executado". Mas vocês afirmam que se alguém disser a seu

pai ou a sua mãe: "Qualquer ajuda que eu poderia lhe dar já dediquei a Deus como oferta", não está mais obrigado a sustentar seu pai. Assim, por causa da sua tradição, vocês anulam a Palavra de Deus.

Mateus 15.3-6

Observe como Jesus comparou a tradição deles com a Bíblia: "Deus disse [...] Mas vocês afirmam [...]". Jesus já estava cansado daquela história. Ele conhecia a motivação daqueles homens, pois lhes enxergava o coração. A mente deles estava cheia de prejulgamentos. Embora aparentassem idoneidade, suas ações revelavam hipocrisia. Jesus continuou citando as Escrituras; porém, agora, usou o texto como uma sentença contra aqueles líderes religiosos:

> Hipócritas! Bem profetizou Isaías acerca de vocês, dizendo: "Este povo me honra com os lábios, mas o seu coração está longe de mim. Em vão me adoram; seus ensinamentos não passam de regras ensinadas por homens".

Mateus 15.7-9

A tradição não é inspirada. Os preceitos dos homens não são as doutrinas de Deus, e jamais serão! Deus não quer que nossos lábios apenas formulem palavras ou entoem canções. Isso não é adoração verdadeira. O Pai procura aqueles que o adorem em espírito e em verdade. Deus deseja que *todos* nós o adoremos com nossos lábios, nosso coração, nossos pensamentos e nossas ações; enfim, que o amemos com *todo* o nosso ser (cf. Dt 6.5; Mt 22.37). Do contrário, "em vão me adoram", disse o Senhor a respeito dos hipócritas (Mt 15.9). Depois dessa ferroada de Jesus, os discípulos perguntaram o óbvio:

> Sabes que os fariseus ficaram ofendidos quando ouviram isso?

Mateus 15.12

Não diga!

Os fariseus sempre se ofendem com a verdade (até hoje é assim). Quando uma preferência pessoal prevalece em detrimento de uma prioridade bíblica, o culto a Deus se torna vão e sem sentido, uma vez que o indivíduo cultua a si mesmo.

Por um lado, hoje os livres-pensadores da igreja, aqueles que defendem a guerra do culto, esmurram em cheio a tradição histórica. Para eles, no mundo pós-moderno as práticas antigas são irrelevantes, obsoletas e inúteis. E se por acaso você for um dos que ainda acompanham a tradição histórica, será considerado um dinossauro.

Por outro lado, tenho visto apologistas do culto tradicional cantando hinos com enorme dedicação e, no momento seguinte, vejo-os de braços cruzados, recusando-se a entoar um cântico que foi colocado no projetor. "Não conheço esse cântico", dizem de cara amarrada. Meu desejo é perguntar a essas pessoas: "Tem certeza de que esse é o verdadeiro problema? Você pode aprender, não pode? 'Cantai ao Senhor um cântico *novo*', está lembrado?".

Para dizer a verdade, a essência do problema da guerra do culto está *nos dois* lados da batalha. O que ambos os lados revelam por meio de suas palavras e atitudes é: "Adorarei a Deus somente do *meu* jeito! E *você* deveria cultuar a Deus exatamente como eu faço". Foi esse tipo de hipocrisia que Jesus expôs com veemência. A guerra do culto é alimentada por preferências pessoais (de ambos os lados!) — raramente por prioridades bíblicas.

Anos atrás ministrei em uma igreja onde todos os cultos começavam tradicionalmente com a doxologia. *Todos* os cultos, sem brincadeira. Eu poderia resumir essa regra não declarada usando as palavras de uma bênção antiga: "Como era no início, agora e sempre eternamente, a doxologia deve vir no começo". Era exatamente essa a impressão que dava! De modo que, certa manhã, eu disse: "Vamos cantar a doxologia no final do culto, só para variar". Foi como se eu tivesse acabado de cancelar o arrebatamento! A reação foi impressionante. Um idoso chegou a comentar: "Eu não sabia que a doxologia funcionava no final". Funcionava? Mas é só uma *doxologia*, palavra que o dicionário Aurélio define como: "fórmula litúrgica de louvor a Deus, geralmente ritmada".[8] Sem dúvida, foi muito difícil mudar aquela tradição tão arraigada. Contudo, foi importante alterá-la, pois havia sido elevada ao posto de ditador em nossa igreja. Confundiu-se a essência da adoração com suas formas de expressão.

Você participa de algum modo da liderança de sua igreja? Nesse caso, peço que examine como anda o culto. É sempre feito da mesma maneira? Você sempre o prepara dessa forma? Por quê? Tente variar os cultos. Cante sem a participação de instrumentos. Use melodias diferentes para a mesma letra. Arrisque fazer mudanças! E não tenha medo do silêncio em seus momentos solitários diante de Deus. Prometo a você que isso intensificará sua adoração, removerá as escamas de seus olhos e trará criatividade às reuniões dos irmãos. Você ficará surpreso de como o culto se tornará refrescante se seu rebanho for maduro o suficiente, e preparado de antemão, para lidar com as mudanças. Lembre-se das palavras de Jesus: "Vocês estão sempre encontrando uma boa maneira para pôr de lado os mandamentos de Deus, a fim de obedecerem às suas tradições!" (Mc 7.9). Esse versículo serve de advertências a *todos* os líderes religiosos. A partir dessas sábias palavras de Jesus, devemos sempre avaliar o que estamos fazendo — e por que fazemos. A tradição nunca deve ser ditadora. As verdades contidas na Palavra de Deus admitem multiplicidade de expressão.

Cultivando uma atitude de autossacrifício

Uma das coisas que mais aprecio na Reforma protestante é a redescoberta do canto congregacional. O grande reformador Martinho Lutero tinha paixão pelo culto a Deus. Sua composição "Castelo forte", baseada no salmo 46, tornou-se o hino da Reforma.

Vários historiadores do século 16 declararam que o reformador "ganhou mais convertidos para Cristo ao estimular o canto congregacional que por meio de seus extraordinários ensinos e pregações".[9] Lutero, o velho monge de Wittenberg, estava certo:

> À parte a Palavra de Deus, a música merece os maiores louvores. O dom da linguagem, combinado ao dom do canto, foi concedido ao homem para que proclamasse a Palavra de Deus por meio da música.[10]

A paixão de Lutero pelo culto a Deus só se equiparava ao seu zelo pela sã doutrina. Frequentemente, suas reprimendas contra as enraizadas tradições não bíblicas de seus dias destilavam veneno contra os líderes religiosos. Filipe Melanchton, amigo mais chegado de Lutero, agiu como formidável contrapeso do reformador, cuja paixão ajudou a dilapidar. Melanchton tinha um credo, uma filosofia de vida que ainda hoje soa verdadeira. Tão profunda quanto breve, sua teoria diz: "Nas coisas essenciais, união. Nas coisas não essenciais, liberdade. E em todas as coisas, caridade" (leia novamente). Que grandioso axioma a ser lembrado em meio à confusão ruidosa da guerra do culto que ameaça a unidade de nossas congregações!

Examinemos as três partes do preceito de Melanchton. Primeiro: "Nas coisas essenciais, união". Em outras palavras, com relação aos assuntos absolutamente fundamentais à fé cristã, todos nós devemos concordar sem divergências. Trata-se daquelas coisas elementares que valem a pena defender, as doutrinas que deram origem à Reforma. Nossa fé deve estar unificada ao redor desses princípios básicos. Na noite em que foi traído, Jesus orou por seus discípulos — e por nós:

> Minha oração não é apenas por eles. Rogo também por aqueles que crerão em mim, por meio da mensagem deles, para que

todos sejam um, Pai, como tu estás em mim e eu em ti. Que eles também estejam em nós, para que o mundo creia que tu me enviaste.

João 17.20-21

O plano de Cristo para a igreja não é uniformidade nem unanimidade, mas *unidade*. Veja que contraste! A tradição dos homens nos diz que devemos entrar na linha: "Use o uniforme"; "Creia como eu creio, nem mais nem menos. Se não crês assim, caia fora"; "Todos os pontos e as vírgulas da minha lista devem bater com os da sua". Isso é uniformidade, e, graças a Deus, não foi o que Jesus pediu que buscássemos! Jesus nem mesmo pediu para que tivéssemos unanimidade. Duvido que a igreja (incluindo a sua) alguma vez tenha emitido um parecer unânime a respeito de qualquer assunto. Jesus não orou por uniformidade nem por unanimidade, mas por unidade a respeito das coisas fundamentais.

Segundo: "Nas coisas não essenciais, liberdade". Significa que, quanto aos assuntos não fundamentais de nossa fé, devemos agir com magnanimidade com as pessoas que têm opiniões diferentes. São assuntos pelos quais não devemos brigar, incluindo-se aqui os estilos de cultuar a Deus. Conforme comentei anteriormente, crer na graça é uma coisa, vivenciá-la é outra.

Anos atrás, Chuck Smith, grande amigo meu e pastor da Calvary Chapel em Costa Mesa, na Califórnia, deparou-se com um problema quando alguns *hippies* começaram a frequentar sua igreja. O problema, entretanto, não eram os recém-chegados, mas a congregação! Naquela época, os membros da igreja eram muito sérios e um tanto, como diria... Rígidos. Quando esses *hippies*, descalços e com *jeans* rasgados, começaram a lotar a igreja para ouvir Chuck pregar a Palavra de Deus de forma simples, porém profunda, alguns membros do conselho ficaram preocupados. De fato, um deles se sentiu muito perturbado e disse a Chuck:

— O que faremos quando os rebites das calças *jeans* dessa turma começarem a arranhar nossos bancos.

— A gente remove os bancos — respondeu Chuck sem hesitar. Que resposta maravilhosa! E sabe por quê? Ela exprime perfeitamente as palavras de Melanchton: "Nas coisas não essenciais, liberdade". Algumas igrejas não gostam dessa resposta porque se acostumaram com os bancos, porque sempre cantam a doxologia no início ou porque leem apenas a Almeida Revista e Corrigida, e não a Nova Versão Internacional. São igrejas que se entrincheiraram em suas zonas de conforto. As tradições humanas não morrem com facilidade, mas *deveriam morrer* quando o que não é essencial ameaça a unidade.

Entre as coisas não essenciais estão incluídos os estilos diferentes de adoração, mas nunca os elementos básicos do culto. Em termos práticos, classificam-se como "não essenciais": guitarras, órgãos de tubo, pianos, canto *a capella*, estilo de vestimenta do coral, orquestra, banda, grupos de louvor, bancos ou cadeiras, enfim, qualquer modo de expressão. Não vale a pena brigar por essas coisas. Cada uma delas tem seu lugar e pode representar uma expressão importante da verdadeira adoração, mas também pode se tornar objeto de controvérsias. É comum brigarmos por coisas não essenciais como se fossem importantes. Não é esse tipo de adoração que o Pai procura.

Por fim: "Em todas as coisas, caridade". Independentemente do assunto em questão — seja essencial ou não — sempre deve prevalecer o amor dos cristãos uns pelos outros. Conforme mencionei no capítulo anterior, nossas igrejas devem ser caracterizadas pela graça. Nossas congregações se tornam contagiantes quando são fortificadas "na graça que há em Cristo Jesus" (2Tm 2.1). Entretanto, discussões por coisas pequenas, como estilo musical e decoração do templo, provam ao mundo cético que nos observa que não somos diferentes deles. A graça está escondida. Conforme escreve Paulo:

Acima de tudo, porém, revistam-se do amor, que é o elo perfeito. Que a paz de Cristo seja o juiz em seu coração, visto que vocês foram chamados a viver em paz, como membros de um só corpo. E sejam agradecidos. Habite ricamente em vocês a palavra de Cristo; ensinem e aconselhem-se uns aos outros com toda a sabedoria, e cantem salmos, hinos e cânticos espirituais com gratidão a Deus em seu coração.

Colossenses 3.14-16

Observou como o amor, a unidade, a paz e a adoração ocorrem no mesmo contexto? É assim mesmo: a unidade cristã e o culto genuíno a Deus só podem ocorrer em um contexto de amor. A causa da guerra do culto é, portanto, exatamente o oposto de amor. Observe o que diz o apóstolo Tiago:

De onde vêm as guerras e contendas que há entre vocês? Não vêm das paixões que guerreiam dentro de vocês?

Tiago 4.1

Gosto da explicação fornecida em *The Expositor's Bible Commentary* [Comentário bíblico do expositor] a respeito desse versículo:

Ao invés de um ambiente de paz necessário para produzir o fruto da justiça (3.18), os leitores de Tiago viviam em um ambiente de constantes "guerras e contendas". Normalmente esses dois substantivos (*polemoi* e *machai*) eram usados para se referir a hostilidades entre nações; porém, também se tornaram expressões comuns e marcantes para expressar qualquer tipo de antagonismo declarado. Tiago pergunta: "De onde vêm as guerras e contendas que há entre vocês?". A resposta, com a qual espera que seus leitores concordem, é: "Não vêm das paixões que guerreiam dentro de vocês?" O termo *hedonon* (prazeres, paixões) é a origem da palavra inglesa "hedonismo", uma filosofia que considera o prazer como o principal objetivo da vida. Tiago vê esses prazeres dominando a vida de seus leitores, levando-os a lutas amarguradas em busca de satisfação. O prazer é o desejo dominante em suas vidas, e nada os impedirá de realizá-lo.[11]

Acho fascinante que os termos originais para "guerras e contendas" estejam relacionados a hostilidades entre nações. E eu pensando que a guerra do culto é um produto dos séculos 20 e 21! Essa batalha já ocorria no primeiro século. E qual a razão de tal conflito? A resposta é sempre a mesma: a busca do prazer individual. Quando os desejos pessoais assumem o controle, a unidade no corpo de Cristo deixa de existir, inclusive no culto. Contudo, ela é restaurada quando a prioridade volta a ser o autossacrifício.

Acredito que todas as formas de música têm potencial para serem usadas no culto a Deus. Entretanto, precisamos estar atentos aos gostos culturais. Como? Vou dar um exemplo. Imagine que um missionário em viagem a outro país encontra-se pela primeira vez com os cristãos que vivem ali. Um missionário cuidadoso jamais criticaria o estilo de culto congregacional daquela nação. Ao contrário, adotaria aquela forma de expressão, desprezando seu estilo pessoal em favor da unidade. Acho maravilhoso que até mesmo Jesus agiu dessa forma em seu curto ministério aqui na terra: usou as mesmas roupas de seu povo, adotou o mesmo corte de cabelo e inclusive cantou as mesmas canções! Por meio de palavras que aludiam tanto à sua vida quanto à sua morte, Jesus falou:

> Pois nem mesmo o Filho do homem veio para ser servido, mas para servir e dar a sua vida em resgate por muitos.
> Marcos 10.45

Então por que, em nossas igrejas, temos tanta dificuldade para manter o equilíbrio quando outros se expressam com estilos musicais que destoam de nossas preferências particulares? A exemplo do missionário — e de Jesus — por que não abdicar de nossas predileções em benefício dos outros? Reflita sobre a advertência de Paulo a uma igreja local dividida pela pela guerra do culto:

> Contudo, tenham cuidado para que o exercício da liberdade de vocês não se torne uma pedra de tropeço para os fracos. [...] Portanto, se aquilo que eu como leva o meu irmão a pecar, nunca mais comerei carne, para não fazer meu irmão tropeçar.
> 1Coríntios 8.9,13

Não se distraia do assunto apenas porque Paulo está escrevendo a respeito de comer carne. Preste atenção ao princípio por trás dessa aplicação. Paulo sabia que não havia nada de errado em comer carne sacrificada aos ídolos. Entretanto, os cristãos mais fracos tinham dúvidas sobre essa questão. Os mais fortes, portanto, deveriam demonstrar maturidade suficiente com o intuito de tolerar os mais fracos até que estes alcançassem maior entendimento acerca da liberdade cristã, e isso requeria que os primeiros abrissem mão de seu estilo pessoal de prestar culto.

Eu também tenho minhas preferências — todo mundo tem — mas aprendi a reconhecê-las pelo que realmente são: *somente* preferências. O apóstolo João não tocava órgão de tubos, e Pedro não tocava bateria. Não há nenhuma menção no livro de Atos a respeito de grupos de louvor ou corais trajando beca. Além disso, Paulo nunca leu a tradução da Almeida Revista e Atualizada. Portanto, quando o modo de uma pessoa expressar sua adoração se torna mais importante que o culto em si, é necessário perguntar: Deus é glorificado em maior grau por meio de *meu* estilo *pessoal* de culto ou por meio da minha reação quanto à preferência dos outros? Porventura o meu papel de servo é invalidado após o início do culto?

Acredito que o combustível de nossas guerras de culto é a ausência de nossa adoração pessoal a Deus durante a semana. Não é possível realizar como congregação aquilo que não realizamos como indivíduos. Quando a autossatisfação resume nossa busca diária, e não a abnegação, obviamente os domingos se tornam uma extensão de nossa maneira de pensar. Essa mentalidade nos leva inevitavelmente ao conflito. Como consumidores em uma sociedade consumista, queremos que o culto seja uma manifestação de *nossos* estilos musicais e *nossas* preferências pessoais, que reflita *nossos* gostos e desagrados, *nossas* satisfações e preconceitos. Quando isso não acontece, cruzamos os braços e balançamos a cabeça, convencidos de que algo está errado. O erro, entretanto, está em nosso coração. Isso é o que precisa mudar.

Aqueles que brigam por causa de determinado estilo de culto revelam o cerne de seu entendimento a respeito da adoração: essas pessoas se importam apenas consigo mesmas.

Não caia nessa. Há um caminho melhor.

Lembrete inestimável

Descobri ser impossível liderar pessoas a um objetivo que não se verifica em mim mesmo. Precisei, portanto, cultivar a adoração pessoal em minha vida íntima. Peço que siga o meu exemplo. Nossas reuniões aos domingos são apenas extensão daquilo que fazemos durante a semana.

Aprecio a maneira como o livro de Romanos se desenvolve aos poucos até atingir o ápice na maravilhosa expressão de louvor ao final do capítulo 11. Paulo inicia essa carta vigorosa mostrando que somos pecadores perdidos, arruinados e sem esperança. Não podemos alcançar Deus por esforço próprio, pois nossos pecados nos mantêm afastados dele. Na verdade, não há ninguém que busque a Deus, nem mesmo um indivíduo apenas! É preciso, portanto, que Deus intervenha, fato que ele realizou por meio de Cristo. Deus ofereceu sua graça mediante a morte de Cristo na cruz. Deus nos amou, embora fôssemos indignos disso. Como resultado de sua graça, fomos levados ao conhecimento de Cristo exclusivamente por meio da fé. Esse é o conteúdo dos primeiros cinco capítulos de Romanos. Contudo, a isenção do castigo pelo pecado não remove a luta contra a impiedade, de modo que, no contexto dos próximos três capítulos de Romanos, Paulo revela, em termos práticos, de que maneira Jesus nos libertou do poder do pecado. A certeza da nossa salvação, revelada no final do capítulo 8, é ilustrada nos capítulos 9 a 11, nos quais Deus promete um futuro para Israel, apesar do pecado dessa nação. Que graça! Que misericórdia! Quão grandioso e impressionante é o nosso Deus! Tudo isso parece um símbolo de crescendo em uma partitura musical, uma melodia cuja intensidade vai aumentando cada vez mais até que Paulo irrompe em louvor ao inserir esta doxologia ao final do capítulo 11:

> Ó profundidade da riqueza da sabedoria e do conhecimento de Deus! Quão insondáveis são os seus juízos e inescrutáveis os seus caminhos! "Quem conheceu a mente do Senhor? Ou quem foi seu conselheiro?" "Quem primeiro lhe deu, para que ele o recompense?" Pois dele, por ele e para ele são todas as coisas. A ele seja a glória para sempre! Amém.
> Romanos 11.33-36

Amém! Palavras magníficas, não acha? Ninguém pode aconselhar a Deus. Ninguém concedeu a Deus coisa nenhuma que ele necessite (e certamente ele não precisa de nada). Como criaturas finitas, não é possível nem mesmo começarmos a entender a mente infinita de Deus. Nem sequer temos condições de explicar a última semana, que dirá responder por que os últimos cinco anos foram como foram. Sabemos apenas que a vida, com todas as suas dores e os seus desafios, existe para nosso benefício e para a glória de Deus. O plano de Deus é realizar um trabalho profundo em nossa vida arruinada e pecaminosa. Deus é inescrutável, incomensurável e onisciente, e esses atributos o colocam em uma categoria completamente diferente da dos outros seres. Não dependemos de presidentes, nem de reis ou rainhas, nem de generais militares; não dependemos de políticos, nem de médicos, nem de pastores. Nenhuma dessas pessoas pertence à categoria do inescrutável e do ilimitado. O Senhor é o único e verdadeiro Deus. É por essa razão que adoramos a ele e a ninguém mais.

Não gosto da divisão entre os capítulos 11 e 12 de Romanos (lembre-se de que os títulos e a numeração de capítulos não são inspirados). O texto de Paulo atinge o ápice de seu crescendo com um apelo urgente:

> Portanto, irmãos, rogo-lhes pelas misericórdias de Deus que se ofereçam em sacrifício vivo, santo e agradável a Deus; este é o culto racional de vocês.
>
> Romanos 12.1

Você é professor de escola dominical? Isso é um ato de "culto racional". Toca algum instrumento? Outro culto. Talvez você trabalhe nos bastidores, quem sabe no serviço de limpeza da igreja ou dobrando os boletins. Talvez participe com doações regulares à obra de Deus, um ato de generosidade caracterizado por sacrifício e constância. Tudo isso também são cultos. Sua visão de serviço cristão passará por uma revolução quando você perceber essas coisas como atos de adoração — algo que você faz para a glória de Deus, e não com o intuito de receber elogios.

Em que momento nosso culto racional alcança esse nível superior? Sempre que estamos *completamente* concentrados em nosso Senhor e Salvador; por exemplo: quando participamos da ceia do Senhor. É nesse momento de comunhão que trazemos à tona nossas necessidades e dores mais profundas. É nessa ocasião que nos apresentamos como somos e nos colocamos diante de Deus em adoração pura e simples. A ele e somente a ele dedicamos toda a nossa atenção, em memória do sacrifício de seu Filho em nosso favor.

Isso deixa ainda mais claro que o culto não é (e nunca foi) algo que as pessoas fazem com o objetivo de se divertir ou de receber alimento espiritual. O culto *pode* entreter e alimentar espiritualmente, mas esses resultados são subprodutos da verdadeira adoração. A Bíblia chama o ato de cultuar a Deus de "sacrifício de louvor", palavras que nascem de um coração agradecido (cf. Hb 13.15). Louvar a Deus é um *sacrifício*, algo que oferecemos *ao Senhor*... E não um movimento que fazemos em benefício próprio.

Ao relacionar o culto à apresentação do nosso corpo físico a Deus, Paulo demonstra que a adoração não está limitada aos hinos que cantamos aos domingos. Antes, também está relacionada à maneira como vivemos durante a semana. Cultuar a Deus é dedicar todo o nosso ser a Cristo. É subir diariamente o altar do sacrifício e oferecer ao Senhor o nosso corpo, os nossos pensamentos, a nossa pureza sexual, os nossos talentos, o nosso trabalho, os nossos amigos e cada membro de nossa família. A ele entregamos o nosso futuro, as nossas finanças, as nossas alegrias, as nossas preocupações e os nossos desejos. Nada escondemos de Deus em nossa adoração!

Pode haver algum problema em tudo isso? Sim, e se resume em apenas uma palavra: *marketing*. Somos rodeados por uma cultura que considera estúpido viver em adoração. Basta observar a próxima revista que você receber pelo correio; ler as notícias na internet amanhã; folhear as páginas do caderno de finanças do jornal; analisar o conteúdo do próximo encontro motivacional de sua empresa. Nada em nossa sociedade pós-moderna nos incentiva a oferecer a nós mesmos como sacrifício vivo. Pelo contrário, o mundo alimenta a mentira de que a imagem é mais importante que o caráter, que o dinheiro é mais importante que as pessoas, e que merecemos ver a realização de nossos sonhos. A verdade, porém, é que merecemos apenas o inferno. Mas Deus teve misericórdia, e é justamente por causa das "misericórdias de Deus" que Paulo nos pede para apresentarmos nossa vida como sacrifício vivo a Deus. O versículo seguinte informa de que maneira isso pode ser feito:

> Não se amoldem ao padrão deste mundo, mas transformem-se pela renovação da sua mente, para que sejam capazes de experimentar e comprovar a boa, agradável e perfeita vontade de Deus.
>
> Romanos 12.2

Gosto do modo como J. B. Phillips parafraseia a primeira parte desse versículo: "Não se deixe comprimir pelo molde do mundo ao seu redor". Se queremos viver conforme a oração de Jesus em nosso favor, precisamos decidir caminhar de acordo com os pensamentos de Deus, de modo que nossa mente seja renovada em meio a um mundo corrompido. E qual é a fonte dos pensamentos divinos? Jesus a revelou em sua oração:

> Dei-lhes a tua palavra, e o mundo os odiou, pois eles não são do mundo, como eu também não sou. Não rogo que os tires do mundo, mas que os protejas do Maligno. Eles não são do mundo, como eu também não sou. Santifica-os na verdade; a tua palavra é a verdade.
>
> João 17.14-17

A fim de transformar e santificar nossa mente, precisamos buscar orientação na Palavra de Deus, hoje totalmente compilada nas páginas da Bíblia. Observe como o apóstolo Paulo enfatiza repetidas vezes a importância da renovação da mente:

> Quem vive segundo a carne tem a mente voltada para o que a carne deseja; mas quem, de acordo com o Espírito, tem a mente voltada para o que o Espírito deseja. A mentalidade da carne é morte, mas a mentalidade do Espírito é vida e paz.
>
> Romanos 8.5-6

> Finalmente, irmãos, tudo o que for verdadeiro, tudo o que for nobre, tudo o que for correto, tudo o que for puro, tudo o que for amável, tudo o que for de boa fama, se houver algo de excelente ou digno de louvor, pensem nessas coisas.
>
> Filipenses 4.8

> Mantenham o pensamento nas coisas do alto, e não nas coisas terrenas. Pois vocês morreram, e agora a sua vida está escondida com Cristo em Deus.
>
> Colossenses 3.2-3

Não se trata de meras palavras. Nossa mente é transformada quando nos imbuímos da Palavra de Deus e a aplicamos diretamente em nosso cotidiano. Trata-se de um processo de transformação por meio do qual substituímos nossa lista de preocupações por um estilo de vida focado na adoração. Pare e reflita. É isto o que queremos cultivar em nossas igrejas: não um grupo de pessoas que se reúnem para se divertir, mas um corpo de cristãos abnegados, dispostos a aprender como transformar o culto a Deus em um estilo de vida.

Em uma de nossas viagens recentes para participar da conferência *Insight for Living,* meu amigo Fernando Ortega, um talentoso líder de adoração, conduziu todo o grupo em louvor por meio de um arranjo simples, porém delicado, dado à antiga canção *Give me Jesus* [Me dê Jesus]. Esse hino suave se tornou, ocasionalmente, a música tema daquela semana. Que composição maravilhosa! A letra dessa canção afro-americana é de uma profundidade tremenda:

De manhã, quando eu me levantar [...] me dê Jesus.
Fique você com este mundo inteiro, mas me dê Jesus.

Quando eu estiver sozinho [...] me dê Jesus.
Fique você com este mundo inteiro, mas me dê Jesus.

E quando eu morrer [...] me dê Jesus.
Fique você com este mundo inteiro, mas me dê Jesus.[12]

Tenho grande apreço por essa canção, pois ela expressa um lembrete inestimável: *o culto a Deus, o ingrediente essencial de nossas reuniões como congregação, também deve ocupar o primeiro lugar em nossa vida particular durante a semana.* A Palavra de Deus não faz distinção entre sagrado e secular na vida do cristão. Tudo que fazemos é para a glória do Senhor.

Meu amigo Howie Stevenson frequentemente pergunta às pessoas: "Por que você quer ir para o céu se não gosta de cantar?". Refletindo sobre isso, pensei: "Por que tão pouca gente gosta de cantar?". Por que o cântico desapareceu de nossos lábios? Será que fomos comprimidos pelo molde do mundo?

Reflita sobre isto: quantas pessoas ao seu redor você ouve cantar entre segunda e sábado? Você ouve colegas de trabalho sussurrando canções? Com que frequência observa gente cantando nas ruas? Acredito que uma das razões é o fato de a tirania da urgência ter abafado o canto desse pessoal. O ato de cantar requer criatividade, tranquilidade e relaxamento. Pessoas que vivem presas à tirania da urgência não têm tempo para essas coisas importantes.

Outra razão para a ausência do canto à nossa volta é o fato de haver música por toda a parte! Não faz muito tempo, eu estava parado no semáforo quando ouvi um camarada, a três carros atrás de mim, com o som no último volume: *bum, ticabum... bum, ticabum*! O som estava tão alto que não sei como não estourou os tímpanos do sujeito. Eu *não* queria ouvir aquela música, mas não havia o que fazer. Você já parou para observar como há música por toda parte? Ela está nos carros, nos escritórios, nos lares, nas lojas, nos supermercados, nos restaurantes e até mesmo nos elevadores. Ouvimos música até nos aviões. Certa vez, perguntei a uma comissária de bordo o motivo de sempre colocarem uma música imediatamente após a aterrissagem. A resposta dela foi deprimente: "As pessoas não toleram o silêncio". Talvez seja por isso que vemos tanta gente com fones de ouvido conectados a *MP3 players*.

Por favor, não se deixe ser esmagado pelos moldes do mundo. Volte a cantar. Acrescente o canto ao seu devocional. Acorde com uma canção nos lábios. Entoe um cântico de louvor ao Senhor antes que a tirania da urgência controle sua agenda. Se você não sabe criar uma canção, use um hinário. Utilize-o durante seu momento de estudo bíblico. Adore o Senhor por meio de cânticos que nascem de um espírito sincero. Este é o tipo de adoração que Deus procura.

Retribua as "misericórdias de Deus" com um estilo de vida que o louve. É dessa maneira que entendo a essência da adoração: uma reação humana causada por uma iniciativa divina. Reagimos por meio de palavras ou de obras àquilo que Deus realizou em nosso favor. Essa reação pode ocorrer sob a forma de silêncio absoluto, ou talvez falemos em voz alta, ou ainda cantemos; pode ser uma manifestação pública ou particular. E quando o fazemos de maneira genuína, espanta-nos o fato de não estarmos preocupados com a opinião alheia. Quer levantemos as mãos, quer ajoelhemo-nos em silêncio, a impressão é que tudo o mais perdeu a importância. O toque de Deus produz uma resposta, e a adoração nos "conecta" ao Deus vivo de momento a momento.

Escrevo este livro com devoção. Esforço-me para escolher as palavras corretas, arranjando-as de maneira a formar um conteúdo coerente. Faço isso por meio de oração e pesquisa, o que consome muito tempo. Você, leitor, merece esse esforço. Mais importante, porém, é que Deus merece isso, pois escrever, para mim, é um ato de adoração.

A verdadeira adoração começa quando percebemos que Deus está à procura de pessoas que o adorem de *todo* o coração. Adorar não é uma atividade que realizamos apenas aos domingos. O Pai deseja que eu o adore em todas as circunstâncias. Ele procura minha adoração quando acordo pela manhã, quando uso meus talentos ao longo do dia, enquanto estou dirigindo meu carro, cuidando da minha família, passando tempo com minha esposa, quando estou sozinho ou acompanhado, pensativo ou sorridente. Essa adoração também deve ocorrer em sua vida, independentemente das circunstâncias. Deus deseja que você encare *todas as coisas* como um ato de adoração.

Até mesmo os problemas são oportunidades de adoração. Jó perdeu todos os seus filhos e bens materiais em um único dia. Pare um momento e procure se colocar na posição dele, se você puder. Agora, tente compreender a incrível e instantânea resposta de Jó:

> Ao ouvir isso, Jó levantou-se, rasgou o manto e rapou a cabeça. Então prostrou-se com o rosto em terra em adoração, e disse: "Saí nu do ventre da minha mãe, e nu partirei; o SENHOR o deu, o SENHOR o levou; louvado seja o nome do SENHOR".
>
> Jó 1.20-21

Sim, é possível adorar a Deus em um leito de hospital, durante uma crise financeira e até mesmo ao lado de um falecido. Mesmo que você perca tudo, ainda poderá adorar a Deus, por causa das misericórdias do Senhor para com você. E por causa da soberania de Deus, você poderá dizer: "Me dê Jesus".

A igreja não precisa de decoração agradável nem assentos confortáveis. Não precisamos de coral ou grupos de louvor, nem de órgãos de tubos ou baterias. Embora essas coisas possam colaborar, é necessário que a adoração faça parte da nossa caminhada diária com Deus em todas as áreas da vida. Do contrário, seremos apenas consumidores ou, pior, seremos oponentes em uma guerra de cultos.

As pessoas que cultuam o trabalho, trabalham durante o lazer e se divertem durante o culto precisam compreender que a tirania da urgência pode diminuir a relevância das coisas importantes. Se não prestarmos atenção, o mundo ganhará demasiado controle sobre nós e nos espremerá em seus moldes. A ventania das expectativas e exigências alheias nos empurrará contra os recifes da frustração, causando-nos sentimentos de vazio e desolação.

É nesse momento que devemos parar e refletir a respeito das coisas importantes, para, então, resgatá-las, não apenas individualmente, mas como igreja. Quando fizermos isso, logo se tornará óbvio que um ingrediente essencial esteja sendo negligenciado, um elemento sem o qual não poderemos crescer espiritualmente a fim de alcançarmos aquele estado para o qual fomos criados. Esse ingrediente é a *adoração*. Deus procura pessoas que o adorem. A adoração se concentra no mérito de quem Deus é. Adorar é declarar a suprema majestade divina. É preocupar-se de tal maneira com a importância de Deus que nenhuma coisa urgente sobre a terra venha a ocupar lugar significativo em nosso pensamento. Quando agimos dessa forma, descobrimos que a vida possui uma dimensão sobrenatural e invisível... E essa invisibilidade apenas ressalta sua invencibilidade.

Adoramos o Deus celestial ao mesmo tempo em que vivemos em um mundo perdido. "Eu os estou enviando", disse Jesus a seus discípulos, "como ovelhas entre lobos. Portanto, sejam astutos como as serpentes e sem malícia como as pombas" (Mt 10.16).

É hora de transferir nosso foco da igreja para o mundo esfomeado onde vivemos e ministramos. A fim de sermos astutos e sem malícia, precisamos prestar atenção a algumas advertências importantíssimas.

capítulo cinco

O QUE A IGREJA PRECISA PERCEBER

A tolerância é a virtude do indivíduo sem convicções.
G. K. Chesterton

Gosto muito da primavera, época em que a nova vegetação começa a brotar dos galhos dormentes do inverno. Em questão de poucas semanas, a paisagem monótona e melancólica dos dias nublados dá lugar a campinas verdejantes e céu azul. As chuvas varrem embora os apáticos dias frios e alimentam o solo ressecado. O renascimento é perceptível em todos os lugares. É a época em que os cristãos do hemisfério norte comemoram a Páscoa e as crianças desfrutam uma semana de férias escolares. Até os animais parecem mais alegres nessa época (Cynthia diz a mesma coisa a meu respeito). Mas há outra razão para a minha paixão pela primavera, e não é o Dia da Mentira, em 1º de abril, e *com certeza* não é o fim do prazo para a entrega da declaração do imposto de renda. Também não é o Dia das Mães. Na verdade, tem a ver com os avisos impressos nas embalagens dos produtos. Você deve estar pensando: "Xiii, o cara pirou de vez! Avisos nas embalagens?". Pois é isso mesmo.

Todos os anos, acontece durante a primavera uma competição internacional conhecida como Wacky Warning Label Contest [Concurso de rótulos com avisos estrambóticos].

O concurso tem por objetivo revelar como as empresas, por medo de sofrerem processos jurídicos, têm gastado milhões de dólares para colocar avisos estúpidos — do tipo toda-pessoa--de-bom-senso-deveria-saber — nos rótulos de seus produtos. As pessoas enviam esses avisos para os organizadores da competição, e estes, oportunamente, anunciam os ganhadores involuntários. O vencedor do concurso de 2009 foi um aviso fixado em um vaso sanitário portátil chamado "Privada *off-road*". Trata-se de um vaso sanitário (completo, incluindo até uma tampa camuflada) projetado para uso em acampamentos, podendo ser acoplado à saída de água de um *trailer*. Imagine só! O aviso dizia o seguinte: "Não usar com o veículo em movimento"[1] (talvez porque não viesse acompanhado de cinto de segurança!).

Havia outros alertas igualmente ridículos. Em um trator pequeno, lia-se: "Cuidado: evite a morte". Em um secador de cabelo: "Não usar enquanto estiver dormindo". Na etiqueta de uma camisa: "Não passar enquanto estiver vestido". Em uma embalagem de pudim: "O produto ficará quente depois de ferver". No rótulo de um remédio para dormir: "Cuidado: pode causar sonolência". Na etiqueta de uma fantasia infantil de super-herói: "O uso dessa roupa não capacita você a voar". E — essa é a melhor de todas — em uma motosserra sueca: "Não tente parar a serra usando as mãos ou os genitais" (eis aí um aviso sempre bom de se lembrar). Dá para acreditar nisso?

Às vezes digo a Cynthia: "Esse aviso é tão idiota que me dá vontade de nunca mais comprar esse produto". Além de estúpidos, esses recados insultam a inteligência de qualquer pessoa que tenha ao menos metade dos neurônios funcionando. Será que precisamos ser avisados de coisas tão óbvias? Infelizmente, sim. Estamos vivendo uma época em que a maioria das pessoas não sabe pensar por si. Hoje o *marketing* pensa em nosso lugar, a propaganda estipula nossas opções, o sentimentalismo barato orienta nossas decisões. O entretenimento hipnótico tem nos tornado passivos, tolerantes e preguiçosos em nosso modo de pensar. Deixamos que a cultura pense por nós. Fomos prensados pelo molde do mundo. Hoje os avisos são fundamentais.

Morei muitos anos no sul da Califórnia e fiquei atordoado com os incêndios frequentes que consumiam as florestas da região. Cynthia e eu felizmente nunca sofremos nenhum prejuízo por causa dessas queimadas, mas conhecemos pessoas que sofreram nessas ocasiões. Mesmo depois de voltar ao Texas, sempre fico triste ao ouvir as notícias de que a Califórnia voltou a sofrer por causa dos incêndios. A tragédia maior, contudo, diz respeito aos indivíduos que ignoram os avisos de desocupar o local. Em 2003, mais de vinte pessoas perderam a vida em uma série de incêndios que se alastraram muito rápido, os quais não lhes deram tempo de fugir. Quando a população reclamou com as autoridades por não alertarem sobre o perigo com a antecedência necessária, o sargento Conrad Grayson respondeu: "Nós imploramos à população que deixasse o local, mas não nos levaram a sério. As pessoas estavam mais preocupadas em arrumar as malas ou em combater o fogo com mangueiras de quintal. Não entenderam que aquilo era um tipo totalmente diferente de incêndio; se as pessoas não fogem às pressas, viram carvão". Um morador tentou avisar os vizinhos para que fugissem, mas vários deles pareciam despreocupados ou sequer lhe deram atenção. "Parecia que estavam arrumando as malas para uma viagem de férias", disse ele. "Aqueles que me deram ouvidos viveram. Os que ignoraram minhas recomendações morreram".[2]

Há momentos em que a coisa mais prudente a fazer por alguém é avisar a respeito de um desastre iminente, pois a pessoa corre o risco de se ferir. O perigo pode estar oculto, inclusive com risco de morte. Soar o alarme não é, portanto, uma atitude neurótica ou mal-humorada. Não se trata de ser pessimista nem de parecer um profeta do Apocalipse. É a realidade. Se você e eu sabemos que alguma coisa pode causar danos aos outros, é nosso dever avisá-los por meio de uma mensagem vigorosa e atrevida! Deixar de fazer isso é negligência.

Avisos que não podemos ignorar

A maioria do conteúdo dos quatro primeiros capítulos deste livro está focalizada no que se passa dentro da igreja. O autoexame pode ser útil e saudável, desde que sejamos honestos em nossa avaliação e exatos em nossa conclusão. Na verdade, a sinceridade e a precisão são requisitos essenciais. Qualquer igreja que deixe de avaliar a si mesma corre o risco de se desviar do rumo sem perceber. Contudo, não é possível corrigir a direção sem aplicar um autoexame. Caso nosso objetivo seja, conforme Jesus disse, tornarmo-nos "astutos como as serpentes e sem malícia como as pombas" (Mt 10.16), precisamos examinar o mundo ao redor para compreender a época em que vivemos e a cultura à qual ministramos. Isso não apenas ajudará a aumentar nossa efetividade no ministério, como também iluminará áreas sombrias de nossa mente e providenciará uma trilha através da mata fechada de uma sociedade que se perdeu.

Os avisos eternos das Sagradas Escrituras são tão claros e apropriados atualmente que temos a impressão de que o texto acabou de sair da gráfica. O Novo Testamento inclui vários avisos ardorosos aos seguidores de Cristo, começando pelas palavras do próprio Senhor Jesus:

> Se o mundo os odeia, tenham em mente que antes me odiou. Se vocês pertencessem ao mundo, ele os mundo amaria como se fossem dele. Todavia, vocês não são do mundo, mas eu os escolhi, tirando-os do mundo; por isso o mundo os odeia. Lembrem-se das palavras que eu lhes disse: Nenhum escravo é maior do que o seu senhor. Se me perseguiram, também

perseguirão vocês outros. Se obedeceram à minha palavra, também obedecerão à de vocês. Tratarão assim vocês por causa do meu nome, pois não conhecem aquele que me enviou.

João 15.18-21

Eu lhes tenho dito tudo isso para que vocês não venham a tropeçar. Vocês serão expulsos das sinagogas; de fato, virá o tempo quando quem os matar pensará que está prestando culto a Deus. Farão essas coisas porque não conhecem nem o Pai, nem a mim. [...] Eu lhes disse essas coisas para que em mim vocês tenham paz. Neste mundo vocês terão aflições; contudo, tenham ânimo! Eu venci o mundo.

João 16.1-3,33

A partir de suas experiências, Pedro também adverte seus leitores com palavras sensatas. O apóstolo teve várias oportunidades de verificar a veracidade de suas palavras, tanto pelos próprios erros como observando as falhas dos outros (cf. Mt 16.23; Mc 8.33; Lc 22.31; At 5.3). Suas advertências são tão eternas quanto verdadeiras:

> Sejam alertas e vigiem. O Diabo, o inimigo de vocês, anda ao redor como leão, rugindo e procurando a quem possa devorar. Resistam-lhe, permanecendo firmes na fé, sabendo que os irmãos que vocês têm em todo o mundo estão passando pelos mesmos sofrimentos.
>
> 1Pedro 5.8-9

Com sua sabedoria aprimorada em seis décadas de fé em Cristo, o apóstolo João fornece conselhos piedosos a seus filhos espirituais sob a forma de avisos:

> Não amem o mundo nem o que nele há. Se alguém amar o mundo, o amor do Pai não está nele. Pois tudo o que há no

> mundo — a cobiça da carne, a cobiça dos olhos e a ostentação dos bens — não provém do Pai, mas do mundo.
>
> 1João 2.15-16
>
> Amados, não creiam em qualquer espírito, mas examinem os espíritos para ver se eles procedem de Deus, porque muitos falsos profetas têm saído pelo mundo. Vocês podem reconhecer o Espírito de Deus deste modo: todo espírito que confessa que Jesus Cristo veio em carne procede de Deus; mas todo espírito que não confessa Jesus não procede de Deus. Esse é o espírito do anticristo, acerca do qual vocês ouviram que está vindo, e agora já está no mundo. [...] Sabemos que somos de Deus e que o mundo todo está sob o poder do Maligno.
>
> 1João 4.1-3; 5.19

Sem dúvida entramos em um campo de batalha — a verdadeira guerra espiritual — quando confessamos Cristo como Senhor e decidimos segui-lo a qualquer custo. Não devemos nos surpreender com as dificuldades. Pelo contrário, devemos esperá-las! Observe, portanto, onde está a verdadeira batalha. Aquelas guerras de adoração que estudamos no capítulo quatro jamais deveriam ocorrer entre irmãos e irmãs em Cristo. A igreja precisa perceber que a verdadeira batalha é espiritual; e, para complicar as coisas, nosso verdadeiro inimigo é invisível.

Embora eu não enxergue o demônio atrás de cada moita, também não enfio a cabeça na areia para fugir da realidade. Precisamos saber que há uma conspiração em andamento, há uma guerra pérfida sendo travada. Viveremos confusos se não prestarmos atenção a isso. Ao escrever a frase "Não amem o mundo nem o que nele há" (1Jo 2.15), o apóstolo João compreendeu as circunstâncias históricas que a humanidade enfrentaria nos últimos dias. Satanás é o chefe do sistema mundial, um sistema que, além de não incluir Deus, não tem a menor consideração pelas Escrituras. Ao contrário, o propósito supremo de Satanás é destruir a igreja que Jesus está construindo. Sob a vontade permissiva de Deus, o mundo caminha a passos largos para a destruição, fartando-se da cobiça da carne, da cobiça dos olhos e da ostentação de bens. Tudo isso acontece debaixo da supervisão atenta do Pai, que permite ao adversário, o próprio Satanás, agir livremente.

Por que a igreja precisa de uma advertência tão óbvia? Porque o mundo quer pensar por nós. O inimigo da nossa alma quer penetrar em nossa natureza pecaminosa a fim de criar separação entre nós e Deus. É por essa razão que a igreja precisa de um alerta veemente a fim de acordar para a realidade característica de nossa época.

A ÉPOCA EM QUE MINISTRAMOS

Ninguém escreveu de maneira mais satisfatória e com tanta frequência a respeito dessa guerra invisível que o apóstolo Paulo. O espaço aqui reduzido me impede de salientar todas as palavras que Paulo empregou para nos advertir, de modo que selecionei apenas duas. Ao ler estes exemplos, note que o apóstolo trata do assunto em termos bélicos:

> Finalmente, fortaleçam-se no Senhor e no seu forte poder. Vistam toda a armadura de Deus, para poderem ficar firmes contra as ciladas do Diabo, pois a nossa luta não é contra seres humanos, mas contra os poderes e as autoridades, contra os dominadores deste mundo de trevas, contra as forças espirituais do mal nas regiões celestiais. [...] Além disso, usem o escudo da fé, com o qual vocês poderão apagar todas as setas inflamadas do Maligno. Usem o capacete da salvação e a espada do Espírito, que é a Palavra de Deus. Orem no Espírito em todas as ocasiões, com toda oração e súplica; tendo isso em mente, estejam atentos e perseverem na oração por todos os santos.
>
> Efésios 6.10-12, 16-18

A importância dessas duas passagens bíblicas está no fato de representarem advertências de Paulo direcionadas originalmente à igreja em Éfeso, a mesma congregação onde Timóteo posteriormente ministraria como pastor. Quanto mais o apóstolo se aproximava do fim de sua vida, mais marcantes se tornavam suas admoestações ao rebanho em Éfeso.

Você deve se lembrar do nosso estudo no capítulo três, em que descobrimos algumas características da igreja contagiante por meio da análise da última carta de Paulo ao jovem pastor Timóteo. Agora, ao reexaminarmos a carta de 2Timóteo, é importante relembrar que Paulo está preso em um calabouço e aguarda sua decapitação. Os anos de luta e ministério exauriram as forças do apóstolo. Timóteo, ao contrário, é jovem e precisa pegar o bastão para continuar a corrida. Paulo deseja que Timóteo seja bem-sucedido, mas vê perigos à espreita. Em razão da morte próxima, Paulo escolhe as palavras com cuidado. A carta de 2Timóteo contém o maior exemplo de advertência de Paulo à igreja, independentemente da época em que ministramos.

Aviso geral: tempos difíceis se aproximam
No início do capítulo três, o apóstolo prepara o terreno com uma declaração simples, porém grave:

> Saiba disto: nos últimos dias sobrevirão tempos terríveis.
> 2Timóteo 3.1

Paulo inicia com veemência, como quem diz: "Quero que você saiba de uma coisa...". O tempo verbal exprime a ação de "saber continuamente". Em outras palavras: esteja atento, perceba, preste atenção, tenha isso sempre em mente. É um mandamento enfático, audaz e realista. A tradução desse versículo por Eugene Peterson está corretíssima: "Não seja ingênuo. Tempos difíceis vêm por aí" (MSG). A única cura para esse tipo de ingenuidade é aprender a pensar de maneira madura e adequada. Só isso já representa um grande desafio em nossos dias.

A competição de avisos que mencionei anteriormente surgiu com o intuito de denunciar o sistema estrambótico da justiça civil norte-americana, que muitos hoje acreditam tratar-se de uma política pública causadora de grande inquietação à sociedade. Você já chegou a ler algumas transcrições de audiências e julgamentos em nossos tribunais? Aqueles que tiveram essa oportunidade compreendem a inquietação a que me refiro. A seguir reproduzo alguns diálogos verdadeiros entre advogados e testemunhas em um tribunal:

> *Advogado*: Em que dia você nasceu?
> *Testemunha*: 18 de julho.
> *Advogado*: E o ano?
> *Testemunha*: Todos os anos.
>
> *Advogado*: Que roupas você vestia no momento do impacto?
> *Testemunha*: Um moletom Gucci e tênis Reebok.
>
> *Advogado*: Sua aparência aqui esta manhã corresponde à intimação para depor que enviei ao seu advogado?
> *Testemunha*: Não, eu só me visto desta forma quando vou trabalhar.

Esses diálogos realmente aconteceram em um tribunal! Mas as testemunhas suspeitas não são as únicas a falar bobagens. Continue lendo:

> *Advogado*: Doutor, não é verdade que quando uma pessoa morre durante o sono, ela só se dá conta do fato na manhã seguinte?
> *Testemunha*: Você passou no exame da Ordem dos Advogados?
>
> *Advogado*: Quer dizer que a concepção da criança ocorreu em 8 de agosto?

Testemunha: Sim.
Advogado: E o que exatamente você estava fazendo naquele instante?

Advogado: De que maneira terminou seu primeiro casamento?
Testemunha: Por motivo de morte.
Advogado: E pela morte de quem?

Advogado: Doutor, quantas autópsias você realizou em pessoas mortas?
Testemunha: Todas as minhas autópsias são realizadas em pessoas mortas.
Advogado: Você se lembra a que horas examinou o corpo?
Testemunha: A autópsia começou por volta das 8h30.
Advogado: E o sr. Denton estava morto naquela hora?
Testemunha: Não, ele estava sentado tentando entender porque eu estava realizando uma autópsia nele.
Advogado: Doutor, você verificou o pulso dele antes de realizar a autópsia?
Testemunha: Não.
Advogado: Verificou a pressão sanguínea?
Testemunha: Não.
Advogado: Verificou a respiração?
Testemunha: Não.
Advogado: Seria possível, portanto, que o paciente estivesse vivo quando você começou a autópsia?
Testemunha: Não.
Advogado: Como pode estar certo disso, doutor?
Testemunha: Porque o cérebro dele estava dentro de um pote sobre a minha escrivaninha.
Advogado: Mesmo assim, não havia possibilidade de o paciente estar vivo?
Testemunha: Sim, é possível que ele estivesse vivo e praticando advocacia.[3]

Este último diálogo é o meu favorito! Simplesmente hilário... E completamente trágico. Nossa cultura faz tudo para pensar por nós e nos comprimir em seus moldes. Nossos sentidos ficam embotados depois de assistir à televisão por muito tempo, e nos tornamos imbecis, passivos e indiferentes. Nossa habilidade de pensar fica paralisada. De fato, o pensamento claro e ousado é uma raridade atualmente.

Por favor, considere o que digo! Você precisa continuar absorvendo a Palavra de Deus, ao mesmo tempo em que desenvolve sua mente e formula suas convicções. A igreja precisa atentar para a interpretação de Peterson sobre o que diz Paulo: "Não seja ingênuo!". Recuse-se a viver a fantasia de um mundo excessivamente otimista, um "faz de conta". Conforme lemos anteriormente as palavras de Pedro: "Sejam alertas e vigiem" (1Pe 5.8). Não pense que, se você se esconder em algum canto e permanecer imóvel, a tempestade passará mais rapidamente. A Palavra de Deus nos chama para o despertar. A maneira de sobreviver é enfrentando a realidade! A guerra é real.

Após suas advertências enérgicas, o apóstolo Paulo fornece uma explicação: "nos últimos dias sobrevirão tempos terríveis" (2Tm 3.1). E não se engane: esses "últimos dias" não se referem a uma era profética distante. Paulo não está sentado no telhado a observar a tempestade em formação enquanto aguarda um sinal de Deus. Essas dificuldades existem desde a época em que Cristo veio, morreu, ressuscitou e ascendeu ao céu... E perdura até os dias de hoje. Já estamos nos "últimos dias". Para dizer a verdade, estamos nessa situação desde a vinda de Jesus. A igreja precisa perceber que esses tempos difíceis se intensificarão conforme o retorno de Cristo se aproxima. John Stott resume apropriadamente:

> Antes de estudarmos minuciosamente como Paulo caracterizou estes homens, temos que compreender bem as suas palavras

introdutórias. Em primeiro lugar, diz ele, estamos vivendo nos últimos dias; Cristo os trouxe consigo quando apareceu entre os homens. Em segundo lugar, estes dias incluirão tempos difíceis e perigosos. Em terceiro lugar, eles serão decorrentes das atividades de homens maus. Em quarto lugar, devemos entender isso, para ficarmos bem esclarecidos e assim estarmos preparados.[4]

Preste atenção à palavra *difíceis*. Trata-se de uma tradução abrandada. O termo original, *chalepos*, aparece somente uma segunda vez no Novo Testamento. O apóstolo Mateus escreve a respeito de dois endemoninhados e chama-os de *chalepos* ou "violentos" (Mt 8.28).[5] A palavra se refere a um indivíduo com tendência à fúria e a atividades perigosas. O historiador grego Plutarco utilizou esse termo para descrever uma ferida "repulsiva". Creio que compreenderemos melhor o conselho de Paulo a Timóteo se pensarmos na palavra *difícil* nesses termos. Com isso em mente, proponho uma paráfrase da advertência de Paulo: "Timóteo — e meus irmãos e irmãs que vivem na igreja do século 21 — observe que estamos vivendo tempos extremamente violentos e perigosos!". Creia nessas palavras; guarde-as no coração; aplique-as com seriedade. Se já era difícil na época de Paulo, imagine hoje!

Estou no ministério há quase cinquenta anos, mas nestes últimos tempos tenho visto atitudes violentas e cruéis como jamais presenciei no início da minha jornada. É claro que há exceções, mas é justamente esse o problema: são exceções. Nunca estive tão convencido de que entrar na vida cristã é adentrar um campo de batalha, e não um parque de diversões. A aparência de tranquilidade não significa que tudo está em paz. Repito: estamos em uma *guerra invisível*. Embora não possamos ver materialmente as forças malignas no mundo, a Bíblia diz que elas estão presentes. Não seja ingênuo: Satanás e suas legiões estão ativamente engajados em se opor às coisas de Deus, o que inclui você. Eles são os seus inimigos.

Se fosse possível estampar um aviso acerca da época em que vivemos, provavelmente escreveríamos: "Cuidado! Estamos enfrentando tempos difíceis, e isso jamais terá fim!". E mais: esses tempos difíceis só aumentarão nos dias vindouros. A igreja precisa perceber isso a fim de se preparar. Esse é o conteúdo geral das advertências de Paulo. Vejamos agora um aviso mais específico.

Aviso específico: pessoas difíceis se aproximam
Retornando à paráfrase de Eugene Peterson, leia o restante da passagem bíblica:

> Não seja ingênuo. Tempos difíceis vêm por aí. À medida que o fim se aproxima, os homens vão se tornando egocêntricos, loucos por dinheiro, fanfarrões, arrogantes, profanos, sem respeito para com os pais, cruéis, grosseiros, interesseiros sem escrúpulos, irredutíveis, caluniadores, sem autocontrole, selvagens, cínicos, traiçoeiros, impiedosos, vazios, viciados em sexo e alérgicos a Deus. Eles vão fazer da religião um espetáculo, mas nos bastidores se comportam como animais. Fique longe deles!
> 2Timóteo 3.1-5, MSG

Isso é o que eu chamo de aviso específico! A tradução da Almeida Revista e Atualizada é mais literal:

> Pois os homens serão egoístas, avarentos, jactanciosos, arrogantes, blasfemadores, desobedientes aos pais, ingratos, irreverentes, desafeiçoados, implacáveis, caluniadores, sem domínio de si, cruéis, inimigos do bem, traidores, atrevidos, enfatuados, mais amigos dos prazeres que amigos de Deus, tendo forma de piedade, negando-lhe, entretanto, o poder. Foge também destes.
> 2Timóteo 3.2–5

Observe a palavra *pois* no início do versículo. Ela pode ser interpretada com o sentido de "porque". Depois do aviso geral para "perceber" a aproximação de tempos penosos, Paulo escreve um aviso específico explicando *porque* esses tempos seriam difíceis, ou seja, porque *as pessoas* seriam difíceis. Essa lista a respeito das coisas que tornam os indivíduos difíceis parece um excerto de um livro de horror. A palavra que Paulo emprega para se referir a "homens" é um termo grego que significa *humanidade*. Nessa passagem, Paulo não está se referindo apenas às pessoas do sexo masculino, mas ao ser humano de modo geral. Ou seja, homens e mulheres se tornarão pessoas complicadas. Eis a mensagem específica que a igreja precisa compreender. Eis o mundo em que vivemos, e eis as pessoas a quem ministramos.

A lista inicia citando três tipos de "amantes". Não há novidade: os primeiros citados são os que amam apenas a si mesmos. Estes aparecem em primeiro lugar porque deles deriva o restante da lista. Quando a busca pelo amor próprio se torna o principal objetivo da vida, essa compulsão passa a corromper tudo o que está por perto. A compulsão pelo amor próprio é o narcisismo em sua pior forma. Quem tem tal característica também ama o dinheiro e, juntamente a ele, os prazeres (v. 4). Essa pessoa busca os bens materiais e as mais extravagantes experiências sensuais que o dinheiro pode comprar. É o materialismo em seu mais alto grau! Essa mentalidade consumista está resumida em um adesivo de para-choque: "Aquele que morrer com mais brinquedos vencerá". Todas as vezes que vejo essa frase, penso: "De jeito nenhum. Aquele que morrer com mais brinquedos terá sido a pessoa mais iludida do mundo!". A resposta de Deus é ainda mais eloquente: "Insensato! Esta mesma noite a sua vida lhe será exigida. Então, quem ficará com o que você preparou?" (Lc 12.20).

Prosseguindo em sua lista de roupas sujas, Paulo descreve esses narcisistas como *jactanciosos*, palavra usada para se referir a gente arrogante que gosta de impressionar as pessoas em conversas, sem se importar com a opinião dos outros a seu respeito. Além dos *jactanciosos*, Paulo inclui os *arrogantes*, referindo-se àqueles que exibem uma atitude de "suposta superioridade"; isto é, têm uma opinião exagerada de si. Além disso, são pessoas que caluniam e insultam os outros. É por isso que Paulo os chama de *blasfemadores*, termo que poderia ser traduzido como "que usam de palavras insultuosas". Quem teve a oportunidade de passar um tempo ao lado de um narcisista sabe que não demora muito para ouvi-lo proferir insultos. Para o narcisista, você e os outros não têm nenhuma importância, exceto quando o ajudam a promover seus interesses. Afinal, o mundo gira apenas em torno *deles*.

Quero fazer uma pausa para acrescentar um comentário técnico sobre os próximos cinco termos. No grego original, cada um desses termos inicia com a letra *alpha*. O emprego dessa letra significa negação da ação ou da descrição do termo a que está anexada. A finalidade é salientar a ausência da qualidade em questão. A língua portuguesa utiliza uma construção semelhante por meio do acréscimo de prefixos como "des", "im" e "in". Por exemplo, a palavra *piedade* tem seu sentido totalmente invertido quando seguido do prefixo "im". O mesmo ocorre com a palavra *puro*. As próximas cinco palavras descrevem, portanto, o inverso daquilo que Deus deseja e todas se encaixam em uma categoria que poderíamos chamar de "vida em família".

Tragicamente, a família é o principal círculo de influência a sofrer os efeitos do narcisismo. As primeiras descrições de Paulo refletem a maneira como as crianças geralmente reagem a um mundo impudico e desrespeitoso: elas se tornam "desobedientes aos pais". Acrescente o prefixo "des" à palavra *obediente* e temos o oposto daquilo que Deus deseja. A expressão descreve aquelas pessoas grosseiras e insolentes com os pais. Jamais presenciei em meus 75 anos de vida uma geração tão desrespeitosa com os pais como a de agora. É chocante.

Seus pais provavelmente seriam os primeiros a confessar que são falhos, mas permita-me oferecer um conselho direto: dê uma chance a eles. Todos os pais cometem erros (se você é pai, está incluído nisso). Um bom pai ou uma boa mãe fará tudo que estiver ao seu alcance para acertar, e esse trabalho tem início quando se diz o que precisa ser dito: "Eu estava errado quando...", "Me perdoe por aquela ocasião em que eu...". Respeitar os pais é perdoá-los, mesmo que eles não peçam perdão. Por favor, peço que você, como crente em Jesus Cristo, aprenda a respeitar aqueles que o geraram e o educaram; aceite seus pais, mesmo com todas as coisas ruins que eles têm. E por quê? Trata-se de um mandamento de Deus para a vida toda (cf. Mt 15.4-6; 1Tm 5.8).

A desobediência geralmente tem origem na ingratidão, o próximo item da lista em 2Timóteo 3.2-5. Percebeu o sentido oposto representado pelo acréscimo do prefixo "in"? Os ingratos são aquelas pessoas destituídas até do mais elementar senso de valor. Ingratidão é a negligência em perceber o valor do sacrifício de outro indivíduo. Refere-se a um esquecimento deliberado do passado por causa da ganância cega do presente. Você alguma vez presenciou a leitura do testamento de um falecido ou viu irmãos disputando a mobília dos pais? Muitas famílias brigam até o último centavo e a última xícara. Eles querem tudo divido em partes rigorosamente iguais, a menos, claro, que isso venha a causar-lhes algum prejuízo. Esse é o espírito do "eu estou no meu direito", uma atitude que exala um forte cheiro de ingratidão.

É muito agradável encontrar pessoas cientes da gratidão que devem a seus pais por tudo o que alcançaram na vida. Uma dessas pessoas era Marian Anderson, dona de um contralto magnífico que a levou a alcançar reconhecimento internacional. Certa ocasião, um repórter solicitou-lhe que mencionasse o momento mais significativo de sua vida. As pessoas presentes na sala começaram a imaginar o que ela responderia. Havia tantos momentos maravilhosos, como aquela noite em que Arturo Toscanini disse: "Uma voz como a dela só aparece uma vez a cada século", ou quando, em 1955, ela se tornou a primeira afro-americana a cantar acompanhada da Metropolitan Opera Company em Nova York. Também poderia ter mencionado o lançamento de sua autobiografia um ano depois, *My Lord, What a Morning* [Meu Deus, que manhã!], livro que entrou na lista dos mais vendidos do jornal *The New York Times*, ou quando foi selecionada pelo presidente dos Estados Unidos para representar o país nas Nações Unidas. Também foi convidada pela Casa Branca para cantar para o presidente norte-americano e para a rainha da Inglaterra e seu príncipe consorte. Em 1963, Marian foi agraciada com a cobiçada Presidential Medal of Freedom, a mais alta condecoração civil concedida pelo presidente da República. E com certeza ela jamais esqueceu o dia em que cantou ao lado da estátua de Lincoln para uma multidão de 75 mil pessoas em Washington, D. C., incluindo membros do gabinete, todos os juízes do Supremo Tribunal e a maioria dos membros do Congresso. Entretanto, ela não mencionou nenhum desses episódios. Antes, sorriu para o repórter e disse: "O momento mais importante da minha vida foi o dia em que voltei para casa e disse a minha mãe que ela nunca mais precisaria trabalhar como lavadeira".[6] Muito bom, não acha? E que coisa *rara*! Ela nunca esqueceu suas raízes.

Não interessa quais são suas conquistas na vida, o grau de importância que você confere a si mesmo ou quanto dinheiro tem no banco. O que Deus espera de você é gratidão. Isaías coloca desse modo:

> Olhem para a rocha da qual foram cortados e para a pedreira de onde foram cavados.
>
> Isaías 51.1

Que expressão vívida! Lembre-se da rocha de onde você saiu. De vez em quando é bom voltar até lá, ao menos em memória, e recordar. É impressionante a perspectiva que esse exercício nos oferece. Recorde-se daqueles que se sacrificaram para que você pudesse se tornar o que é hoje — aqueles que o conhecem e, provavelmente, o amam mais que qualquer outra pessoa jamais o amou nesse mundo. Lembre-se também da graça de Deus, que o sustentou desde o início; a mesma graça que o resgatou das chamas do inferno. Gratidão. É fundamental rememorar de tempos em tempos a "rocha da qual foram cortados". Do contrário, você e eu podemos facilmente nos tornar ingratos e narcisistas, além de nos tornar parte do problema da igreja, ao invés de ser parte da solução.

O próximo termo, *irreverentes*, se refere aos que não têm um relacionamento com Deus. São aqueles indivíduos egoístas que vivem na secularidade, sem qualquer ligação com as coisas santas de Deus e, mais que isso, sem qualquer desejo por essas coisas. A palavra *desafeiçoados* também se refere à ausência de desejo, porém, nesse caso, em relação à própria família. Aplica-se a indivíduos que não demonstram nem mesmo as afeições mais básicas por seus irmãos, pais ou filhos.

A quinta palavra da lista refere-se aos *implacáveis*, termo que significa literalmente "sem trégua". A palavra descreve o indivíduo que não está disposto a resolver conflitos ou a se reconciliar. Quero fazer uma pergunta direta: há alguém que você precisa perdoar? Se houver, é bem provável que seja alguém de sua família (lembre-se de que esses termos estão relacionados à vida familiar). Talvez seja um dos pais, um irmão ou um cônjuge? O que o impede de tomar a iniciativa e buscar a reconciliação?

Se me permite, quero sugerir uma razão: *orgulho*.

Convenhamos: não existe desculpa que permita a você deixar de cumprir a obrigação bíblica de perdoar alguém. Não adianta se justificar, fazer-se de vítima ou recorrer a um espírito amargurado para impor "limites" na relação. Não existe desculpa! Nossa cultura implacável nos oferece um arsenal de desculpas intermináveis. Somente o narcisista usa os erros dos outros como justificativa para usar de manipulação... E como tem isso por aí! Não há espaço para o perdão na vida do arrogante. Nesse mesmo sentido, também não há espaço na vida do cristão para a amargura e a acusação.

Como crentes em nosso glorioso Senhor Jesus Cristo, somos chamados para um padrão de vida diferente: o padrão de Cristo. É por essa razão que perdoar os outros é uma atitude inerentemente ligada ao perdão que recebemos de Deus. Observe com atenção, com muita atenção, as palavras de Paulo e de Jesus:

> Sejam bondosos e compassivos uns para com os outros, perdoando-se mutuamente, assim como Deus os perdoou em Cristo.
> Efésios 4.32

> Perdoa as nossas dívidas, assim como perdoamos aos nossos devedores. [...] Pois se perdoarem as ofensas uns dos outros, o Pai celestial também lhes perdoará. Mas se não perdoarem uns aos outros, o Pai celestial não lhes perdoará as ofensas.
> Mateus 6.12, 14-15

Palavras duras, mas essenciais. Há alguém que você não perdoou? Nesse caso, você pode estar salvo, mas de acordo com Jesus, *você não tem comunhão com Deus*. É por isso que Cristo ordena que se reconcilie com os outros antes de adorá-lo:

> Portanto, se você estiver apresentando sua oferta diante do altar e ali se lembrar de que teu irmão tem algo contra você, deixe sua oferta ali, diante do altar, e vá primeiro reconciliar-se com seu irmão; depois volte a apresente sua oferta.
> Mateus 5.23-24

Caso alguém tenha pedido perdão a você, seja forte o bastante para aceitar esse ato de confissão, por favor. Caso a pessoa não lhe tenha pedido perdão, lembre-se de que Deus nos ordena a perdoar do mesmo jeito. Cultivar uma memória dolorosa ao invés de renovar a mente produz feridas emocionais torturantes que, tragicamente, são autoimpostas (cf. Mt 18:34-35). Peço que faça tudo o que estiver ao seu alcance para se reconciliar com quem quer que seja. Procure a ajuda de um pastor ou de um conselheiro espiritual. Ore pedindo forças para obedecer. Humilhe-se. Não morra com esse ressentimento; nem mesmo vá a igreja com ele.

A edificação da família ocorre por meio daquelas qualidades que sustentam os relacionamentos bons e saudáveis. Podemos encontrar essas qualidades simplesmente removendo a letra *alpha* do início dos termos que acabamos de observar, transformando-os em atributos positivos necessários a todas as famílias: obediência, gratidão, santidade, amor e perdão. Contudo, a igreja precisa perceber que esses últimos dias de tempos selvagens são caracterizados pela ausência dessas cinco virtudes.

Parte da razão do colapso de nossos relacionamentos está no fato de não darmos a eles tempo suficiente para prosperar. Se as coisas estão difíceis, desistimos; se temos a impressão de que o relacionamento nunca dará certo, largamos; se as exigências parecem grandes demais, renunciamos; se a felicidade ou o "sucesso" (segundo nossa definição) não vem imediatamente, viramos as costas... E então damos de cara com outra carga de problemas nos esperando. O cristão não tem como escapar da santificação. Se você foge de uma situação problemática, o Senhor o aguarda com outra. Deus planeja as provações de modo a amolecer nosso coração duro. Como reagir a isso? Precisamos fortalecer nossa determinação de permanecermos firmes. Sei disso por experiência própria.

Passei os primeiros dez anos do meu casamento procurando fazer com que Cynthia se adaptasse a mim (dá para imaginar algo pior que uma versão feminina de Chuck?). Até o dia em que ela deu um basta. Jamais esquecerei o que ela falou:

— Não quero que você saia por aí dizendo às pessoas que somos "parceiros", pois não somos parceiros. Eu educo seus filhos, preparo suas refeições e limpo a casa, mas não sou sua parceira de verdade. Você nunca me aceitou como eu realmente sou.

— Claro que aceitei — devolvi.

— Não, não aceitou.

— Aceitei *sim*.

— Não aceitou *não*.

O tom de voz começou a subir em nosso confronto na cozinha até que ela finalmente saiu chorando e me deixou sozinho com a louça suja. Enquanto eu lavava a louça, comecei a me acalmar e tive de admitir para mim mesmo: "Ela está certa". A partir dali, começamos um processo que levou quatro anos para quebrar aquele meu hábito. Passamos por aconselhamento sério e doloroso, mas muito proveitoso. Fiquei aturdido ao perceber como a crítica de minha esposa era verdadeira. Naquela época, ofereci pouco encorajamento a Cynthia.

Muitos anos depois, durante uma reunião com alguns amigos que participavam do nosso ministério de rádio, alguém pediu a Cynthia que compartilhasse alguma coisa a respeito do programa. Ela se dirigiu à frente do grupo, contou um resumo da história do programa *Insight for Living* e encerrou com as palavras: "A melhor parte disso tudo é que Chuck e eu somos parceiros nessa empreitada". Naquele momento senti um nó na garganta. Ela não pronunciava aquela palavra desde nossa discussão na cozinha anos atrás. Para ser honesto, quase nos divorciamos durante aqueles primeiros dez anos, mas isso não aconteceu, pois ela permaneceu ao meu lado e me tirou do atoleiro.

No capítulo um mencionei que a Stonebriar Community Church celebrou seu décimo aniversário em 2008. Nesse ínterim, não sei dizer quantas vezes fiquei tentado dizer: "Chega, estou fora!". Certa ocasião, deitado na cama e com as lágrimas escorrendo nos dois lados do rosto, comentei com Cynthia:

— Basta. Acabou.

— Não, não acabou — respondeu ela com tranquilidade.

— Acabou *mesmo* — (tenho certeza de que a essa altura você deve ter percebido que Cynthia e eu muitas vezes discutíamos na hora de dormir). — Você não está entendendo — tornei a falar.

— Estou entendendo *sim*. Você *não* vai desistir.

— Vou — respondi aos soluços. — Amanhã vou dizer a eles que estou indo embora.

— Quantas pessoas há na congregação? — perguntou ela.

— Eles nem mesmo sabem que há um problema. Não faça isso com eles.

No final das contas, não fiz. Devo muito a Cynthia, muito mais que nosso casamento e nosso ministério. Ela me estimulou com seu exemplo ao permanecer firme quando as coisas ficaram difíceis. Como resultado, hoje olho para trás e percebo a mão de Deus enquanto comemoro mais de dez anos de existência de nossa igreja, mais de trinta anos de ministério no programa *Insight for living* e mais de cinquenta anos de casamento. Eu sentiria falta dessas coisas se tivesse desistido.

Alguns de vocês estão a ponto de desistir de alguma coisa quando deveriam permanecer. Você quer viver para Jesus em seu casamento, mas não é tão fácil quanto parece. Você ora por aquele filho ou aquele parente, e nada acontece. Talvez você não esteja recebendo o crédito que merece no trabalho, ou talvez não esteja alcançando os resultados que imaginava. De modo geral, esperar em Deus é o trabalho mais difícil que existe no mundo (pergunte à Cynthia), mas Deus realiza algumas de suas obras mais espetaculares na vida daqueles que nele esperam (cf. Lm 3.22-32). Por isso, meu amigo, permaneça firme. Deus está trabalhando, mesmo que você não possa ver.

Nunca me arrependi dos momentos em que optei por continuar, embora na ocasião não houvesse outra forma de seguir adiante. Estou contente por não ter desistido; você também ficará.

Aviso sutil: perceba o perigo externo e também o interno

A escola onde cursei o ensino médio, na zona leste de Houston, não era um local seguro e inocente. As brigas eram diárias. Não raro aparecia gente esfaqueada. Certa vez entrei no banheiro masculino e vi um garoto estirado no chão, ensopado no próprio sangue com uma faca cravada no peito! É sério. Fiquei tão assustado que perdi a noção do que fazer. O cara que havia esfaqueado o sujeito estava lavando o sangue das mãos. "Saia daqui!", gritou ele. Acho que bati o recorde mundial de saída veloz naquele dia. Era uma escola perigosa! Se meus pais soubessem quão arriscado era estudar ali, sem dúvida teriam me advertido muito mais que de costume.

É isso o que Paulo, por meio de suas cartas, está fazendo com Timóteo, seu filho espiritual. Paulo advertiu o jovem ministro a respeito das pessoas difíceis que tornariam perigosos os últimos dias. O aviso do apóstolo prossegue por uma lista de outros sete termos que se estendem para além da família. Na verdade, os tentáculos dessas influências malignas da sociedade têm se infiltrado em nossas igrejas. De que maneira? Através das rachaduras de nosso coração em momentos de descuido. Se não despertarmos para a gravidade desses avisos, cairemos no engano, e nossas igrejas continuarão rumando para a destruição. Há perigos à espreita.

O primeiro grupo das sete descrições em 2Timóteo 3.2-5 é bastante familiar às pessoas envolvidas com a política e àquelas envolvidas com a igreja: os *caluniadores*. Talvez você fique surpreso em saber que o termo original dessa palavra é *diaboloi*, literalmente: "demônios".[7] A forma singular geralmente se refere ao próprio Satanás, o supremo caluniador. Costumamos esperar esse tipo de sujeira na política, especialmente durante a época de eleições. Na igreja, entretanto, trata-se de uma coisa totalmente pavorosa. É trágico perceber que nós, a exemplo de Satanás, também podemos usar nossa língua por motivos puramente egoístas (cf. Jo 8.44; Tg 3.15; 1Jo 3.10). Gosto do comentário de William Barclay:

> De certo modo, a calúnia é o pecado mais cruel. Se os bens de um homem são roubados, ele pode [...] reconstruir sua fortuna novamente; mas se seu nome é roubado, um dano irreparável foi cometido. [...] Muitos homens e mulheres que jamais pensariam em roubar a outrem não hesitariam — e até mesmo sentiriam prazer — em passar adiante histórias que denigrem a boa reputação de alguém, sem nem mesmo verificar se são verdadeiras ou não. Em muitas igrejas, há calúnias suficientes para fazer chorar o anjo encarregado de registrá-las.[8]

A distração pode nos levar à calúnia. Caluniar é divulgar informações que não temos coragem de dizer na presença da pessoa em questão. Parte do motivo de falar pelas costas ocorre por exagero dos fatos; outra razão é o fato de a informação geralmente ser prejudicial e, algumas vezes, confidencial. Contudo, se cultivarmos o caráter para o qual fomos chamados, não caluniaremos. Caluniar é agir com malícia. É dessa forma que Satanás opera; e o mundo segue o mesmo caminho. O cristão, entretanto, não deve agir desse modo. A igreja precisa perceber seu chamado de santidade.

A próxima descrição, *sem domínio de si*, é companheira da calúnia. O indivíduo não apenas é incapaz de controlar sua língua como, pior, é incapaz de conter a si mesmo. O termo se refere à falta de controle, "especialmente no que se refere à luxúria corporal".[9]

E o quadro fica ainda mais tenebroso, como se isso fosse possível, com o acréscimo do próximo termo: *cruéis*. A palavra cruel se refere àquela atitude selvagem, sem nenhum traço de compaixão ou sensibilidade. É um termo usado para se referir a animais bravios que atacam sem piedade. Traduzido como "violentos" em algumas versões, refere-se a uma atitude feroz, brutal e desumana.[10] Quer um exemplo? Assista ao noticiário esta noite. A crueldade está em todos os lugares. Recentemente li um livro interessante intitulado *Snakes in Suits* [Cobras de terno]. O título soa engraçado até você ler o subtítulo: *When Psycopaths Go to Work* [Quando os psicopatas vão para o trabalho].[11] Vivemos em um mundo repleto de cobras de terno terrivelmente espertas. Estamos falando daquele indivíduo que avança na vida passando rasteira nos outros em vez de trabalhar duro. Cuidado com essa pessoa; não se case com ela e não a coloque no seu time de liderança na igreja. Aqueles que não seguiram esses conselhos aprenderam às duras penas o que significa lidar com uma pessoa cruel. Muitas vezes chegamos ao limite do impossível. A vontade de desistir é enorme.

A expressão *inimigos do bem* traduz uma palavra exclusiva do Novo Testamento, criada por Paulo, e que significa literalmente: alguém que "não ama" o bem.[12] É aquela pessoa que perdeu o paladar para as coisas éticas e morais e se sente mal na presença de indivíduos verdadeiramente piedosos.

Utilizado somente duas vezes em toda a Bíblia, o próximo termo, *traidores*, aparece ligado ao nome de Judas Iscariotes, considerado traiçoeiro (cf. Lc 6.16). É uma palavra usada para se referir a quem se volta contra você.[13] A exemplo de Judas, é aquela pessoa que o acompanha durante anos e aparenta ser seu amigo. Contudo, certo dia, sem nenhum aviso, o indivíduo o surpreende agindo com deslealdade, fingimento e traição. Gostaria que houvesse um método para detectar esse tipo de gente. Algumas dessas pessoas me feriram profundamente, e talvez a você também. Jesus, obviamente, sabia desde o começo quem o haveria de trair (cf. Jo 6.64). Seria bom se soubéssemos desde o princípio quem é o traidor, mas não sabemos.

Os próximos dois termos andam de mãos dadas: *atrevidos* e *enfatuados*. O primeiro se refere às pessoas cujo modo de agir é impulsivo e irresponsável. São aqueles que agem antes e pensam depois (cf. At 19.36).[14] O segundo, a princípio, parece sinônimo dos termos *presunçosos* e *arrogantes* que lemos em 2Timóteo 3.2. Contudo, o termo original se refere ao sujeito cuja arrogância chega às raias da insanidade.[15] É aquele indivíduo inescrupuloso que atropela o mundo inteiro em busca de seus interesses.

Vamos encerrar essa lista sórdida relendo o final. Paulo diz que esses indivíduos são:

> [...] mais amigos dos prazeres que amigos de Deus, tendo forma de piedade, negando-lhe, entretanto, o poder.
> 2Timóteo 3.4-5, RA

Seria fácil desprezar as pessoas dessa lista. Afinal, haverá descrição melhor do mundo *lá fora*? Não foram justamente os perigos *externos* que motivaram a necessidade desse aviso? Porventura os muros de nossas igrejas e lares não formam uma barreira contra essas influências, protegendo-nos dos narcisistas e das cobras de terno? Quem dera! Ao contrário, tenha cuidado. Nunca, mas nunca mesmo, se esqueça de que a origem do perigo mais sutil (e mais poderoso) está *dentro de nós* e dentro dos membros de nossas igrejas. A lista fala de pessoas que têm "forma de piedade", porém negam o poder dessa piedade ao se recusarem a usá-lo para alcançar uma vida diferente. Esse tipo de "hipocrisia santa" cria uma esquizofrenia espiritual em nossos lares e em nossas congregações. Crianças e igrejas que crescem nesse contexto se tornam confusas quando tentam entender onde a verdade termina e a mentira começa, especialmente se seus pais e pastores defendem esse estilo de vida. Thomas Oden escreve com discernimento:

> Os problemas que Paulo previu se originariam principalmente a partir de distorções internas na comunidade de adoradores, e não exclusivamente a partir de ataques externos do governo, da cultura ou da economia. [...] É um grande progresso quando a fé acorda para o fato de que as pessoas podem profanar deliberadamente e continuar indo à igreja, cobiçar e continuar fazendo suas orações matinais, blasfemar e continuar repetindo o credo apostólico, trair e continuar participando da diretoria, odiar o bem e continuar louvando ao Senhor da boca para fora.[16]

David Wells avança nesse discernimento:

> Nosso mundo, nossa cultura resplandecente, tem se tornado um substituto de Deus. Contudo, descobrimos rapidamente que esse substituto não nos oferece princípios de viver. Além disso, também descobrimos que a individualidade, que deveria preencher o vazio profundo de nossa vida, é incapaz de cumprir essa função. [...] Se pudéssemos ver claramente o Senhor à luz total de sua pureza consumidora, não seríamos tão condescendentes com os pecados que agora infectam nossa alma e da qual proliferam confortáveis transigências com o espírito do pós-modernismo de nossa época.[17]

É exatamente esse tipo de tolerância com o pecado que ameaça desfazer a igreja de Jesus Cristo. Se a igreja não perceber esse perigo e não tomar um posicionamento firme contra ele — primeiro na vida particular de cada um, e depois na congregação — enfraquecerá em seus padrões, perderá sua característica contagiante e continuará a desviar-se dos objetivos do Senhor para seu povo, rumando para a obsessão narcisista e a autossatisfação.

Aviso pessoal: fique longe do perigo

A secularização da teologia nos ensinou a agir com "tolerância" para com o mundo, com mais compreensão e acolhimento e menos fanatismo. G. K. Chesterton expressou muito bem: "A tolerância é a virtude do indivíduo sem convicções".[18] É sempre mais fácil dizer-se tolerante e ficar em cima do muro do que tomar um posicionamento. A tolerância o fará ganhar a eleição. A tolerância sustentará sua popularidade entre os membros votantes de sua igreja. A tolerância reduzirá os conflitos no seu trabalho ou no seu lar. Porém, a tolerância não causa nenhum impacto em favor do reino de Deus.

Confesso que quando examino uma lista de imoralidades como a do capítulo três de 2Timóteo, repleta de pecados com os quais estou bastante familiarizado, sinto uma frustração tão grande que me dá vontade de sair correndo. Ora, quem *não é* culpado dessas coisas? Todos nós caímos em algum desses pecados. A diferença, entretanto, é que estamos preocupados com isso. O pecado nos incomoda. O Espírito de Deus nos convence e nos estimula: "Você precisa dar um jeito nisso". Mais uma vez, John Stott coloca de modo apropriado:

> A mesma epidemia ainda grassava entre as pessoas que Paulo está descrevendo. Elas preservavam exteriormente uma "forma de piedade, negando-lhe, entretanto, o poder" (v.5). Evidentemente elas participavam do culto da igreja. Cantavam os hinos, diziam o "amém" às orações, e deitavam dinheiro na bandeja das ofertas. Tinham aparência e palavras notoriamente piedosas. Mas era *forma* sem *poder*, aparência externa sem realidade interna, religião sem moral, fé sem obras.
>
> A verdadeira religião combina forma e poder. Não se trata de uma forma externa, sem poder [...] Promove uma adoração que é essencialmente "espiritual", que nasce do coração, mas que se expressa em cultos públicos na comunidade, com consequências no comportamento moral. De outra forma, não é

somente sem valor, mas é verdadeiramente uma abominação ao Senhor.[19]

Talvez você tenha ouvido de algum pastor desiludido este ditado: "O ministério seria perfeito se não envolvesse as pessoas". Seria engraçado se não fosse tão verdadeiro. Ao final de sua lista, Paulo entrega a Timóteo um aviso sucinto, poderoso e pessoal:

Afaste-se também desses homens.
2Timóteo 3.5

Em outras palavras, fique longe do perigo! Esse mandamento enérgico, contudo, não significa evitar os pecadores ao nosso redor (embora devamos evitar a mentalidade em que vivem), pois o próprio Jesus andava com publicanos e pecadores. Em outra passagem Paulo escreve: "Com isso não me refiro [que eviteis] aos imorais deste mundo [...]. Se assim fosse, vocês precisariam sair deste mundo" (1Co 5.10; acréscimo nosso). Para Paulo, o problema não era o perdido, mas o religioso fingido. É o hipócrita que nos atormenta e tira vantagem de sua posição. E por essa razão devem ser evitados. Em pelo menos três ocasiões diferentes Paulo nos advertiu a evitar os hipócritas (Rm 16.17; 2Ts 3.6; Tt 3.10). O apóstolo também instruiu Timóteo a prestar atenção ao seu caráter moral (1Tm 4.16). A igreja terá uma perspectiva mais realista e um ministério mais eficaz quando perceber isso.

Aviso final: cuidado com o engano
Estamos vivendo tempos difíceis, e não estou me referindo à economia, nem aos desastres naturais ou aos conflitos internacionais. Minha maior preocupação é com a natureza insidiosa de nossa época. O próprio Jesus profetizou sobre isso quando falou dos dias da tribulação, dizendo que muitos se desviariam da fé;

que haveria traições, ódio, assassinatos e promiscuidade; que esses tempos de iniquidade não apenas viriam, como aumentariam e se intensificariam; que apareceriam muitos falsos profetas e que o amor se esfriaria de quase todos. Portanto, não devemos nos surpreender quando tudo isso acontecer.

Antes de deixar o mundo, Jesus passou o bastão da responsabilidade aos seus apóstolos, que por sua vez o receberam e correram. Eles falaram com ousadia, escreveram com vigor e permaneceram firmes. E entre eles ninguém trabalhou mais que Paulo. O apóstolo envelhecido guardou alguns de seus avisos e desafios mais audazes para Timóteo. Não consigo deixar de imaginar se Timóteo recebeu a notícia da decapitação de seu mentor antes de receber a última carta do apóstolo. Talvez a notícia da morte de Paulo tenha chegado com a carta. Nunca saberemos, mas uma coisa é certa: Timóteo ouviu com seriedade as palavras de Paulo. Quantas vezes o jovem pastor deve ter lido as últimas palavras de seu conselheiro: "Não seja ingênuo. Tempos difíceis se aproximam. Alguns tentarão enfraquecer sua caminhada e ferir seu ministério. Fique longe dessas pessoas!". Precisamos estar cientes do engano perigoso dessa gente.

Se algum dia você for a Israel, não se esqueça de visitar o museu Yad Vashem, uma construção que espeta os céus de Jerusalém e a consciência de seus visitantes. Esse museu é um lembrete solene, embora mudo, do terrível Holocausto que varreu a Europa no final da década de 1930 até a primeira metade da década de 1940. O próprio edifício foi construído intencionalmente de modo sombrio, pouco atraente e em tons de cinza. Chorei todas as vezes em que estive lá. O trajeto de visitação faz um zigue-zague por dentro do museu em meio a imagens dolorosas, em tamanho real, de indivíduos de olhos encovados, esqueletos vivos que nada sabiam do futuro que os aguardava. Veem-se pilhas de sapatos de crianças amontoados pelo chão. Testemunhos em vídeo revelam a selvageria desumana dos assassinatos promovidos pelo regime nazista. Yad Vashem é o único museu que conheci na vida a ter mais portas de saída que de entrada. Muitas pessoas não conseguem terminar o trajeto. Alguns param com o olhar fixo; outros chegam a desmaiar. Quem não estiver chorando ao final do percurso é porque não entendeu a mensagem. É de partir o coração. Ninguém fala, e todos balançam a cabeça em sinal de espanto.

O final do trajeto termina na "sala da lembrança" onde se veem pilhas e mais pilhas de cadernos com os nomes dos seis milhões de judeus mortos durante o Holocausto, todos escritos à mão. O museu preserva inclusive o letreiro de ferro, escrito em alemão, que ficava pendurado na entrada do campo de concentração de Dachau e que traduzido diz: "O trabalho liberta", uma mentira em que a maioria das pessoas que passava por aquele portão era induzida a acreditar. Entretanto, o que mais me chamou a atenção foi uma declaração impressa em um dos documentos oficiais distribuídos aos guardas nazistas que cuidavam dos campos de concentração: "A lei do campo é fazer com que aqueles que caminham para a morte sejam enganados até o final". Observe as últimas quatro palavras: *enganados até o final*.

Vivemos em uma cultura politicamente correta, porém ética, teológica e moralmente corrupta. Nossa cultura está depravada até as entranhas. Enfrentamos dificuldades, conflitos e tribulações que nenhum de nós jamais sonhou ser possível. E por quê? Porque estamos em uma guerra, um combate invisível, um confronto espiritual. A igreja precisa acordar para isso. Todos os dias enfrentamos o adversário em seu próprio campo de batalha. A filosofia de engano em massa adotada por Satanás continua viva e passa bem no planeta Terra. Não surpreende, portanto, que ela esteja desfigurando nossas igrejas. Os adoradores de Deus estão sendo enganados aos milhões.

Satanás odeia tudo que o povo de Deus ama. Ele odeia nosso casamento cristão e fará tudo o que estiver ao seu alcance para destruí-lo (afinal, o casamento é uma imagem da relação entre Cristo e a igreja). Vivemos em uma época em que a definição de casamento está por um fio. O adversário odeia a família e fará tudo para separá-la. Há uma grande probabilidade de você estar enfrentando dificuldades em sua família. Talvez um de seus filhos tenha se declarado abertamente um rebelde. Qual a razão disso? O adversário odeia a harmonia familiar. Provavelmente você deve ter visto brigas ferozes entre os líderes de sua igreja ou entre os membros da congregação. A guerra do culto é uma coisa comum hoje em dia. É bastante provável que os conflitos em sua igreja tenham chegado a um nível em que você deve estar se perguntando: "Será que o cristianismo ainda serve para alguma coisa?". É tudo parte da estratégia do inimigo. Satanás odeia mentes esclarecidas, vontades firmes e congregações estáveis. Ele odeia inclusive livros como este, que o revelam como ele realmente é: um enganador.

Em épocas como a nossa, enfrentaremos ataques inimigos em várias áreas. Embora não devamos viver com medo dos ataques, não podemos ignorá-los. O inimigo *gosta* quando continuamos ignorantes a respeito de seus estratagemas e mais ainda quando demonstramos indiferença para com ele. O desejo de Satanás é enganar as pessoas até o fim.

A igreja precisa acordar para o fato de que vivemos *tempos difíceis*, conforme o aviso de Paulo. A erosão está causando um estrago terrível, e as coisas ainda vão piorar muito em nossa época, especialmente para aqueles que decidiram remar contra a correnteza ao invés de flutuar a favor da cultura. O mundo nos levará para *longe* das coisas de Deus, não para *perto* delas. Se não prestarmos atenção ao engano que corre à solta, seremos empurrados para o caminho confortável que conduz à inanição espiritual e ao engano e à destruição da igreja.

É isso o que a igreja precisa perceber. Mas o que fazer?

Trataremos disso a seguir.

capítulo seis

DE QUE MANEIRA A IGREJA DEVE REAGIR

> *Não podemos escolher partes da Bíblia para crer que sejam inspiradas. A Bíblia não se apresenta dessa maneira. Mais que isso, as Escrituras não terão poder de nutrir a vida se o próprio indivíduo se tornar o árbitro daquilo que deseja ou não acreditar a respeito delas.*
>
> Kent Hughes e Bryan Chapell

Proponho navegarmos juntos, por um instante, a outra época. Você e eu estamos agora vivendo na década de 1930 na Grã-Bretanha, no outro lado do Atlântico. Embora as tensões internacionais estejam aumentando, as pessoas falam de paz. Sem dúvida merecemos essa paz. Afinal, lutamos bravamente por ela. Ao lado de nossos aliados ganhamos "a guerra de todas as guerras" e agora aproveitamos os frutos dessa vitória. Nosso primeiro-ministro viajou à Alemanha e assinou um tratado com aquele sujeito esquisito que usa uma suástica no braço, tem um bigode engraçado debaixo do nariz e um exército que marcha a passo de ganso à sua disposição. Neville Chamberleim, nosso primeiro-ministro, retornou garantindo-nos que Adolf Hitler honrará o tratado que assinou. Neville afirmou que a paz estava garantida, e nós acreditamos.

Entretanto, alguém em nosso meio não acredita nisso. Semelhante a um profeta do Antigo Testamento, este baixinho careca aponta o dedo espesso e adverte: "Não podemos acreditar naquele ditador. Ele é um sujeito cruel e um assassino antissemita. Ele invadirá nosso litoral e tomará nossa terra.

Não há paz enquanto ele estiver no poder. Precisamos nos opor a ele!".

Embora a princípio muitos não estivessem prontos para ouvi-lo, com o desenrolar da história nossos olhos se abriram à verdade por meio dos avisos de Winston Churchill, sujeito de uma estupenda antevisão, discernimento e determinação — exatamente como os membros "da tribo de Issacar" nos dias de Davi (cf. 1Cr 12.32). Churchill sabia o que sua nação deveria fazer e, por fim, liderou seu povo à vitória.

Três anos depois da Segunda Guerra Mundial, Churchill sentou-se com uma caneta na mão e escreveu sua obra-prima. Em seis volumes cuidadosamente escritos, Churchill relata o conflito desde o início sutil, passando pelos anos terríveis de carnificina até a vitória final e o difícil período de reconstrução. Esses livros são o maior tesouro da minha biblioteca. Essa obra-prima representa as reflexões de Churchill acerca de acontecimentos que só vieram a ser mais bem compreendidos depois de analisados em retrospectiva. Seu primeiro volume intitulado *The Gathering Storm* [A tempestade se aproxima], trata dos acontecimentos que culminaram naquela grande Guerra Mundial. Tempos atrás tirei esse livro da minha estante e me veio à mente o fato de que cada volume trata de um tema diferente. O tema desse primeiro volume revela, segundo as palavras sensatas e perspicazes do próprio Churchill: "Como os povos de língua inglesa, por meio de sua falta de sabedoria, descuido e ingenuidade, permitiram que os perversos se rearmassem".[1] Ao ler essas palavras, percebi que seria muito sensato aplicar a retrospectiva de Churchill às nossas atuais circunstâncias, não em relação aos acontecimentos geopolíticos, mas em relação à igreja.

Avisos que precisamos ouvir
Vivemos tempos difíceis. Ou melhor, tempos *selvagens*. Uma das maiores dificuldades que enfrentamos é, ironicamente, fazer

com que os cristãos reconheçam esse fato. Essa dificuldade se deve ao fato de não lutarmos contra carne e sangue, mas contra Satanás e suas legiões de demônios. Para piorar, não costumamos levar o inimigo a sério, uma vez que ele é invisível. E mesmo quando nos lembramos de Satanás, a maioria das pessoas não o visualiza como ele realmente é.

Durante anos guardei em minha estante no escritório um pequeno demônio de plástico. Trata-se de um boneco vermelho de aproximadamente 12 centímetros de altura, nariz ofensivo, olhos sinistros e chifres. Originalmente havia um rabo, além de um braço segurando um tridente, mas ambos se quebraram. Quando se aperta a cabeça do boneco para baixo, um aviso salta para fora: "Bem-vindo" (minha irmã Luci me deu esse boneco de "presente" muitos anos atrás; o aviso original, antes de ela pintar por cima, dizia: "Vá para o inferno!", mas isso é outra história). Pensando bem, a modificação que minha irmã realizou é a única coisa verdadeira a respeito desse boneco caricaturado. Todo o restante é bobagem, estupidez e absurdo.

Satanás não é feio, não carrega um tridente e não é chifrudo. Pelo contrário, ele anda disfarçado de anjo de luz. Ele é uma das criaturas mais belas e brilhantes que Deus criou. De fato, foi sua beleza que o levou à queda em arrogância (cf. Ez 28.14-17; 2Co 11.14). Além disso, Satanás não avisa que estamos a caminho do inferno e da destruição. Pelo contrário, oferece cortesias diante de nossos olhos como iscas no anzol. Seu poder de cativar é tão grande que arrastou consigo um terço dos anjos quando foi expulso do céu (cf. Ap 12.4). Esses anjos se tornaram seus demônios, criaturas sobrenaturais encarregadas de executar planos sinistros e traiçoeiros contra a igreja de Jesus Cristo. Eles acertaram na mosca ao adotar essa estratégia de engano em massa. Eles enganaram os cristãos, levando-os a pensar: "Ah, que maravilha... Estamos *tão* bem!". A verdade, porém, é que não estamos nada bem. Estamos vivendo *tempos difíceis*, está lembrado?

Conforme vimos no capítulo anterior, o apóstolo Paulo escreveu ao jovem pastor Timóteo a respeito dos *últimos dias*, período que inclui a época em que estamos vivendo. Entretanto, essas palavras, embora poderosas, representam somente avisos do que a igreja precisa perceber. Não é suficiente apenas ler os avisos. Podemos estudar o vocabulário desses versículos com base nos termos descritivos da passagem, analisar o contexto histórico e literário nos quais foram escritos e formar grupos de discussão sobre as implicações sociopolíticas do perigo, exatamente como a Grã-Bretanha deve ter feito nos meses que antecederam a Segunda Guerra Mundial. Todavia, não é suficiente apenas *ouvir* o perigo. Ainda falta algo. A igreja precisa fazer mais que apenas *perceber* o perigo. O que está faltando? Uma atitude correta.

Alguns optaram pela passividade. São aquelas pessoas que se lamentam dizendo: "Acho que estamos vivendo os últimos dias" e em seguida dão de ombros, esperando que as coisas mudem. Outros adotaram, no passado, uma postura de fanatismo, estipulando datas para o retorno de Cristo e subindo aos eirados para aguardar e aguardar... Até que a desilusão os fez descer envergonhados e humilhados. Muitos cristãos norte-americanos acreditam que a melhor coisa a fazer nesses tempos difíceis é votar no maior número possível de candidatos cristãos com o objetivo de resgatar a "herança espiritual" da nação. Há irmãos que sugerem comprar um anúncio de página inteira em um grande jornal, como *O Globo* ou a *Folha de S. Paulo*, e assinar nossos nomes como os últimos fiéis a permanecer a favor da verdade (embora não esteja claro o que poderíamos alcançar por meio disso). O autor e pastor Eugene Peterson escreve:

> Cerca de 1.800 anos de história do povo hebreu, coroados com uma exposição completa em Jesus Cristo, mostram que a revelação de Deus é rejeitada com muito mais frequência do que

aceita; há muito mais pessoas que a desprezam do que as que a recebem, e foi atacada ou ignorada por todas as principais culturas ou civilizações que receberam seu testemunho: o Egito magnífico, a Assíria violenta, a Babilônia belíssima, a Grécia artística, a Roma política, a França do Iluminismo, a Alemanha do nazismo, a Itália do renascimento, a Rússia marxista, a China maoísta e a América sempre em busca da felicidade.

A comunidade do povo de Deus sobreviveu a todas essas culturas e civilizações, mas sempre como minoria, sempre marginal a tudo que está em voga, nunca estatisticamente relevante.[2]

Sem dúvida os cristãos são minoria. Deus sempre preferiu realizar sua obra por meio de remanescentes que enfrentavam obstáculos insuperáveis. Mães parindo em idade avançada, alimento para milhares de pessoas com um lanchinho mirrado, expiação para todos os pecados pela morte de um único homem, um mundo virado de ponta-cabeça por causa de doze homens chamados apóstolos. Como se vê, Deus é especialista em realizar o impossível. Na verdade, Deus é glorificado por meio de circunstâncias nas quais o homem fracassa em sua engenhosidade, criatividade e capacidade.

Entretanto, dar de ombros e fazer vista grossa não é uma opção. Jesus não ordenou que ficássemos de olho nas nuvens à sua espera. Anúncios de página inteira não trarão muito proveito, não a longo prazo. E, embora a participação de cristãos sábios e corajosos na política possa parecer o ideal, Deus não ordenou que o governo se transformasse em um agente de salvação ou uma plataforma para a proclamação da verdade no mundo.

Cristo está construindo sua igreja justamente para esse propósito. Uma igreja desperta é uma influência poderosa e efetiva em um mundo que se perdeu.

É tempo de a igreja contemporânea despertar para a tempestade que se aproxima. É tempo de perceber a guerra invisível ao nosso redor e agir com discernimento, determinação e paixão.

Reações bíblicas que precisamos demonstrar

O capítulo anterior oferece um panorama bastante desagradável. Nele apresento um aviso real e indigesto, saído direto das Escrituras, a respeito da nossa situação nos dias de hoje. Retornando ao capítulo três de 2Timóteo, verificamos que o grande apóstolo não é apenas um portador de más notícias. Paulo não adverte seu filho espiritual dos tempos difíceis como quem diz: "É isso aí Timóteo. Agora, boa sorte para você!". Não. Paulo fornece instruções inspiradas de como a igreja deve reagir diante de um mundo enlouquecido. Os últimos cinco versículos do capítulo três dessa carta apostólica apresentam quatro diretrizes práticas que merecem nossa atenção. A primeira está contida na conclusão do aviso de Paulo:

> Contudo, os homens perversos e impostores irão de mal a pior, enganando e sendo enganados.
>
> 2Timóteo 3.13

Em primeiro lugar, *seja realista ao avaliar a época em que vive*. Observe o termo *perversos* no versículo citado. Não negue o sentido dessa palavra, não tente suavizar seu significado, não o altere nem procure amenizá-lo e não o ignore. É perversidade mesmo. Em seu dicionário grego-inglês, Walter Bauer propõe estes sinônimos: "malvados, vis, desprezíveis, depravados, degenerados".[3] Todos eles descrevem esses homens *perversos*. A palavra *homens*, obviamente, se refere a toda a humanidade, incluindo as mulheres. A expressão poderia ser traduzida como "pessoas perversas". Certamente, um cenário nada atrativo.

A palavra seguinte, *impostores*, pode se referir a feiticeiros, mágicos, trapaceiros ou embusteiros. Nesse contexto, Bauer sugere tratar-se de "pessoas que se desviam da instrução correta e induzem os outros ao erro".[4] Claríssimo, não acha? Há ainda outro termo para descrever essas pessoas: *charlatões*. Tenha cuidado com essa gente! Paulo acrescenta: "[Eles] irão de mal a pior". O original diz, literalmente: "melhorarão no pior" — e a motivação deles, conforme observa Paulo, é a mesma de Satanás: o engano. Isso explica como conseguem ser tão eficazes.

Se nós, como igreja de Jesus Cristo, acreditarmos realmente na verdade do versículo 13, assistiremos ao noticiário de um modo diferente: enxergaremos além das aparências da maior parte daquilo que ouvimos na política; perceberemos as mentiras projetadas em nossas televisões de alta definição e teremos melhor condição de compreender o que o inimigo está tentando fazer.

Não é de surpreender que ambos os grupos, os perversos e os impostores, se infiltrarão na igreja. Eugene Peterson traduz a passagem da seguinte maneira:

> Homens inescrupulosos e traidores continuarão explorando a fé, mas são tão enganados quanto as pessoas que eles enganam. Enquanto eles existirem, as coisas irão piorar.
>
> 2Timóteo 3.13, MSG

Não fique surpreso com o engano. Antes, antecipe-se a ele; admita que ele existe. Seja realista ao avaliar a época atual. Thomas Oden escreve: "Conte com uma piora gradual das distorções heréticas".[5] Há sabedoria nessa frase concisa. Não se deixe enganar por nenhuma aparência: discurso persuasivo, folhetos atraentes, apoio de celebridades, grandes multidões, lógica convincente, personalidades simpáticas, nem mesmo Bíblias abertas!

Preciso dizer sem rodeios: nem todas as pessoas que usam colarinho clerical são confiáveis. Se alguém sabe citar versículos, isso não significa que sua mensagem seja idônea (lembre-se de que até Satanás citou as Escrituras a Jesus). Nem todas as igrejas que possuem grande número de membros são abençoadas por Deus. E por favor, não coloque *shows* e entretenimento no mesmo nível da verdade (Satanás também se apresenta como um anjo de luz). Há impostores por toda parte, alguns querendo se aproveitar da igreja, outros até mesmo liderando-a! Preste atenção! Seja realista e discernidor; observe. Não se deixe enganar por essas pessoas, do mesmo modo que não se deixa ludibriar por um boneco vermelho que muitos consideram uma representação do demônio.

As igrejas que pregam mensagens superficiais de autossatisfação recheadas de entretenimento não têm como preparar você para as más notícias de um diagnóstico de câncer, uma ligação da polícia informando que seu filho sofreu um acidente de automóvel ou um aviso inesperado de divórcio do seu cônjuge. Nessas horas, não há clichê cristão, minissermão engenhoso, oratória deslumbrante ou passagem distorcida que ajude. Isso porque nenhuma dessas coisas é verdadeira. Carecem de profundidade; são ilusões de papel machê que se desfazem ao menor sinal de estresse.

Precisamos de verdades profundas às quais nos apegar. Precisamos de fundamento sólido onde pisar. Precisamos de músculos espirituais que nos mantenham em pé em tempos difíceis. Nossa alma precisa nutrir-se de doutrina bíblica. É isso o que Paulo desejava para Timóteo, e é esse tipo de força que Deus quer para você e para todos os cristãos da igreja. A fim de reagirmos de modo apropriado à nossa época, devemos começar por avaliá-la de maneira realista. Entretanto, apenas isso não basta.

Acreditando na verdade em tempos difíceis

De que maneira a igreja deve reagir diante dessas advertências? Como ser realista em tempos difíceis? Paulo interrompe sua descrição de nossa época traiçoeira e passa a instruir-nos como reagir a ela:

> Quanto a você, porém, permaneça nas coisas que aprendeu e das quais tem convicção, pois você sabe de quem o aprendeu. Porque desde criança você conhece as Sagradas Letras, que são capazes de torná-lo sábio para a salvação mediante a fé em Cristo Jesus.
> 2Timóteo 3.14-15

A segunda instrução explica como realizar a primeira: *convença-se das antigas verdades que aprendeu*. A Nova Versão Internacional inicia o parágrafo com "você". O texto original transmite essa mesma ênfase. Em outras palavras, Paulo está dizendo a Timóteo: "As pessoas perversas e os trapaceiros se tornarão cada vez piores. *Você*, porém, deve perseverar na verdade". Além de enfático, o pronome está no singular, ou seja, é um mandamento *individual* que se aplica a cada cristão na igreja. Você e eu podemos permanecer realistas na avaliação de nossa época somente se perseverarmos nas antigas verdades que nos ensinaram. O aprendizado de Timóteo começou desde a infância, conforme o incentivo de Paulo no início da carta:

> Lembro-me das suas lágrimas e desejo muito vê-lo, para que a minha alegria seja completa. Recordo-me da sua fé não fingida, que primeiro habitou em sua avó Loide e em sua mãe, Eunice, e estou convencido de que também habita em você.
> 2Timóteo 1.4-5

Sempre me lembro dos ensinamentos de minha mãe a respeito de Jesus. De fato, costumo dizer, com um sorriso no rosto, que ainda me recordo da primeira oração que ouvi de minha mãe: "Que Deus o ajude se você voltar a fazer isso!". Não consigo me lembrar de nenhuma ocasião em que minha mãe não estivesse memorizando passagens da Bíblia. Porém, confesso que na época não dei valor a isso. Na verdade, ficava irritado. Afinal, eu era apenas uma criança, meu desejo era jogar bola e brincar com meus amigos, e não ficar ouvindo minha mãe comentando suas ideias sobre Ezequiel ou qualquer outra passagem que estivesse lendo. Eu não compreendia o valor dessas coisas, mas hoje aprecio o profundo apego de minha mãe pela Palavra de Deus. Ela orava por mim e acreditava em mim, apesar de meu desinteresse e imaturidade; ela citava versículos e os compartilhava comigo. Naquele tempo desconhecia o significado da atitude dela (nem sequer me importava), mas hoje o conheço: significa que desde a minha infância tive uma mãe disposta a dividir comigo "as Sagradas Letras, que são capazes de torná-lo sábio para a salvação" (2Tm 3.15). Fui resgatado espiritualmente por causa da influência da minha mãe. Foi ela quem compartilhou comigo as boas-novas de Jesus e esteve presente quando eu nasci de novo. Sou eternamente grato a ela.

Este é um ótimo momento para você parar e relembrar suas raízes. Você cresceu com pais que amam a Deus? Não estou perguntando se você cresceu com pais perfeitos (*ninguém* teve pais perfeitos enquanto crescia, nem mesmo nossos filhos), mas se seus pais falavam com você sobre Deus. Eles conseguiram instilar em você um apetite pelas coisas espirituais? É cada vez mais raro hoje em dia encontrar pais piedosos! Aqueles que tiveram essa oportunidade devem ser extremamente gratos a isso.

Mesmo que um de seus pais (ou ambos) não tenha compartilhado a fé com você, Deus geralmente o faz por meio de outras pessoas. O exemplo de Loide mostra que os avós também podem causar impacto na vida de seus netos. No capítulo um deste livro comentei o fato de meu avô materno ter sido a personalidade masculina mais importante para mim durante minha infância. Eu tinha mais afinidade com ele do que com meu pai.

Às vezes, pessoas de fora da família exercem grande influência em nossa vida com relação às coisas de Deus. Paulo exorta Timóteo a perseverar na verdade, sabendo com quem a aprendeu (2Tm 3.14). Paulo também estava incluído entre essas pessoas. O apóstolo roga a seu filho espiritual que retorne ao vínculo que ambos vinham compartilhando havia muito tempo. Se você pesquisar o nome de Timóteo no índice de concordância temática de sua Bíblia, verá que ele aparece em várias referências ligadas à vida e ao ministério de Paulo — esses dois enfrentaram várias dificuldades juntos. Esse vínculo é o argumento usado para que o jovem Timóteo permaneça firme nas virtudes e nos valores que observou na vida de Paulo.

Recordo com gratidão vários mentores — professores de escola dominical e instrutores escolares que enxergaram além da minha estupidez e viram pedras preciosas em meio a um monte de lixo. Durante minha temporada de serviço militar em um país estrangeiro, conheci um homem que se importou comigo e me ensinou as Escrituras durante dezesseis meses. Quão grato sou a ele! Quando me matriculei no seminário teológico de Dallas, encontrei um homem que parecia andar com Jesus desde que nasceu. Jamais encontrei alguém tão piedoso quanto ele. Não eram pessoas perfeitas, mas me ajudaram a amadurecer na vida. Por causa deles, hoje tenho mais amor por Jesus.

Você tem um mentor ou alguém que o ajude a caminhar com Cristo? De vez em quando você escreve cartas de agradecimento a essas pessoas? Procure telefonar vez ou outra para dizer-lhes quanto está agradecido pelo que fizeram no passado e mencione algumas coisas que o ensinaram. Você não tem noção do ânimo que isso produzirá na vida deles. Mantenha contato com as pessoas que o influenciaram. Considere-as pessoas especiais e guarde o nome delas na memória. Reflita a respeito das coisas que você passou a perceber por ter bebido da sabedoria destilada dos anos de experiência dessas pessoas. Ore por elas. Agradeça a Deus pelo investimento que fizeram em suas crenças e convicções. Sua vida foi moldada a partir das experiências que obteve por meio desses bons testemunhos. Medite sobre isso com frequência.

De vez em quando, tenho vontade de pegar o telefone e ligar para meu antigo mentor, Ray Stedman, homem com quem ministrei na condição de estagiário de pastor. Por causa daquele relacionamento, atualmente desfruto de maior bom-senso e de reflexão mais afiada; sou mais calmo e tenho uma vida melhor. Ray partiu para encontrar-se com o Senhor faz um tempo. Sinto falta dele. Foi um grande exemplo de vida para mim. Quero ser fiel às Escrituras, sabendo com quem as aprendi.

Antecipando sua morte iminente, o apóstolo Paulo incentiva Timóteo a relembrar o vínculo entre ambos e a manter-se convicto das verdades antigas que aprendeu. Às vezes, o melhor incentivo para permanecer firme na fé é resgatar a memória de um mentor fiel (cf. 1Co 4.16; 11.1; 2Pe 1.15).

As Escrituras, simples o bastante para conduzir uma criança à salvação, também são suficientemente inexauríveis para aprofundar cada vez mais a nossa caminhada com Deus na vida adulta. David Wells exprime dessa forma:

> Em sua estrutura bíblica [...] o evangelho não nos oferece uma escolha entre simplicidade e profundidade. Ambas se aplicam: ele é simples o suficiente para que qualquer pessoa possa entendê-lo e profundo o bastante para que ninguém consiga esgotá-lo. É essa combinação incomparável de simplicidade e profundidade que precisamos preservar se quisermos que a fé cristã, em sua completude bíblica, seja preservada. Aqueles evangélicos que se apegaram à simplicidade e abandonaram a profundidade estão percebendo que a fé cristã está começando a se desintegrar em suas mãos.[6]

Em outras palavras, não há razão para abandonar uma informação confiável apenas porque é antiga. A verdade não caduca. Antes, precisamos perseverar na verdade; precisamos permanecer firme nela e continuar convictos de sua validade. É dessa forma que a igreja deve reagir nesses tempos difíceis. Séculos atrás, João Calvino disse uma frase que se sustenta até hoje:

> Nada é mais inconsistente com a natureza da fé que uma evidência leviana [incerta] que nos permite aceitar todas as coisas indiscriminadamente, seja o que for.[7]

Que frase formidável! Em outras palavras, resista à tentação de ceder ao "novo e melhorado". Isso é um jargão de *marketing* da cultura consumista. Não é possível aprimorar uma verdade ortodoxa antiga. Portanto, apegue-se a ela.

Ao mesmo tempo, não há razão para rejeitar algo original e recente (e agora leia com cuidado), *se estiver em conformidade com as verdades antigas estipuladas nas Escrituras*. Não há nada necessariamente errado com a inovação, desde que não haja discordância da ortodoxia cristã. Podemos, e devemos, nos comunicar de forma clara com as audiências contemporâneas. Não há nada errado com isso. Ao conversar com as pessoas, procuro ter certeza de que minhas palavras são relevantes e fáceis de compreender no contexto do século 21. Entretanto, essa relevância não pode diminuir o impacto da verdade. Quando sacrificamos a verdade no altar da relevância, nossas palavras perdem o valor. John Stott exprime desta forma:

> Por certo, a igreja de cada geração deve procurar traduzir a fé para o seu idioma contemporâneo, fazendo com que a Palavra imutável possa se aplicar neste mundo em mudanças. Uma tradução, porém, é a entrega da mesma mensagem; não se trata de uma nova composição. Contudo, isto é que alguns homens radicais modernos estão fazendo, anunciando conceitos de Deus e de Cristo, que Jesus e seus apóstolos nunca reconheceriam como sendo seus. [...].
>
> Os próprios apóstolos advertiam constantemente seus leitores quanto às "novidades" e os chamavam sempre a retornar

à mensagem apostólica original. [...] Aqui, de igual modo, Paulo manda Timóteo permanecer naquilo que aprendeu.[8]

Não pense que a verdade caducou apenas porque vem desde muitos séculos antes de você nascer! A verdade continua tão verdadeira hoje como no passado. A informação fidedigna é eterna. Não tente aprimorar as verdades antigas da Palavra de Deus. Em vez disso, convença-se delas.

Apoiando-se na verdade em tempos difíceis

Um dos ataques mais estratégicos do adversário contra a igreja está relacionado à inspiração das Escrituras. Esse assunto tem sido o divisor de águas em todas as gerações. Satanás ataca a igreja usando a mesma tática que a serpente usou contra Eva no jardim do Éden (cf. Gn 3.1-5; 2Co 11.3). Ao nos levar a duvidar da verdade da Palavra de Deus, Satanás destrói os padrões pelos quais devemos viver. A mensagem da salvação se torna obscura, e a igreja de Cristo perde suas diretrizes de crescimento e desenvolvimento. Se a verdade da Bíblia estiver confusa em nossa mente, não teremos em que buscar orientação exceto em nosso entendimento, e isso não é suficiente! Conforme meu mentor Howie Hendrics costumava dizer: "A névoa no púlpito produz nevoeiro na igreja".

Nossa terceira diretriz pode ser formulada desta maneira: *permaneça firme na palavra inspirada por Deus*. Temos excelentes razões para nos convencer das verdades antigas que aprendemos: elas são inspiradas! Paulo releva esse fato maravilhoso a Timóteo:

> Toda a Escritura é inspirada por Deus.
>
> 2Timóteo 3.16

Caso você esteja familiarizado com esse conceito de inspiração, acredite quando digo que a expressão *inspirada por Deus* soa esquisita nos ouvidos pós-modernos. A maioria das pessoas nunca aprendeu a respeito da inspiração das Escrituras, e muitos dos que tomaram conhecimento dessa doutrina bíblica foram instruídos a não acreditar nela. Mas nem sempre foi assim.

Houve uma época em que o pensamento teológico, a compreensão bíblica e a verdade doutrinária eram nossas diretrizes para viver. Eu mesmo me lembro de um tempo em que a opinião geral era que, se estava escrito na Bíblia, então era o que deveria ser feito. Se a Bíblia estipulava, aquele era o nosso padrão. Se a Palavra de Deus afirmava, era aquilo o que críamos. Sei que hoje isso parece algo terrivelmente ingênuo e ignorante. Entretanto, lembro-me de quando os políticos e os educadores citavam as Escrituras com frequência. Havia um momento reservado para a oração em todas as minhas aulas na escola. Ninguém pensava nisso como algo inapropriado (a expressão "politicamente incorreto" era desconhecida). Até mesmo os presidentes costumavam citar a Bíblia (não, essa frase não está errada). Os pastores defendiam com fervor as Sagradas Escrituras. Interpretavam a Bíblia de modo literal e a ensinavam com convicção e autoridade. Os púlpitos evangélicos eram famosos por suas doutrinas sólidas e seu compromisso com a exposição bíblica. E por que agiam assim? A Bíblia era considerada um livro inspirado por Deus.

Mas isso acabou. Hoje Deus está reduzido a um mascote nacional, e a palavra *Deus* pode receber o significado que cada um desejar. Os políticos norte-americanos, por exemplo, costumam citar o jargão politicamente correto "Deus abençoe a América", mas nenhum deles ousa pronunciar a palavra politicamente incorreta que começa com *J*. Orar em sala de aula é causa de processos judiciais, e passaram-se décadas desde a última vez que um presidente citou a Bíblia publicamente. O número de pastores que consideram a Bíblia a palavra inspirada de Deus diminui todos os anos, e muitas igrejas se tornaram centros de entretenimento aonde as pessoas vão para sentir-se bem consigo mesmas, e não para se arrepender de seus pecados. Stephen Carter, autor e professor de Direito, escreve:

> Guardo em minha agenda tirinhas de uma história em quadrinhos publicada pela primeira vez no jornal *The New Yorker*. Uma delas mostra um garoto à frente da sala de aula resolvendo um problema de aritmética no quadro-negro. Ele escreve "7 × 5 = 75" e em seguida diz ao seu atônito professor: "Pode ser que esteja errado, mas é assim que eu me sinto". Aí está, em poucas palavras, o problema da ciência pós-moderna. A fé está morta, a razão está morrendo, porém o é-assim-que-eu-me-sinto está cada vez mais forte.[9]

Se a Bíblia não é inspirada, isso significa que não tem autoridade. E se ela não tem autoridade, isso significa que seus mandamentos não passam de meras sugestões equivalentes a qualquer outro livro de moral. Além disso, o que a Bíblia diz a respeito de Deus não tem mais validade que os escritos sagrados das outras religiões. Percebeu o problema? Sem um texto inspirado, os sentimentos se tornam nossas diretrizes. Trata-se da mesma mentira engenhosa que Satanás sussurrou ao ouvido de Eva no jardim, mentira essa que resultou na destruição da vida espiritual de toda a raça humana. Nossa época está "difícil" por causa disso.

Quando Billy Graham publicou sua autobiografia, devorei aquele livro em questão de semanas. Uma das muitas partes da vida de Billy que me intrigaram ocorreu no início de seu ministério. Depois de ser desafiado por um amigo chamado Chuck Templeton, o qual lhe disse que "as pessoas já não aceitam a Bíblia como um livro inspirado", Billy começou a se debater com a doutrina da inspiração até chegar a um ponto de impasse espiritual e emocional. Certa noite, enquanto caminhava sozinho em um bosque, Billy abriu sua Bíblia sobre um velho toco de árvore, ajoelhou-se e começou a orar. Ele escreveu:

> Não me lembro das palavras exatas de minha oração, mas devem ter refletido meus pensamentos: "Ah, Deus! Há tantas coisas neste livro que eu não entendo, tantos problemas para os quais não tenho solução. Parece que há contradições, questões que aparentam não harmonizar com a ciência moderna. Não sei como responder a algumas das questões filosóficas e psicológicas que Chuck e outros estão levantando". Eu estava tentando entrar em um acordo com Deus, mas ainda havia uma dúvida calada. Então, o Espírito Santo me libertou para dizê-la: "Pai, vou aceitar este livro como a tua palavra — *pela fé*! Permitirei que a fé ultrapasse minhas dúvidas e meus questionamentos intelectuais, e acreditarei neste livro como sua palavra inspirada".[10]

A época difícil em que vivemos fará todo o possível para jogar dúvida sobre a Palavra de Deus. A ciência, a filosofia, a psicologia e muitas vezes até mesmo algumas áreas da teologia serão utilizadas como prova de que "as pessoas já não aceitam a Bíblia como um livro inspirado". Mas elas aceitam. Paulo aceitou; Jesus aceitou; Billy Graham aceitou, e muitos de nós ainda aceitamos.

Embora haja muitos fatos objetivos apoiando — alguns diriam *comprovando* — a Bíblia como um livro inspirado, no final das contas todos nós precisamos nos ajoelhar ao lado de um tronco e confiar na sabedoria infinita de nosso Deus, a fim de superar as limitações do intelecto humano. David Wells escreve: "Precisamos lembrar que o cristianismo não é apenas uma experiência, é também a verdade".[11] Acreditamos, pela fé — sem pretextos, sem nos sentirmos envergonhados e sem cometer suicídio intelectual — que a Palavra de Deus é o que diz ser. A igreja desperta é aquela que permanece firme na palavra inspirada de Deus.

A Bíblia afirma sua própria inspiração: "Toda a Escritura é inspirada por Deus" (2Tm 3.16). *Toda a Escritura.* Ou seja, literalmente "cada um dos textos", incluindo cada palavra dos originais em hebraico, aramaico e grego. Além disso, na medida em que traduzem o texto original com exatidão, nossas versões modernas também têm autoridade. *Toda a Escritura.* Dito de outra forma, *todas* as passagens são inspiradas. Por exemplo, nas versões que trazem as palavras de Jesus impressas na cor vermelha, o texto em vermelho não é mais inspirado que o restante das palavras impressas na cor preta. Embora a grafia em vermelho represente as palavras de Jesus, essas palavras não são mais inspiradas que as epístolas de Paulo, os escritos de Moisés ou o livro do Apocalipse. A palavra escrita de Deus se refere a *toda* a Escritura, incluindo o Antigo Testamento. O fato de sermos cristãos não torna o evangelho de Lucas mais inspirado que o livro de Levítico. Talvez seja necessário um esforço maior para obter as verdades eternas contidas em Levítico, mas elas continuam tão relevantes para nós quanto as demais contidas nos outros livros, pois Levítico, como *toda* a Escritura, originou-se em Deus.

A palavra *inspirada* provém de um termo único que aparece apenas uma vez no Novo Testamento. O adjetivo grego *theopneustos* é uma palavra composta por *theos*, "Deus", e *pneustos*, "espírito" ou "fôlego".[12]

As Escrituras são a mensagem divina à humanidade. Isso significa que Deus supervisionou os autores humanos para que utilizassem suas personalidades individuais a fim de compor e registrar as Escrituras Sagradas sem erros, incluindo cada palavra ali contida. A Bíblia não é um conjunto de palavras ditadas tediosamente, mas consiste em escritos de diversos autores movidos de modo sobrenatural por meio do poder do Espírito Santo (cf. 2Pe 1.21). O resultado é a Bíblia que você tem em mãos, todos os 66 livros que nos trazem as palavras do próprio Deus.

Quero aproveitar para explicar três termos que as pessoas geralmente confundem:

- Revelação: Deus *entrega* sua verdade.
- Inspiração: o homem *escreve* as verdades de Deus.
- Iluminação: nosso ser é *iluminado* por essa verdade.

A palavra *revelação* se refere à entrega da verdade por Deus à humanidade, quer em palavra falada ou escrita. Essa atividade está encerrada. Uma vez que as Escrituras Sagradas estão completas, não há necessidade de revelação adicional da parte de Deus. O último "amém" de João em Apocalipse 22.21 encerra toda a revelação bíblica de que precisamos para viver de forma piedosa (cf. 2Pe 1.3-4). A palavra *inspiração* se refere ao processo humano de registrar, sem erro, as próprias palavras e pensamentos de Deus. Essa atividade também está encerrada. O terceiro termo, *iluminação*, se refere ao entendimento ou à compreensão que o Espírito Santo concede à pessoa que lê ou ouve as palavras escritas na Bíblia. A revelação e a inspiração estão encerradas, mas a iluminação continua a acontecer todos os dias. Ela pode estar ocorrendo agora mesmo, enquanto você lê as passagens escritas neste capítulo.

Pragmaticamente falando, a *iluminação* está relacionada ao modo como a igreja deve reagir a esses tempos difíceis. Se quisermos orientação para nossa vida, não precisamos procurar a face de Jesus em um sanduíche, nem procurar um sinal divino nas nuvens do céu, nem depender dos conselhos de algum professor cheio de diplomas. Quando não tiver certeza sobre qual direção seguir, *leia sua Bíblia*. Pesquise as Escrituras e ore ao seu Deus. Peça direção ao Senhor, ore para que ele ilumine o texto bíblico enquanto você o lê, interprete seu sentido literal e aplique a verdade ali contida. Você também pode buscar orientação bíblica com um pastor que acredita na inspiração, com um mentor piedoso ou um conselheiro cristão. A Palavra de Deus é a luz que ilumina nossos caminhos (cf. Sl 119.105; 2Pe 1.19). Ela é o guia que aponta o caminho e nos traz uma compreensão que de outra maneira não poderíamos obter. Permaneça firme na palavra inspirada por Deus.

Vivendo a verdade em tempos difíceis

Se a Palavra de Deus é inspirada, isso significa que ela tem autoridade e traz enormes benefícios para nossa vida. Paulo explica a Timóteo os benefícios da inspiração:

> Toda a Escritura é inspirada por Deus e útil para o ensino, para a repreensão, para a correção, para a instrução na justiça, para que o homem de Deus seja apto e plenamente preparado para toda boa obra.
>
> 2Timóteo 3.16-17

A Escritura, por ser inspirada, é também útil. Walter Bauer e seus colegas afirmam que o termo *útil* pode significar "ser bem-sucedido ao realizar algum objetivo".[13] Essa definição me faz recordar as belíssimas palavras do Senhor registradas, por inspiração, pelo profeta Isaías:

> Assim como a chuva e a neve descem dos céus e não voltam para eles sem regarem a terra e fazerem-na brotar e florescer, para ela produzir semente para o semeador e pão para o que come, assim também ocorre com a palavra que sai da minha boca: não voltará para mim vazia, mas fará o que desejo e atingirá o propósito para qual a enviei.
>
> Isaías 55.10-11

A Palavra de Deus é sempre bem-sucedida em realizar seus objetivos. E quais são esses eles? Muito simples: a transformação da nossa vida e a edificação da igreja de Jesus. Uma quarta diretriz nos desafia a cooperar com os objetivos inspirados da Escritura: *permita que a verdade cumpra seus propósitos em sua vida diária*. A igreja deve reagir à época não apenas lendo a Bíblia à procura de *informações* sólidas, mas permitindo que a verdade ali contida realize uma *transformação* interior. Assim como as plantações crescem como resultado natural da chuva, na igreja, a mudança de vida deve ser uma reação normal resultante da exposição à verdade. Nossas crenças alteram nosso comportamento, nosso credo molda nossa conduta, nossa doutrina determina nosso dever. Foi dessa forma que Deus planejou.

Com relação à igreja, os benefícios de um texto inspirado estão relacionados a quatro áreas principais. Primeiro, Paulo diz que a Bíblia é útil *para o ensino* (2Tm 3:16). Ou seja, a fonte da verdade provém diretamente de Deus por meio das páginas das Escrituras Sagradas. O fundamento de nossa fé está na Bíblia e somente nela.

A Palavra de Deus também é útil *para a repreensão* (2Tm 3.16). De acordo Louw e Nida, estudiosos da língua grega, o termo *repreender* originalmente significa "declarar que alguém cometeu delito, com a implicação de que há evidências suficientes desse delito".[14] Sem a Palavra de Deus não existe um padrão de moralidade — não há "evidências" da verdade. Com a palavra divina, entretanto, temos um modelo objetivo que nos permite distinguir o certo do errado. Na Bíblia, o que está dito está dito, pois nela não há espaço para verdades subjetivas. O valor de possuir a Palavra de Deus — ou melhor, o valor de conhecer a verdade ali contida — é inestimável quando se trata de discernir e enfrentar a época em que vivemos.

O terceiro benefício das Escrituras é que elas servem *para a correção* (2Tm 3.16). O termo transmite o sentido de "endireitar". A tradução da Bíblia Viva diz: "ela nos endireita". Que maneira formidável de expressar! Quando expomos nossa mente à verdade da Palavra de Deus, nossos pensamentos tortuosos são endireitados, nossa mente é renovada, o molde do mundo é rompido, somos remodelados à imagem de Cristo, e nossa paixão pela igreja de Jesus aumenta. Não há o risco de a igreja ajustar a Bíblia para que esta se encaixe em propósitos particulares, pois a correção produz exatamente o efeito oposto.

Paulo menciona uma quarta vantagem do texto inspirado: *para a instrução na justiça* (2Tm 3.16). A palavra *pedagogia* tem origem no termo grego traduzido como "educação".[15] Trata-se de um processo de crescimento que ocorre ao nos submetermos ao escrutínio das Escrituras. Uma característica típica da adolescência é a mentalidade do tipo o-mundo-gira-ao-meu-redor. É por essa razão que o espelho é o objeto favorito dos adolescentes. Cada espinha é motivo de grande consternação; cada fio de cabelo fora do lugar exige atenção imediata. Conforme crescemos, porém, percebemos que a maturidade traz prioridades diferentes. Os adultos prestam atenção aos *outros* — geralmente aos próprios filhos. Essa analogia também se aplica à vida espiritual.

Os novatos na fé têm a necessidade de aprender uma série de habilidades adequadas para a vida: a maneira de se relacionar, o modo como perdoar, a importância de aceitar os outros, a necessidade de oferecer graça e misericórdia, o valor da compaixão, a necessidade da oração e muito mais. Essas habilidades requerem treino — uma vida inteira de treinamento!

Paulo chama a atenção de Timóteo para o fato de esses quatro benefícios da Escritura terem um único propósito: "para que o homem de Deus seja apto e plenamente preparado para toda boa obra" (2Tm 3.17). A Bíblia não apenas revela o que está errado em nossa vida, mas também nos educa como cristãos, com a finalidade de nos habilitar a ajudar os outros. Essa é a característica da maturidade.

Com benefícios como esses, não é de admirar que a primeira linha de ataque de Satanás seja a Palavra de Deus. A partir do momento em que a inspiração das Escrituras é questionada e a distinção entre o certo e o errado se torna obscurecida, as demais doutrinas caem em efeito dominó. Então, a igreja perde o fundamento da verdade, perde o padrão da proclamação da salvação, perde a autoridade de chamar o mundo ao arrependimento e perde os benefícios essenciais que produzem maturidade espiritual. Quando a inspiração é posta em dúvida, a humanidade se vê em situação idêntica à da saída do jardim do Éden: desamparada e sem esperança. As velhas mentiras de Satanás ainda funcionam — e ainda resultam em morte.

Vivemos em uma época que se desviou do padrão moral salutar para uma ênfase indiscriminada e irrefletida na tolerância. Os padrões bíblicos vêm sendo substituídos pela noção de "politicamente correto"; criminosos estão sendo defendidos com mais entusiasmo que as vítimas. Quando chamamos algo de imoral, somos rotulados de fanáticos e preconceituosos, gente sem noção da realidade. Quando resistimos ao casamento entre pessoas do mesmo sexo, somos chamados de intolerantes, homofóbicos e adeptos do "discurso do ódio". Se apoiamos ações pró-vida, somos considerados contrários aos direitos da mulher, ignorantes e sem compaixão. Quando promovemos a abstinência sexual como método de controle de natalidade e meio de preparação para um casamento saudável, tornamo-nos motivos de chacota e nos acusam de vivermos separados da realidade do mundo.

Embora a Bíblia afirme claramente o certo e o errado, o mundo não nos ouve, pois não considera que as Escrituras sejam a Palavra de Deus. A divisão entre o certo e o errado está obscurecida. É nesse estado que o mundo se encontra. Entretanto, isso não deveria nos surpreender. Enquanto Satanás estiver no controle, o sistema mundial será *sempre* assim.

Em contrapartida, *A igreja conduzida por Jesus Cristo jamais deve funcionar desse modo*. Infelizmente, não é o que se vê em muitas congregações por aí.

Como deve reagir a igreja consciente diante de tempos difíceis como os atuais? Como evitar que o desvio de nossa sociedade contamine e destrua a igreja? Como renovar nossa paixão por aquilo que Jesus está construindo? Reexamine cuidadosamente as quatro diretrizes:

- Seja realista ao avaliar a época em que você vive.
- Convença-se das antigas verdades que aprendeu.
- Permaneça firme na palavra inspirada por Deus.
- Permita que a verdade cumpra seus propósitos em sua vida diária.

Princípios práticos que precisamos lembrar

Lembra-se de quando mencionei a entrevista de Jay Leno com pessoas na rua, em que ele expôs a hilária ignorância geral do público a respeito da Bíblia? Pois bem, eu gostaria que esse desconhecimento se manifestasse apenas *fora* da igreja. Infelizmente, cada vez mais pessoas da nova geração de cristãos têm demonstrado uma compreensão medíocre a respeito do livro que creem ser inspirado.

Larry Fowler, diretor executivo do programa de treinamento global Awana, observou que os calouros de universidades apresentam conhecimento bíblico deficitário. Leia o que ele escreveu em seu livro *Raising a Modern-Day Joseph* [Como educar um José contemporâneo]:

> Perguntei a Pat Blewett, reitor de uma faculdade pertencente à Universidade Internacional de Columbia, qual sua opinião a respeito dos calouros recém-chegados à faculdade. Ele me disse que há dez ou quinze anos a média nos exames de conhecimento bíblico desses calouros era de aproximadamente 60%; hoje é de menos de 40%.

Talvez o mais trágico seja o número de faculdades e universidades cristãs que deixaram de se preocupar com o conhecimento bíblico a ponto de nem mesmo cobrá-lo de seus estudantes. Em vez disso, muitos examinam a formação espiritual sem nenhuma preocupação com os fundamentos bíblicos que sustentam a verdadeira maturidade. No final de 2005, o pessoal do Awana propôs duas questões a uma centena de seminários e faculdades bíblicas: 1) Você mede o conhecimento bíblico de seus calouros? e 2) "Caso positivo, você percebeu alguma tendência nos resultados dos exames ao longo dos últimos dez anos?". Cinquenta e oito escolas responderam. Algumas dessas respostas incluem comentários como os listados a seguir:

> O consenso geral entre o corpo docente de teólogos e professores bíblicos é que tem havido uma diminuição marcante no nível de conhecimento bíblico nos últimos anos. Parece que até mesmo alunos que frequentaram a igreja a vida inteira não apresentam o mesmo nível de instrução bíblica que estudantes do passado.
> David Reese, Toccoa Falls College

> Venho lecionando há 23 anos no departamento bíblico do Puget Sound Christian College. O nível de conhecimento bíblico dos estudantes recém-chegados tem decaído drasticamente ao longo desse período. Hoje trabalhamos com a pressuposição de que os calouros não sabem nada a respeito da Bíblia, de modo que temos de começar no nível mais básico.
> Mark S. Krause,
> reitor da Puget Sound Christian College[16]

Resultados chocantes, não? Esses fatos perturbadores tipificam os calouros das escolas cristãs. Mais especificamente, tipificam nossos filhos e netos. É possível que você também esteja incluso. A menos que você seja um caso raro, provavelmente seu conhecimento da Bíblia é menor que o de seus avós. Algumas vezes, essa ignorância bíblica é de partir o coração. Isso porque, em termos práticos, ainda que acredite que a Bíblia é a Palavra de Deus, isso não trará nenhum benefício a menos que você a leia. Não é possível aplicar conhecimentos que não possuímos.

Quero concluir este capítulo com dois princípios práticos que gostaria que se lembrasse. Primeiro: *jamais encontraríamos nosso caminho sem a Bíblia*. Em outras palavras, estaríamos totalmente perdidos nesta vida, e na eternidade, se não tivéssemos a Palavra de Deus. Gosto muito da história que Kent Hughes conta em seu livro *To guard the deposit* [Proteja o penhor]:

> O dr. William Evans, que pastoreou a College Church, em Wheaton, Illinois, de 1906 a 1909, era um homem de raros talentos. Ele guardava na memória o texto bíblico completo da versão King James, bem como o Novo Testamento da versão American Standard. O dr. Evans também foi autor de mais de cinquenta livros. Seu filho Louis se tornou um dos pregadores mais conhecidos nos Estados Unidos e por muitos anos pastoreou a célebre Primeira Igreja Presbiteriana em Hollywood. Depois que se aposentou, o dr. William mudou-se para Hollywood para morar perto do filho, e muitas vezes substituiu Louis (no púlpito) em sua ausência.
>
> Em um belo e inesquecível domingo, o dr. William, como era carinhosamente chamado, pregou a respeito do nascimento virginal. Todos ficaram surpresos quando ele levantou sua Bíblia e começou a rasgar as páginas que narravam o nascimento do Senhor. Enquanto pedaços de folhas rasgadas voavam em direção à congregação, ele gritava: "Se não podemos acreditar no nascimento virginal, vamos rasgá-lo da Bíblia!". Estendendo essa abordagem, também rasgou os capítulos da ressurreição, as narrativas milagrosas e todas as outras passagens que tratam de assuntos sobrenaturais. O chão se encheu de páginas rasgadas.

Por fim, e com imenso drama, levantou a única porção que restou e disse: "E isso é tudo o que nos resta — o sermão do monte. E isso não tem nenhuma autoridade para mim se não foi pregado por um Cristo divino". Depois de algumas palavras adicionais, ele pediu a seus ouvintes que se encurvassem para a impetração da bênção final. Entretanto, antes de orar, um homem sentado em meio à congregação entorpecida levantou-se e disse: "Não, não! Continue! Queremos mais!". Outras pessoas também se manifestaram a favor, de modo que o dr. Evans pregou por mais cinquenta minutos.

Dr. Evans estava certo. Não podemos escolher partes da Bíblia para crer que sejam inspiradas. A Bíblia não se apresenta dessa maneira. Mais que isso, ela não terá poder de nutrir a vida se o próprio indivíduo se tornar o árbitro daquilo em que deseja ou não acreditar a respeito das Escrituras.[17]

Imagine comigo que estamos explorando as selvas da África, e em determinado momento adentramos uma área de vegetação tão densa que quase não há luz. Em pouco tempo estamos perdidos. Não há como saber se caminhamos em direção ao norte ou ao sul. Não há como observar o sol ou as estrelas, não há trilhas ou rios a serem seguidos (e para tornar a coisa mais complicada, vamos acrescentar alguns mosquitos ferozes). Enfim, estamos *desesperadamente* perdidos. Mas de repente ouvimos barulhos de gravetos pisados e passos se aproximando; com grande alívio, ouvimos alguém nos chamar pelo nome e dizer: "Puxa vida, que bom que encontrei vocês", diz a pessoa. "Eu trouxe um mapa e uma bússola. Achei que iriam precisar. Gostariam de usá-los?". Faça uma pausa e imagine por um momento. Quantas pessoas responderiam: "Ah, qual é! Tá zoando comigo! Esse mapa africano é muito antigo. Não dá para confiar nisso aí, não. Olha só o estado dele, todo envelhecido e cheio de dobras! E essa bússola, então! Talvez nem esteja apontando para o norte. Vai saber? Não, muito obrigado. Pode deixar que a gente se vira". Teríamos de ser muito teimosos para dizer isso! (e morreríamos na selva).

A Bíblia é o mapa e a bússola que Deus nos deu. Essa bússola *sempre* aponta para o norte; esse mapa *sempre* mostra o caminho correto — apesar de nossos sentimentos e dos vales pelos quais temos de passar. O problema começa quando duvidamos que a Palavra de Deus é a verdade. Jamais encontraríamos a saída sem a Bíblia.

Essa analogia se aplica ao GPS dos carros. Instalei um desses aparelhinhos em minha picape e fiquei fascinado. Aprendi a depender desse instrumento. Basta digitar o endereço aonde quero ir e... *Voilà!* O aparelho traça toda a rota para mim e até mesmo conversa comigo enquanto dirijo: "A duzentos metros, vire à direita". Às vezes tenho a impressão de que o aparelho dirá: "Você está perdido, seu idiota! Já alertei quatro vezes para não vir por este caminho". Em vez disso, o aparelho responde, em tom mais gentil: "Recalculando", e apresenta outro caminho para me tirar dali.

A Bíblia é nosso GPS espiritual. Estamos seguindo por um caminho na vida e então, de repente, uma passagem das Escrituras vem à mente e nos faz parar. É quase como se Deus dissesse: "Ei, estou tentando chamar sua atenção. Vire aqui. Mude de direção. Quero que me siga". Já aconteceu com você? Sem dúvida aconteceu comigo. Para dizer a verdade, Deus "recalculou" várias vezes a rota da minha vida! Porém, nunca me perdi quando segui sua palavra. Muitas vezes me *senti* perdido, mas nunca *estive* perdido. Nenhuma vez.

Isso nos leva ao segundo princípio a ser lembrado: *não há como nos perdermos seguindo a Bíblia.* Parece semelhante ao primeiro princípio, mas não é. Quanto mais conhecermos a Bíblia, mais intimidade teremos com o Senhor das Escrituras — e jamais nos perderemos. Não são meras palavras, são termos cuidadosamente escolhidos.

Quero estimulá-lo a se tornar um melhor estudante de sua Bíblia. Familiarize-se com o conteúdo bíblico. Utilize-o para filtrar estes "tempos difíceis". Quanto mais conhecer a Palavra de Deus, mais você poderá reconhecer os sinais que o ajudarão a se orientar na floresta. Do contrário, você andará a esmo e se distrairá com o que estiver em volta. Sua vida será um eterno "recalculando". Não precisa ser assim.

Aproveito a ocasião para avisá-lo de que o fato de você seguir o mapa e confiar na bússola não significa que o caminho à frente será sempre reto, nivelado e sem obstáculos. O plano de Deus para a nossa vida inclui tanto o destino como a jornada. São grandes as chances de que algumas vezes você se sentirá sozinho enquanto as pessoas ao seu redor não se sentirão assim. É bastante provável que enfrentará ataques inimigos que outros não enfrentarão. Na verdade, você saberá que o inimigo está trabalhando para derrubá-lo pelo simples fato de você estar caminhando em obediência à palavra revelada de Deus. Não se preocupe, é assim mesmo. Apegue-se à Palavra de Deus, estude tudo o que ela contém, considere todas as passagens igualmente inspiradas por Deus e siga suas orientações com convicção.

Tendo em vista a época perigosa em que vivemos, não podemos cobrir a cabeça com o cobertor e esperar que amanhã seja um dia melhor. A igreja desperta é realista ao avaliar o mundo em que vive. Não podemos viver, conforme escreveu Churchill, em "falta de sabedoria, descuido ingenuidade". Essa atitude de Poliana é o que permite ao inimigo se rearmar.

Nossas igrejas não sobreviverão sem uma convicção firme na palavra inspirada de Deus. Não me entenda mal: Jesus *está* construindo sua igreja e as portas do inferno *não* prevalecerão contra ela. Entretanto, nossas congregações locais podem ou não ser parte de um plano maior. Nossa participação é um privilégio, não uma prerrogativa. As igrejas precisam crer na Palavra de Deus, ensiná-la e exigir dos cristãos a responsabilidade de vivenciar as verdades nela contidas. Do contrário, estaremos apenas brincando de religião.

Graças a Deus, algumas pessoas em nossas igrejas conseguem discernir o que está acontecendo e reagem de modo apropriado.

Enquanto eu cumprimentava várias pessoas, após um culto matinal na Stonebriar Community Church, notei um casal mais velho que aguardava pacientemente a saída do restante das pessoas. Então, ambos pegaram minha mão e procuravam uma maneira de exprimir o que se passava em seu coração. Percebi algo profundo neles, pois seus olhos estavam vermelhos de tanto chorar. O marido estava tão comovido que só conseguia repetir: "Estamos famintos... Estamos famintos". A esposa explicou que eles eram visitantes e vinham procurando uma igreja na qual a adoração fosse significativa, a música ministrasse à alma e a Palavra de Deus fosse proclamada fielmente.

Nesse ponto o marido interrompeu: "Estamos famintos. Há anos que não nos alimentávamos assim. Nosso pastor não prega mensagens firmemente fundamentadas nas Escrituras. Temos andando sem rumo, e nossa alma está sedenta". Era óbvio que Deus falara com eles, que nossa música lhes trouxera esperança e conforto e que a pregação da palavra nutrira deles a alma. Aquele casal ansiava ardentemente por essas coisas, pois a igreja que frequentaram durante a maior parte da vida abandonara suas raízes e se tornara apenas uma casca do que fora no passado.

Ao saírem, prometeram: "Nós voltaremos. E planejamos trazer nossos amigos. Eles também estão famintos!".

Talvez meu conselho às igrejas que enfrentam tempos difíceis — a saber, para que renovem o compromisso com a palavra inspirada de Deus — pareça simplista. Quer dizer... *É só isso?* E os dez passos para um rápido crescimento da igreja? E os sete princípios infalíveis para uma boa liderança? E as 25 maneiras de... *Opa, esperei aí!* Isso é linguagem de *marketing*, jargão de consumo. São essas coisas que tornam a igreja em um negócio com uma cruz espetada em cima. Não é isso o que Jesus está construindo.

O melhor conselho que posso oferecer à igreja é que renove o compromisso individual e congregacional na crença e na vivência da palavra inspirada por Deus. Está tudo ali. Leia novamente as palavras de Paulo a Timóteo, em voz alta se possível, como se tivessem sido escritas à sua igreja e a você pessoalmente:

> Toda a Escritura é inspirada por Deus e útil para o ensino, para a repreensão, para a correção, para a instrução na justiça, para que o homem de Deus seja apto e plenamente preparado para toda boa obra.
>
> 2Timóteo 3.16-17

Com efeito, aquilo em que acreditarmos a respeito da Bíblia determinará nossa maneira de viver. Entretanto, quero acrescentar que não basta ter um compromisso sincero com a doutrina bíblica e dedicar-se a toda boa obra — incluindo aqui desde o ministério local até as missões. Mesmo amparado por uma doutrina sólida e por boas obras genuínas, o corpo local de cristãos ainda pode se desviar do plano de Jesus para a igreja.

Por mais estranho que pareça, ainda falta alguma coisa.

capítulo sete

O GRANDE DESVIO DA IGREJA

> *A maior parte de nossas atividades espirituais não passa de anestésico barato para amortecer a dor de uma vida vazia.*
>
> Lewis Sperry Chafer

Não me lembro muita coisa das minhas aulas de química no ensino médio. Para dizer a verdade, a maioria delas era uma grande chatice. Entretanto, houve uma experiência da qual jamais me esquecerei: o dia em que cozinhamos um sapo.

Meu professor de química reuniu a turma ao redor de um enorme tubo de proveta e o encheu de água até a metade. Em seguida, pegamos um sapo pequeno e o jogamos lá dentro. Nem sequer tampamos o tubo. O sapo começou a nadar de um lado para o outro, totalmente confortável com a situação. Então o professor colocou um bico de Bunsen embaixo da proveta, acendeu o fogo e começou a elevar a temperatura em 1 °C por minuto. Ajeitamo-nos ao redor para observar em silêncio (foi a única vez que me lembro de ter visto toda a classe prestando atenção a uma aula de química). A água começou a esquentar lentamente até surgirem pequenas bolhas. A essa altura, o sapo havia diminuído bastante o ritmo, depois enrijeceu e por fim morreu cozido. A maior parte dos alunos achou o máximo! Se bem me lembro, o animal se tornou branco no final. Foi uma nojeira.

O professor nos disse que, se tivéssemos colocado aquele anfíbio diretamente em água quente, ele teria saltado para fora no mesmo instante. Contudo, colocá-lo confortavelmente em água morna e aquecê-la aos poucos fez o sapo cozinhar em sua própria gordura. Não faço a menor ideia do que isso tem a ver com química, mas as implicações para a igreja estão permanentemente gravadas em meu cérebro.

Se tomássemos a maioria dos evangélicos da década de 1930 e a jogássemos no contexto da igreja do século 21, no mesmo instante aqueles irmãos se poriam a fugir, escandalizados. De que maneira o decorrer dos anos provocou tamanha mudança? Muitas igrejas locais passaram a tolerar o aumento da temperatura secular, de modo que a igreja em geral se desviou progressivamente de suas convicções bíblicas. Sem avisos formais, e sem que a maioria das pessoas soubesse, o pensamento pós-moderno começou a substituir gradualmente as crenças bíblicas. A igreja sofreu um grande desvio — que hoje apresenta proporções epidêmicas. O que aconteceu? Em uma palavra: *erosão*.

A exemplo daquela igreja russa que desapareceu tijolo por tijolo, do despenhadeiro perto do chalé do meu avô e daquele sapo branco flutuando na água fervente, a erosão cobrou seu preço. Falando francamente, a igreja hoje está imersa em água fervente!

No final do século 18, o historiador Edward Gibbon passou quase vinte anos escrevendo os seis volumes de sua obra-prima *Declínio e queda do império romano*. Roma é um excelente exemplo do *processo* e dos *resultados* da erosão observados em seu "declínio" e "queda". Tenho lido que o tempo médio de existência das grandes potências do mundo é de apenas duzentos anos. Essas nações sempre seguiram um ciclo previsível. Pense em um grande círculo e, começando no sentido horário a partir da indicação de trinta minutos, imagine uma nação passando da escravidão à fé espiritual, desta à coragem, em seguida à liberdade, e sucessivamente à abundância, à complacência, à apatia, à dependência e, ao final, mais uma vez à escravidão. Isso representa a erosão.

Ao pensar na apatia espiritual da igreja norte-americana, fico arrepiado ao imaginar o que nos aguarda em seguida no ciclo de vida de nossa outrora grande nação.

Um exemplo do século 21
Por mais de vinte anos, Cynthia e eu temos desfrutado a amizade de um casal cristão maravilhoso que mora em outro estado. São pessoas inteligentes, equilibradas, perceptivas... E decepcionadas. Recentemente, recebi uma carta do marido, que é médico. Pedi a ele permissão para reproduzir algumas partes da carta (e, por razões óbvias, omiti os nomes):

> Chuck,
> Acabei de ouvir seu sermão chamado "Culto: um compromisso, não uma guerra". Foi como se eu estivesse perdido no deserto e me entregassem um copo de água gelada. Acredito que essa seja a mensagem mais importante para a igreja que já ouvi nos últimos vinte anos.
>
> Absolutamente tudo o que você falou tem acontecido em nossa igreja *de modo gradual* [uma palavra relacionada à *erosão*] ao longo desse tempo. Eu me tornei membro da igreja há 26 anos, durante o período mais frutífero do ministério do nosso ex-pastor. Foi um período empolgante de crescimento da igreja e, pessoalmente, de crescimento espiritual, incentivado pela pregação expositiva que ele realizava.
>
> Entretanto, no final da década de 1980, comecei a perceber uma transformação. Começamos a imitar o modelo das igrejas maiores. Enviamos delegações de pastores para estudar os métodos dessas igrejas e substituímos a pregação aos cristãos para mensagens voltadas aos "buscadores". O estilo de preleção vigorosa do nosso pastor, que por vários anos me levou a reconhecer muitas fraquezas em minha vida espiritual, sucumbiu

a um modelo aguado, adaptado às necessidades dos "buscadores". Sou muito grato às verdades e aos ensinamentos daquele pastor a respeito da Palavra de Deus, mas ao final de seu ministério eu já estava ansioso para vê-lo substituído. Eu tinha avidez por digerir ensinamentos espirituais mais substanciosos. Esperava que o novo pastor viesse com a mesma vibração de nosso antigo pastor quando chegou pela primeira vez. Acreditava que a igreja se beneficiaria dessa mudança.

Passaram-se três anos desde que nosso novo pastor chegou. Ele de fato é um talentoso orador e certamente demonstra um coração voltado para Deus, mas infelizmente sinto que ele vem nos empurrando ainda mais *para baixo* [mais palavras relacionadas à erosão] pelo caminho da [fraca] adoração contemporânea que você descreveu em sua mensagem. A exposição bíblica não existe mais. Os "minissermões" que você descreveu são bastante comuns por aqui (o sermão de hoje durou doze minutos). A música está *cada vez mais* [outras palavras ligadas à erosão] superficial.

Se me permite, gostaria de enviar ao nosso atual pastor uma cópia do sermão que você pregou sobre a adoração. Talvez você pudesse enviar outras cinco cópias em CD, pois há outras pessoas que precisam ouvir isso. Deus o abençoe por sua coragem e fidelidade em pregar a palavra.

Percebeu nessa carta as menções sombrias à erosão? Tragicamente, essa história está longe de ser considerada um caso isolado.

Recentemente, tive o privilégio de falar a oitenta pastores e suas respectivas esposas durante uma conferência bíblica promovida por nosso programa de rádio. Reunimo-nos em um salão pequeno onde ouvi histórias e mais histórias dos efeitos trágicos da erosão em suas igrejas. Enquanto compartilhavam, fiz o melhor que pude para ajudá-los. Minha expectativa com relação àqueles homens e mulheres era que pudessem experimentar a alegria que venho desfrutando semana após semana.

Sem querer parecer preocupado demais com meus conceitos, contei àqueles irmãos do privilégio que desfruto ao estudar a Bíblia com seriedade e pregar a uma congregação que aprecia exortações bíblicas consistentes e aplicações práticas. Alguns dos pastores que estavam sentados à minha frente exibiam aquele olhar de quem gostaria que isso acontecesse na vida deles também. Creio que eu poderia ter aumentado o corpo de ministério da minha igreja em pelo menos quarenta homens naquele dia!

Entretanto, tratei logo de acrescentar que essas bênçãos não vieram de mão beijada à nossa igreja. Tivemos de pagar um preço. Contei ao grupo a história da erosão e descrevi a jornada extremamente dolorosa para voltar ao rumo correto (mais ou menos aquilo que escrevi no capítulo um). Usando minha igreja como exemplo — tanto negativo quanto positivo — falei com firmeza, deixando de lado qualquer tentativa de amenizar a situação e sabendo que nenhuma igreja está imune à presença sutil, silenciosa e vagarosa da erosão.

Por favor, não é minha intenção sugerir que a Stonebriar Community Church é a única igreja que sabe o que está fazendo. De jeito nenhum. Afirmar isso seria uma demonstração de orgulho sem tamanho. Pelo contrário, é pela graça de Deus que somos capazes de fazer o que fazemos... E de continuar a fazê-lo para a glória de Deus (ainda há muito que aprender). Entretanto, não estamos sozinhos na luta contra esse enorme desvio de rumo. Verdade seja dita: muitas igrejas despertaram para a ameaça da erosão. São igrejas que permanecem vigilantes, alertas e perseverantes na pregação da Palavra de Deus. Contudo, essa guerra não acabou. Jamais acabará.

Se não houver um esforço uniforme e constante, a erosão causará estragos, não importa qual seja o ministério. Talvez você fique surpreso ao saber que isso aconteceu até mesmo com uma das igrejas fundadas pelo apóstolo Paulo no primeiro século.

Retornando ao contexto do primeiro século
Sempre sei quando preciso fazer balanceamento e rodízio dos pneus. Basta tirar minhas mãos do volante enquanto dirijo e observar se o veículo se desvia para um dos lados. Certo dia me veio à mente a ideia de que o ministério na igreja funciona de maneira semelhante. O mundo, a carne e o Satanás causaram um desbalanceamento irreparável à igreja. Hoje não podemos tirar as mãos do volante e os olhos da estrada, nem por um segundo. Se fizermos isso, é apenas questão de tempo até cairmos no barranco da destruição. Somente com nossas mãos nas Escrituras e nossos olhos no Senhor é possível conter o desvio.

A igreja vem se desviando do curso desde o primeiro século. Um dos exemplos mais claros de erosão ocorreu na igreja da antiga cidade de Éfeso. Foi Paulo quem fundou aquela congregação juntamente aos seus companheiros de viagem, Priscila e Áquila, no final de sua segunda viagem missionária. Certa ocasião, depois de Paulo ter compartilhado a Palavra de Deus com os judeus da sinagoga local, estes pediram que Paulo permanecesse um pouco mais na cidade. Porém, o apóstolo se recusou, dizendo: "Voltarei, se for da vontade de Deus" (At 18.21). E era.

Éfeso: uma igreja fundada sobre sólido ensinamento bíblico

Quando Paulo retornou a Éfeso, em sua terceira viagem missionária, encontrou alguns discípulos na cidade e os batizou. Além disso, como já havia feito em outras ocasiões:

> Paulo entrou na sinagoga e ali falou com liberdade durante três meses, argumentando convincentemente acerca do Reino de Deus. Mas alguns deles se endureceram e se recusaram a crer, e começaram a falar mal do Caminho diante da multidão. Paulo, então, afastou-se deles. Tomando consigo os discípulos, passou a ensinar diariamente na escola de Tirano.
>
> Atos 19.8-9

Sempre sorrio quando leio a última frase. No grego, o nome *Tirano* pertence à mesma raiz do substantivo *tirano*. Pergunto-me se foi a mãe de Tirano que lhe deu esse nome ou se ele o recebeu de antigos alunos de sua escola! A igreja em Éfeso começou em uma escola, exatamente como algumas congregações de hoje. Paulo tinha liberdade para lecionar todos os dias, o que incluía declarar as boas-novas do evangelho de Jesus Cristo. E veja só:

> Isso continuou por dois anos, de forma que todos os judeus e os gregos que viviam na província da Ásia ouviram a palavra do Senhor.
>
> Atos 19.10

A fundação dessa igreja não contou com estudos demográficos, *marketing* secular, pesquisa com a vizinhança ou métodos humanos para aumentar o número de membros. Também não houve nenhuma técnica de manipulação para induzir as pessoas a contribuir com mais dinheiro. Nada disso! Paulo simplesmente ensinou a Palavra de Deus por mais de dois anos, enquanto o Senhor sustentava sua palavra com milagres (cf. At 19.11-12). Paulo era constante e fiel em sua pregação, que se apresentava exata, clara e prática. Como resultado, a mensagem se espalhava enquanto a congregação crescia em maturidade e número.

Veja bem: não há nada errado em divulgar nossa igreja de modo criativo aos nossos vizinhos. Contudo, quando essa divulgação recebe mais ênfase que as coisas essenciais — o ensino dos apóstolos, a comunhão, o partir do pão e as orações (cf. At 2.42) — isso significa que a carroça está na frente dos bois. A igreja começa a se desviar do rumo, a erosão se infiltra. Em contrapartida, quando assumimos um compromisso com as coisas essenciais, nossas igrejas se tornam contagiantes pelos motivos corretos. Foi exatamente isso o que aconteceu em Éfeso: "de forma que todos os judeus e os gregos que viviam na província da Ásia ouviram a palavra do Senhor" (At 19.10). A propaganda boca a boca sempre foi o método preferido de Deus para espalhar sua mensagem.

Ao lermos a respeito das bênçãos de Deus aos efésios, é possível que sejamos tentados a pensar: "Que maravilha! Com a liderança de Paulo, aliada ao ensino da Palavra de Deus, a coisa deve ter fluído sem problemas daquele momento em diante". De jeito nenhum. Pelo contrário, um preço estava sendo pago nos bastidores.

Crescimento: um corpo posto à prova de várias maneiras

De fato, a igreja em Éfeso começou a aumentar, mas também aumentaram as provações. Esteja certo disto: sempre haverá provações espirituais quando a verdade ousada e inflexível da Palavra de Deus for proclamada. Satanás odeia quando pregamos a Palavra de Deus, quando cremos nela e quando a obedecemos. Os ataques sempre sobrevêm nas ocasiões em que os cristãos estão em harmonia entre si, o corpo de Cristo está sendo ensinado, Jesus está construindo sua igreja. As portas do inferno criarão todos os empecilhos possíveis na esperança de obstruir o ministério. Entretanto, observe o poder que o Senhor providenciou em meio à batalha:

> Deus fazia milagres extraordinários por meio de Paulo, de modo que até lenços e aventais que Paulo usava eram levados e colocados sobre os enfermos. Estes eram curados de suas doenças, e os espíritos malignos saíam deles.
>
> Atos 19.11-12

Deus estava operando em Éfeso, não apenas promovendo curas como também produzindo vitórias espirituais, conforme os espíritos malignos se retiravam. Quando o ensino da palavra está presente, quando o nome de Jesus Cristo é exaltado e quando o povo de Deus permanece fiel à verdade do Senhor, o impacto é absurdamente assustador. Leia o relato a seguir e procure visualizar a cena original:

> Quando isso se tornou conhecido de todos os judeus e gregos que viviam em Éfeso, todos eles foram tomados de temor; e o nome do Senhor Jesus era engrandecido. Muitos dos que creram vinham, e confessavam e declaravam abertamente suas más obras. Grande número dos que tinham praticado ocultismo reuniram seus livros e os queimaram publicamente. Calculado o valor total, este chegou a cinquenta mil dracmas. Dessa maneira a palavra do Senhor muito se difundia e se fortalecia.
> Atos 19.17-20

Que coisa magnífica! Vidas transformadas e Cristo honrado; doenças curadas e maus espíritos expulsos; a Palavra de Deus causando impacto e a igreja crescendo saudável. Graças a Deus, finalmente as provações terminaram! Errado.

Conforme vimos no capítulo dois deste livro, a igreja *nunca* estará livre de ataques, nem mesmo em períodos de paz. É quando nos sentimos seguros — e quando relaxamos e nos tornamos indiferentes — que a igreja começa a erodir: ela recebe ataques de todas as direções. Não foi diferente em Éfeso:

> Naquele tempo houve um grande tumulto por causa do Caminho. Um ourives chamado Demétrio, que fazia miniaturas de prata do templo de Ártemis e que dava muito lucro aos artífices, reuniu-os com trabalhadores dessa profissão e disse: "Senhores, vocês sabem que temos uma boa fonte de lucro nesta atividade e estão vendo e ouvindo como este indivíduo, Paulo, está convencendo e desviando grande número de pessoas

aqui em Éfeso e em quase toda a província da Ásia. Diz ele que deuses feitos por mãos humanas não são deuses. Não somente há o perigo de nossa profissão perder sua reputação, mas também de o templo da grande deusa Ártemis cair em descrédito e de a própria deusa, adorada em toda a província da Ásia e em todo o mundo, ser destituída de sua majestade divina.

Atos 19.23-27

O templo da deusa grega Ártemis (Diana) situado em Éfeso era uma das sete maravilhas da Antiguidade. Milhares de pessoas percorriam enormes distâncias para adorar a deusa naquela cidade. Os artesãos locais faturavam bom dinheiro empurrando aos turistas e peregrinos miniaturas em prata do templo de Ártemis. Um ourives chamado Demétrio percebeu que a pregação de Paulo a cerca de Jesus Cristo era aceita por um número crescente de indivíduos. Como resultado, as pessoas deixaram de comprar as miniaturas em prata. Revoltado, Demétrio começou um tumulto! O ourives chamou Paulo e os cristãos de encrenqueiros e provocou um distúrbio que envolveu a cidade inteira e cujo foco era o ministério em Éfeso. Conforme o adversário alimentava as palavras inflamadas de Demétrio, seu objetivo era atingido e seus companheiros de mascatagem reagiam conforme o esperado:

> Ao ouvirem isso, eles ficaram furiosos e começaram a gritar: "Grande é a Ártemis dos efésios!" Em pouco tempo a cidade toda estava em tumulto. O povo foi às pressas para o teatro, arrastando os companheiros de viagem de Paulo, os macedônios Gaio e Aristarco.
>
> Atos 19.28-29

Alguns anos atrás Cynthia e eu visitamos as ruínas de Éfeso com um grupo de amigos cristãos. É impossível descrever o sentimento que se tem ao caminhar pelas mesmas ruas de pedra em que Paulo andou no primeiro século, ver as mesmas colinas que Paulo viu em seu tempo e tocar muitas das ruínas arqueológicas que o grande apóstolo deve ter visto diariamente. Entretanto, o momento mais empolgante aconteceu quando entramos no enorme teatro mencionado nessa passagem bíblica. Se algum dia você for à Éfeso, com certeza não deixará de notá-lo. Trata-se de uma descoberta arqueológica magnífica, uma construção enorme que, na época de Paulo, era capaz de acomodar 25 mil espectadores.

Enquanto andava pelo teatro e observava as altas arquibancadas de pedra ao meu redor, fiquei imaginando a cena que ocorreu ali no primeiro século, ocasião em que as pessoas "arremeteram para o teatro". Enfurecidos com as consequências da mensagem de Paulo, os artesãos causaram uma revolta urbana sob o pretexto de estarem preocupados com a religião. Então, em determinado instante, "todos gritaram a uma só voz durante cerca de duas horas: 'Grande é a Ártemis dos efésios'!" (At 19.34). Faça uma pausa e tente imaginar 25 mil pessoas gritando a mesma frase por quase duas horas. Foi um som ensurdecedor, muito pior que uma partida de futebol.

O apóstolo queria ir ao teatro para falar com a multidão; porém, os discípulos o impediram. A multidão jamais ouviria alguém ligado a Paulo ou ao ministério cristão. A cultura pagã se revoltou contra o que Jesus estava construindo em Éfeso. Parecia uma causa perdida... Até que Deus interveio.

Entre todas as pessoas, o escrivão da cidade surpreendeu ao se dirigir ao povo com uma repreensão racional àquele tumulto desnecessário. A motivação dele não era defender a igreja, mas suas palavras sábias silenciaram a multidão e desarmaram aquela situação explosiva, levando a uma dispersão pacífica da assembleia (cf. v. 35-41). Nunca se esqueça de que Deus pode usar qualquer pessoa para promover seus propósitos, mesmo que essa pessoa não faça parte da igreja. Lembre-se: as portas do inferno não prevalecerão contra ela.

Não existem situações irremediáveis para o nosso Deus poderoso. Entretanto, elas surgem repentinamente contra igrejas fiéis e em crescimento, a fim de testar até que ponto essas congregações dependem de Deus. Ataques evidentes e audaciosos são coisas esperadas. Ao contrário, é ao ataque silencioso, vagaroso e sutil da erosão que precisamos estar sempre alerta. Paulo conhecia bem esse perigo e logo chamaria a atenção da igreja de Éfeso.

Depois de partir de Éfeso, o apóstolo viajou à Macedônia e à Grécia, evangelizando, ministrando e fundando igrejas nesses lugares. Paulo também queria ir à Jerusalém para chegar a tempo de participar da Festa de Pentecostes daquele ano; por esse motivo, evitou passar por Éfeso a caminho de Israel. Em vez disso, Paulo pediu aos presbíteros da igreja de Éfeso que o encontrassem em Mileto, uma cidade situada às margens do mar Egeu (cf. At 20.1-17). Deve ter sido uma reunião e tanto. Sentado com seus presbíteros às margens do azul imaculado do mar Egeu, Paulo advertiu àqueles homens do futuro. E qual era o tema de sua advertência? *Erosão*. Por favor, leia atentamente as palavras do apóstolo:

> Cuidem de vocês mesmos e de todo o rebanho sobre o qual o Espírito Santo os colocou como bispos, para pastorearem a igreja de Deus, a que ele comprou com o seu próprio sangue. Sei que, depois da minha partida, lobos ferozes penetrarão no meio de vocês e não pouparão o rebanho. E dentre vocês mesmos se levantarão homens que torcerão a verdade, a fim de atrair os discípulos. Por isso, vigiem! Lembrem-se de que durante três anos jamais cessei de advertir a cada um de vocês disso, noite e dia, com lágrimas.
>
> Atos 20.28-31

A primeira palavra resume a incumbência de Paulo à igreja de Éfeso: *Cuidem*. A palavra traduz um termo grego que significa "estar em um estado de constante prontidão para perceber qualquer perigo, necessidade ou erro futuro, e reagir apropriadamente".[1] Esse estado de vigilância mental requer dos presbíteros, em primeiro lugar, reflexão individual ("Cuidem de vocês mesmos"), isto é, atenção à própria *erosão pessoal*. Paulo prediz a dolorosa verdade de que "dentre vocês mesmos se levantarão homens que torcerão a verdade". Somente por meio da vigilância os líderes poderão evitar a erosão pessoal. Além disso, também precisam vigiar "todo o rebanho", ou seja, atentar à *erosão congregacional*. Lobos vorazes virão, adverte Paulo, e arrebatarão as ovelhas. Proteja-as!

Em seguida, Paulo repete a ordem, "vigiem", dessa vez utilizando outro termo grego que aparece várias vezes no Novo Testamento. Interessante observar que o apóstolo escrevera mandamento idêntico à igreja de Corinto enquanto residia em Éfeso:

> Mas permanecerei em Éfeso até o Pentecoste, porque se abriu para mim uma porta ampla e promissora; e há muitos adversários. [...] *Estejam vigilantes*, mantenham-se firmes na fé, sejam homens de coragem, sejam fortes.
>
> 1Coríntios 16.8-9,13

Na noite em que foi traído por Judas, negado por Pedro e abandonado por todos os seus discípulos, Cristo usou esse mesmo mandamento para estimular Simão Pedro a permanecer alerta contra a tentação feroz:

> Então, voltou aos seus discípulos e os encontrou dormindo. "Simão", disse ele a Pedro, "você está dormindo? Não pôde *vigiar* nem por uma hora? *Vigiem* e orem para que não caiam em tentação. O espírito está pronto, mas a carne é fraca."
>
> Marcos 14.37-38

Mais tarde, o renovado Pedro usou esse mandamento que ouviu do Senhor para exortar seus companheiros cristãos a permanecerem vigilantes:

> Sejam alertas e *vigiem*. O Diabo, o inimigo de vocês, anda ao redor como leão, rugindo e procurando a quem possa devorar.
> 1Pedro 5.8

No final das contas, todos os ataques de Satanás contra a igreja são ataques contra o povo de Deus — em primeiro lugar individualmente e depois dirigindo-se à toda a congregação. A erosão ocorre em círculos concêntricos, semelhante a ondulações na água. O apóstolo Paulo estava ciente de que cultivar uma atitude de vigilância quanto ao *processo* e aos *resultados* da erosão era essencial para que a igreja de Éfeso evitasse seu próprio "declínio e queda". A fim de manter esse compromisso de vigilância contínua, o indivíduo precisa de um exemplo a seguir, exemplo esse que Paulo providenciou em si mesmo: "Lembrem-se de que durante três anos jamais cessei de advertir a cada um de vocês disso, noite e dia, com lágrimas." (At 20.31). Então, despedindo-se com um carinhoso adeus, Paulo embarcou no navio em Mileto. Suas palavras ecoavam nos ouvidos dos efésios enquanto estes observavam a embarcação desaparecendo no horizonte.

E o que aconteceu em Éfeso depois que Paulo partiu?

Conselho — incentivo e estímulo de um mentor a seu colega tímido

Não está claro se Paulo retornou a Éfeso depois disso, mas é certo que esse era o seu desejo. Depois de retornar a Jerusalém, onde foi preso, o apóstolo foi levado a Roma como prisioneiro, onde escreveu uma carta à igreja de Éfeso, esta mesma carta com seis capítulos que estamos estudando. Algum tempo depois, entretanto,

Paulo foi libertado e pôde viajar livremente. É possível que tenha retornado a Éfeso nessa época, pois deixou Timóteo naquela cidade. Sua primeira carta a Timóteo explica o motivo:

> Partindo eu para a Macedônia, roguei-lhe que permanecesse em Éfeso para ordenar a certas pessoas que não mais ensinem doutrinas falsas.
> 1Timóteo 1.3

Sem dúvida os "lobos ferozes" (At 20.29), dos quais Paulo advertiu os presbíteros de Éfeso, haviam se infiltrado na igreja, de modo que o apóstolo pediu a Timóteo que permanecesse com os efésios para evitar que a erosão congregacional prejudicasse o rebanho. Paulo também advertiu Timóteo, exatamente como havia feito com os presbíteros, a prestar atenção à *erosão pessoal*:

> Ninguém o despreze pelo fato de você ser jovem, mas seja um exemplo para os fiéis na palavra, no procedimento, no amor, na fé e na pureza. Até a minha chegada, dedique-se à leitura pública da Escritura, à exortação e ao ensino. Não negligencie o dom que lhe foi dado por mensagem profética com imposição de mãos dos presbíteros. Seja diligente nestas coisas; dedique-se inteiramente a elas, para que todos vejam o seu progresso. Atente bem para a sua própria vida e para a doutrina, perseverando nesses deveres, pois, agindo assim você salvará tanto a si mesmo quanto aos que o ouvem.
> 1Timóteo 4.12-16

Timóteo era muito diferente de Paulo. Em primeiro lugar, era mais jovem, tinha provavelmente entre 25 e 40 anos — estava ainda em sua "mocidade", conforme diz Paulo. O fato de Timóteo ser jovem significa que ele não tinha a experiência, nem o discernimento, nem a sabedoria ou a coragem de Paulo.

Em uma reunião recente em nossa igreja, perguntei ao octogenário Stan Toussaint que comentasse o que mais lhe chama a sua atenção nos anciãos. Eu esperava alguma resposta teológica profunda e fundamentada no texto grego, mas ao invés disso Stan simplesmente falou: "O ancião é alguém mais velho" (respondi que ele tinha um grande talento para explicar o óbvio!). Mas ele estava certo. Muitos ministérios hoje em dia supõem que, para alcançarmos as novas gerações, precisamos de anciãos "mais jovens". Que paradoxo! Conforme explicou o dr. Toussaint, para ser um ancião é preciso ter idade avançada. É claro que alguém na casa dos 40 anos de idade *pode* ser uma pessoa sábia, mas isso é raro. Não há nada errado em colocar jovens na liderança da igreja, contanto que essas pessoas sejam "exemplos para os fiéis". Timóteo deve ter sido um jovem extraordinário. Contudo, mesmo um indivíduo disciplinado e de bom caráter pode sucumbir à erosão. Paulo admoesta Timóteo a esse respeito.

Tenho certeza de que Timóteo se sentiu intimidado. Já imaginou um jovem pastor de Éfeso vivendo à sombra do grande apóstolo Paulo? Além de jovem, Timóteo era acometido por "frequentes enfermidades" e provavelmente também sofria por causa de sua timidez (cf. 1Tm 5.23; 2Tm 1.6-7). Certamente, um jovem doente e ainda por cima tímido enfrentaria muitos desafios como pastor titular. Essa combinação de fatores tornar-se-á um convite à erosão caso não seja inspecionada com regularidade. As duas cartas de Paulo a Timóteo expressam grande amor ao chamar repetidas vezes a atenção do jovem pastor a permanecer firme e vigilante contra a erosão pessoal e congregacional, e a pregar a palavra de forma constante e entusiasmada.

Após as duas cartas de Paulo a Timóteo, a Palavra de Deus silencia por décadas a respeito de Éfeso. Não sabemos o que houve com Timóteo nem quais circunstâncias a igreja enfrentou naquele período. Espero que tenham prestado atenção às palavras do apóstolo.

Entretanto, trinta anos depois houve uma grande decepção.

Depois de trinta anos, erosão

Ao final do primeiro século, João, o discípulo amado, era o único apóstolo que restava. Tiago, seu irmão, foi o primeiro a morrer, seguido por Pedro. Paulo também estava morto havia décadas, e todos os outros apóstolos morreram martirizados por sua fé em Jesus. Apenas João ainda sobrevivia como prisioneiro romano, exilado na inexpressiva ilha de Patmos, situada ao sul do mar Egeu.

O Senhor Jesus apareceu a João nessa ilha e pediu ao apóstolo que escrevesse, em nome de Cristo, cartas às sete igrejas. E adivinhe qual a primeira igreja mencionada por Jesus? Isso mesmo, a igreja de Éfeso.

> Ao anjo da igreja em Éfeso escreva: Estas são as palavras daquele que tem as sete estrelas em sua mão direita e anda entre os sete candelabros de ouro.
>
> Apocalipse 2.1

Finalmente saberemos o que houve com a igreja de Éfeso trinta anos depois das exortações de Paulo. Sem perder tempo, o Senhor prossegue direto à sua avaliação:

> Conheço as suas obras, o seu trabalho árduo e a sua perseverança. Sei que você não pode tolerar homens maus, que pôs à prova os que dizem ser apóstolos mas não são, e descobriu que eles eram impostores. Você tem perseverado e suportado sofrimentos por causa do meu nome, e não tem desfalecido.
>
> Apocalipse 2.2-3

Que relatório impressionante! A igreja de Éfeso de fato prestou atenção às palavras de Paulo e permaneceu vigilante contra os "lobos ferozes" que tentaram desviar o rebanho com palavras enganosas. Os cristãos daquela cidade perseveraram na doutrina sã e na prática das boas obras, tudo por causa do nome do Senhor

Jesus. Quem não gostaria de ouvir de Cristo elogios como esses? Não obstante, o Senhor tinha outro assunto a tratar:

> Contra você, porém, tenho isto: [...].
>
> Apocalipse 2.4

Como assim, *porém*? Os efésios acabaram de receber uma avaliação cinco estrelas: eram fiéis, trabalhavam bastante e seguiam a doutrina! De onde saiu esse *porém*? Há vários termos gregos que poderiam ser utilizados para transmitir o sentido de *porém*, mas Jesus optou pela conjunção mais contrastante. Trata-se de um termo bastante enfático.

É aquele tipo de *porém* que a gente houve no consultório médico: "Você se saiu muito bem no teste ergométrico, e sua pressão também está muito boa... *Porém*, os exames mostram um problema". Todas as boas notícias anteriores caem por terra ao ouvirmos essa conjunção adversativa. De repente, surge uma aflição no estômago por causa dessa palavra. Há várias passagens nas Escrituras em que essa conjunção introduz uma reviravolta dramática nos acontecimentos (alguns exemplos: Rm 8.37; 12.2; 1Co 1.27; 6.11; 1Ts 4.7; 5.9; aliás, sempre tive vontade de escrever um livro chamado *Os grandes "poréns" da Bíblia*). O termo que João utiliza ao escrever a avaliação de Jesus acerca da igreja em Éfeso implica uma dessas reviravoltas dramáticas.

Éfeso permaneceu firme por trinta anos. Era uma igreja que praticava boas obras, exibia uma doutrina sólida e mantinha os heréticos à distância por meio de sua fidelidade ao nome do Senhor. O que estava errado? Jesus explica:

> Contra você, porém, tenho isto: você abandonou o seu primeiro amor.
>
> Apocalipse 2.4

Além desse *porém* enfático, o peso do arranjo das palavras no grego original também é significativo. A frase poderia ser traduzida da seguinte forma: "Aquele teu primeiro amor que abandonaste". São palavras difíceis de ouvir. Embora fossem cristãos de boas obras e tivessem uma firme doutrina, a devoção deles esfriou e enfraqueceu. Como isso é possível?

Você se lembra dos seus primeiros anos de casamento, quando todas as noites ensejavam motivos de romance, todas as canções pareciam música romântica, todos os passeios eram uma oportunidade de andar de mãos dadas, enfim, todas as áreas da vida eram motivos de alegria, intimidade, diversão e amor? Entretanto, com o passar dos anos alguma coisa aconteceu. O foco de vocês passou a ser a carreira profissional, os filhos, os prazos sempre apertados do trabalho, as intermináveis atividades na igreja e uma série de outros assuntos. Qual o resultado disso tudo? A perda da sensibilidade mútua, o arrefecimento do entusiasmo e, um belo dia, a transformação do relacionamento íntimo em obrigação mecânica. O primeiro amor foi abandonado; a afeição esfriou. Não foi intencional, mas aconteceu. Não há ilustração melhor para explicar a erosão.

O que erodiu na igreja de Éfeso? Não foi a doutrina nem as boas obras, mas a *devoção* a Jesus. Eles perseveraram firmes na vigilância contra a heresia e a passividade. Mas o que dizer do amor? Bem, o amor se tornou implícito. John F. Walvoord explica em termos práticos:

> Essa repreensão contrasta com aquilo que Paulo escreveu aos efésios 35 anos antes, dizendo que nunca cessou de dar graças por causa da fé que tinham em Cristo e o amor para com os santos (Ef 1.15-16). A maioria dos cristãos de Éfeso era da segunda geração e, apesar de reterem uma pureza de vida e de doutrina e um alto nível de serviço cristão, faltava-lhes uma profunda devoção a Cristo. É necessário que a igreja de hoje

preste atenção a essa mesma repreensão: não é suficiente ter uma ortodoxia e praticar boas obras. Cristo quer do cristão não apenas o coração, mas também suas mãos e sua mente.[2]

Talvez a igreja de Éfeso tivesse um retrato de Paulo pendurado no *hall* de entrada. Quem sabe tivesse uma sala memorial contendo até mesmo alguns escritos do apóstolo. É possível que alguns homens anciãos e mulheres idosas falassem respeitosamente a respeito de Paulo. Entretanto, o sentimento havia degenerado para uma formalidade fria. Em outras palavras, eles não amavam a Cristo como outrora.

Um casal de amigos acompanhou nosso grupo quando fomos visitar Éfeso anos atrás. Gostei muito do que meu amigo escreveu a respeito de suas experiências naquele lugar:

> O que achei mais fascinante a respeito de Éfeso estava situado no final da rua que começa bem na saída do teatro. Chamada de via Arcádia, essa rua era o trajeto principal entre o porto e a cidade. Éfeso situava-se junto às principais rotas comerciais que vinham do leste, e o porto conectava essas rotas ao oeste. Andei pela rua em direção ao antigo porto, indo além da costumeira entrada à direta que leva para fora da cidade, e caminhei até o fim daquela rua. Olhei em todas as direções, mas não vi o mar. Séculos de lodo trazidos pelo rio Cayster acumularam-se na enseada do porto e gradualmente empurraram o mar para longe da cidade. Os cidadãos tentaram interromper o assoreamento, mas com o passar do tempo desistiram. Hoje as ruínas de Éfeso distam cerca de 8 *quilômetros* do mar Egeu. Anos de depósito contínuo de partículas de lodo reduziu aquela cidade influente à insignificância. [...] Comecei a relacionar aquele assoreamento do porto à vida espiritual, isto é, o assoreamento do coração. Partícula após partícula de atividades, ano após ano de devoção negligente a Jesus reduziu aquela igreja forte em doutrina a uma devoção desgastada. Os

cristãos de Éfeso abandonaram o primeiro amor ao permitir que o lodo da indiferença espiritual se acumulasse ao longo dos anos. Isso pode acontecer com qualquer um, até mesmo com você e comigo. [...] Como cristãos, nunca devemos abandonar nossos fundamentos. Ou construímos sobre eles, ou os abandonamos. Corremos o risco de acordar vários anos depois e descobrir que a nossa falta de paixão por Jesus o empurrou gradualmente a quilômetros de distância de nosso coração. Percebemos, então, que estamos vivendo nas ruínas de uma vida espiritual outrora brilhante.[3]

O que aconteceu com a igreja de Éfeso no primeiro século? Eles contavam com um começo sólido e com os ensinamentos de homens piedosos, tinham fortes convicções e líderes sábios. Contudo, pouco a pouco e de forma quase imperceptível foram abandonando o primeiro amor. Como foi possível? *Erosão*.

Isso me leva a fazer duas perguntas, ambas importantes: primeiro, o que impede essa mesma erosão de ocorrer em minha igreja? Segundo, como combater esse tipo de erosão em minha vida?

Aprendendo algumas lições que jamais devem ser esquecidas

Com minha caneta profética, quero recordar-lhe quatro lições:

1. A erosão *está acontecendo* em muitas igrejas outrora sólidas (a carta do meu amigo é apenas a ponta do *iceberg*).
2. A erosão *pode acontecer* sem que a igreja perceba (pois é um processo vagaroso, silencioso e sutil).
3. A erosão *acontecerá* nas igrejas que deixarem de prestar atenção aos avisos (Éfeso é uma prova disso).
4. A erosão *poderia acontecer* em sua igreja (sei disso porque aconteceu na minha).

No final das contas, não é a igreja que sofre erosão: são as pessoas. As igrejas apenas refletem a vida e as convicções dos indivíduos que compõem o corpo de Cristo. A tendência da erosão só pode se interrompida uma vida de cada vez, começando com a nossa.

C. S. Lewis declarou certa vez: "A verdadeira narina cristã deve estar continuamente atenta à fossa interior".[4] Em palavras menos eloquentes: "precisamos cheirar nosso próprio fedor!", pois *todos* nós somos depravados, egoístas e atraídos pelas coisas que o mundo tem a oferecer.

No início da década de 1980, enfrentei um dos momentos mais difíceis da minha vida. Minha tarefa infeliz naquela ocasião foi expor, no espaço de 36 horas, um cristão bastante conhecido à hipocrisia em sua vida. Para horror da congregação, ele vinha tendo um caso com outra mulher havia quatro anos, escondendo-se atrás de um verniz de atividades espirituais: ensinava as Escrituras, exercia uma posição importante em uma igreja local e atuava como líder do corpo docente de uma faculdade. Por meio de uma série de acontecimentos que chegaram a mim por uma pessoa munida de provas (fotografias), minha tarefa inevitável foi confrontar esse indivíduo com a verdade. Gostaria de poder dizer que foi a única vez que tive de lidar com tragédia semelhante desde então.

Os resultados daquele período doloroso me forçaram a reconhecer o processo de erosão que levou aquele homem ladeira abaixo. Conforme escreveu F. B. Meyer: "Ninguém se torna mau de um dia para o outro".[5] Trata-se de um princípio universal: nenhuma árvore apodrece e cai de repente, nenhum casamento termina em divórcio repentinamente, nenhuma escola desaba de uma hora para outra, nenhuma igreja se divide subitamente. Antes, trata-se de um processo de deterioração e erosão interior que muitas vezes passa despercebido ou, pior, ignorado.

Um dos problemas dos cristãos evangélicos, especialmente os norte-americanos, é o fato de geralmente nos isolarmos em redomas cristãs. Com isso quero dizer que vivemos em um ambiente rodeado de coisas cristãs: jargões, amigos, livros, atividades, lanchonetes, estereótipos, música, lojas, adesivos. O que virá a seguir? Abastecer o carro com gasolina cristã? (certamente, se fosse possível). Ou seja, *tudo* ao nosso redor são coisas cristãs. E qual o perigo? Em breve tudo isso pode nos fazer perder nossas características originais, levando-nos a desenvolver uma mentalidade mecânica em relação às coisas espirituais. Começamos a simular atividades religiosas ao mesmo tempo em que abandonamos a vivência da verdade. Quando isso ocorre, deixamos de levar Deus a sério. A erosão se instala; abandonamos nosso "primeiro amor".

Acredite: igrejas que se dedicam a muitas atividades estão predispostas a sofrer erosão. Participe dessa programação, inscreva-se nesse curso, junte-se a esse passeio, venha ver nossa apresentação, seja professor dessa classe, sirva aqui, ajude ali, mostre que você trabalha duro, produza algo, veja quantas pessoas estão participando, participe você também! É triste perceber que muitas dessas congregações não estimulam a reflexão pessoal, o crescimento espiritual e o poder de análise, pois o foco delas está em alcançar resultados. Manter-se ocupado é a chave do sucesso. Lewis Sperry Chafer resumiu deste modo: "A maior parte de nossas atividades espirituais não passa de anestésico barato para amortecer a dor de uma vida vazia".[6]

É possível um cristão perder a sensibilidade às coisas espirituais? Sim, *caso receba bênçãos de Deus em tal abundância a ponto de tornar-se insensível a elas*. Isso pode acontecer quando somos alvo de muitas bênçãos de Deus. Os negócios estão crescendo, a saúde está boa, os filhos estão bem, o casamento é satisfatório, a igreja é agradável, a música é maravilhosa, o pastor é íntegro, o lar é confortável, o ministério está produzindo frutos, o carro é novo, os vizinhos são gente boa, a escola é segura, as decisões de vida se mostraram acertadas. Bênçãos e mais bênçãos...

"Contra você, porém,", interrompe Jesus, "tenho isto: você abandonou o seu primeiro amor".

De que maneira essa erosão pessoal nos atinge? Ninguém pega o telefone para ligar a um amigo e dizer: "Oi fulano, tudo bem? Então, liguei para dizer que hoje estou a fim de arruinar a minha vida". Não agimos dessa forma; porém, há ocasiões em que pensamos: "Não quero o senhorio de Cristo nessa área da minha vida. Aqui só eu mando! E as consequências não são tão ruins como parecem. Posso gerenciar sozinho". Pensar desse modo é entregar-se a um desvio sutil, mas devastador: a destronização da autoridade de Cristo e a entronização do eu. Isso acontece quando o tédio se instala em nossa redoma cristã.

O cristão que caminha a esmo entre os favores, as bênçãos e a generosidade de Deus dia após dia, semana após semana, ano após ano, pode vir a flertar com os perigos da erosão. Como? Ora, as coisas se tornam previsíveis, rotineiras. Tornamo-nos cínicos. E, quando menos se espera, lá estamos a cantar músicas *gospel* com lascívia no coração. Agradecemos a Deus o perdão dos pecados ao mesmo tempo em que cultivamos amargura contra um irmão ou uma irmã em Cristo. As atividades das quais participamos se tornam apenas mais uma obrigação religiosa. A. W. Tozer escreve:

> A familiaridade pode gerar desprezo até mesmo diante do altar de Deus. Que coisa tenebrosa quando o pregador se acostuma com seu trabalho, quando seu senso de admiração desaparece, quando se habitua ao extraordinário, quando perde o temor solene na presença do Deus Altíssimo, quando, falando em termos mais diretos, fica um pouco entediado com Deus e com as coisas celestiais.[7]

O que acontece no púlpito acontece no restante da congregação. Há algo errado quando alguém consegue entoar o cântico do pastor e compositor Jack Hayford, "Adorai em majestade!",[8] sem sentir nenhuma empolgação no íntimo. Algo se desviou do rumo quando o indivíduo adora sem nenhum sentimento de admiração e respeito pelo Pai celestial e pelo Senhor Jesus Cristo. Era justamente essa a preocupação Jesus com relação à igreja de Éfeso no primeiro século: a atitude mecânica, tediosa e metódica diante vida e do ministério. A propósito, Jesus tem a mesma preocupação conosco no século 21.

Duas objeções muito importantes

Prevejo duas objeções comuns enquanto escrevo este capítulo. A primeira é algo do tipo: "Minha vida chegou a um estágio de erosão tão grande que nem vale a pena voltar ao rumo". Nesse caso, lembre-se das palavras que Paulo escreveu enquanto ainda estava em Éfeso:

> Não sobreveio a vocês tentação que não fosse comum aos homens. E Deus é fiel; ele não permitirá que vocês sejam tentados além do que podem suportar. Mas, quando forem tentados, ele mesmo lhes providenciará um escape, para que o possam suportar.
> 1Coríntios 10.13

A tragédia desse versículo é sua familiaridade. Nossa intimidade com ele muitas vezes nos impede de confiar em sua promessa ou aplicar sua verdade. Leia o versículo novamente, desta vez de acordo com a paráfrase de Eugene Peterson:

> Nenhuma tentação, nenhum teste que surge no caminho de vocês é maior que o enfrentado por outros. Tudo que vocês precisam fazer lembrar é que Deus não deixará que fracassem. Ele nunca permitirá que sejam pressionados além do

limite, mas estará sempre com vocês para ajudá-los a vencer as tentações.

1Coríntios 10.13, MSG

Nada está além do poder de restauração de Deus. Nunca é tarde demais para começar a caminhar na direção certa. Talvez a erosão tenha se infiltrado em sua vida, mas Jesus ainda continua de braços abertos, esperando seu retorno ao primeiro amor. Deus anseia que você recomece a jornada ao lado dele.

A segunda objeção seria: "Entendo muito bem essa erosão que você descreveu, mas isso *nunca* acontecerá comigo". Caso isso se aplique a você, peço que observe o versículo escrito por Paulo imediatamente antes do que acabamos de ler:

> Assim, aquele que julga estar firme, cuide-se para que não caia!
>
> 1Coríntios 10.12

Aprecio a forma como a Bíblia Viva traduz esse versículo: "Eu nunca faria uma coisa dessas". É a voz do principiante, a atitude do ingênuo. Preciso ser franco com você: *isso cheira a orgulho*. Não se engane. Veja o que aconteceu aos cristãos de Éfeso, e isso porque foram ensinados pelo próprio Paulo! Isso pode ocorrer com você e comigo. Caso você se considere vacinado contra a erosão, a ironia é que o processo de erosão *já começou* em sua vida. As ondas concêntricas do perigo já estão em curso.

> Não sejam tão ingênuos e autoconfiantes. Você não são diferentes. Podem fracassar tão facilmente como qualquer um. Nada de confiar em vocês mesmos. Isso é inútil! Mantenham a confiança em Deus.
>
> 1Coríntios 10.12, MSG

Você abandonou seu primeiro amor como fizeram os cristãos de Éfeso? Perdeu o prazer de andar com Deus? Sua caminhada se tornou mecânica?

Talvez ande muito ocupado com a obra de Deus e agora percebeu que não há mais aquele sentimento de admiração, a alegria no ministério desapareceu, agora tudo se resume a manter as coisas funcionando. Peço encarecidamente que pare agora mesmo e avalie sua motivação: por que você diz sim com tanta frequência às pessoas que pedem coisas a você? Não estou me referindo a escolhas entre *o bem* e *o mal*, mas a escolhas entre *o bom* e *o melhor*. Perceba que dizer sim a alguma coisa é dizer não a outra. Geralmente, dizer não às coisas boas permitirá oportunidades de dizer sim a questões muito mais importantes.

Caso você não esteja levando Deus a sério como costumava fazer, saberia identificar uma área onde a erosão já começou? Você ousaria ser honesto o suficiente para identificar a situação, por mais dolorosa que possa parecer? Jamais perceberemos a erosão pessoal se nunca pararmos para avaliá-la. A mudança é vagarosa, silenciosa e sutil demais, bastante semelhante ao sapo cozido no tubo de proveta.

Peço que encontre, ainda hoje, um lugar silencioso e faça a si mesmo essas duas perguntas:

- Jesus é realmente o primeiro amor da minha vida?
- Ele faz verdadeiramente alguma diferença na maneira como vivo?

A misericórdia de Deus está disponível neste exato momento, e ele o ajudará a enfrentar essas questões. Reconheça honestamente sua situação. Deus não o repreenderá por esse tipo de honestidade. Pelo contrário, ele o receberá de braços abertos. Observe a belíssima oração do rei Davi após um surto infeliz de erosão:

> Os sacrifícios que agradam a Deus são um espírito quebrantado; um coração quebrantado e contrito, ó Deus, não desprezarás.
>
> Salmos 51.17

Isso se chama arrependimento, a única cura para a erosão.

capítulo oito

É HORA DE COMPENSAR OS ESTRAGOS

> *Em uma guinada assustadora, a pregação da cruz é considerada hoje loucura não apenas para o mundo, mas também para a igreja contemporânea.*
>
> Steven J. Lawson

— Minha esposa ligou para você, não é mesmo?

Quando me virei para encarar o autor da pergunta, logo após o culto matinal, vi um homem me encarando com uma expressão séria. Estendi a mão para cumprimentá-lo e, com um sorriso no rosto, respondi:

— Perdão, o que disse?

— Minha esposa ligou para você, não é mesmo? — repetiu ele, sem me cumprimentar.

— Desculpe, mas não sei quem é sua esposa.

— Não venha com gracinhas para cima de mim, pregador — exigiu ele. — Ela ligou para você esta semana, não ligou?

Meu sorriso desapareceu.

— Não, eu não falei c...

— Ela não ligou para contar o que aconteceu conosco esta semana?

— Não.

— Ao ouvir sua pregação esta manhã, pensei que fosse dirigida diretamente a mim, por causa da ligação dela.

— Meu amigo, eu nem mesmo sei o seu nome.

Acredite ou não, esse tipo de conversa aconteceu várias vezes comigo. Na verdade, acontece com muitos pastores. O poder de persuasão da Palavra de Deus penetra os lugares mais secretos do coração. É assombrosa a maneira como o Espírito de Deus inflama as palavras das Escrituras nos lábios do pregador e as aplica pessoalmente a cada ouvinte. A exemplo daquele sujeito que veio falar comigo após o culto, várias pessoas ao longo dos anos pensam que obtive acesso a suas correspondências pessoais ou a conversas particulares com seus cônjuges durante a semana. Sempre preciso esclarecer que nunca tive acesso a nenhuma dessas coisas, mas Deus tem.

A Palavra de Deus é penetrante, pungente, persuasiva e reconfortante — tudo ao mesmo tempo. A pregação bíblica expõe a hipocrisia e fere o farisaísmo individual ao mesmo tempo em que anima o cansado e o abatido. Nada mais além da Bíblia tem o poder de penetrar as grossas camadas de nosso verniz espiritual. Conforme escreve o autor do livro de Hebreus:

> Pois a Palavra de Deus é viva e eficaz, e mais afiada que qualquer espada de dois gumes; ela penetra ao ponto de dividir alma e espírito, juntas e medulas, e julga os pensamentos e intenções do coração.
>
> Hebreus 4.12

É por essa razão que a igreja precisa incluir uma pregação audaciosa da Palavra de Deus. A proclamação da palavra é fundamental para a vida e para a piedade. Nossa cultura não oferece verdades pelas quais possamos viver. Nossos tempos modernos de selvageria não fornecem nenhum discernimento para alcançarmos a vida eterna. Até mesmo nossas instituições educacionais, embora competentes para nos ensinar a ganhar dinheiro, nada fazem com o objetivo de nos preparar para a vida. Somente a Palavra de Deus é capaz disso. Infelizmente, as pessoas têm encontrado pouco auxílio em igrejas — não poucas — onde a Bíblia deveria ser proclamada de modo consistente e convicto.

Jamais esquecerei a semana que passei com vítimas de inanição. Entretanto, não era possível identificar o problema delas apenas pela aparência exterior: todas usavam boas roupas, pareciam bem alimentadas e dirigiam belos carros; a maioria recebeu educação da melhor qualidade. Enfim, exibiam todas as características de uma qualidade de vida material excelente, mas mesmo assim estavam famintas. Ao me levantar para falar com elas, não me saía da mente o pensamento de que estavam sofrendo os efeitos da inanição. Não era fome de pão e água, mas fome de ouvir a Palavra de Deus. Estavam tão ávidas que devoraram até os princípios mais fundamentais da Palavra de Deus. A fome que tinham da verdade era tão grande que algumas tomavam nota do sermão mesmo quando eu não estava falando!

Não estamos passando fome de igrejas, pois elas estão disponíveis às pencas. Algumas áreas metropolitanas possuem literalmente centenas de igrejas dentro do perímetro urbano. Nos Estados Unidos temos igrejas, capelas e catedrais aos milhares. Então, por que estamos famintos? Simplesmente porque a Palavra de Deus foi substituída por alimento artificial. Os lobos do pós-modernismo invadiram nossas despensas, de modo que hoje as igrejas, outrora casas de adoração e de banquetes, se tornaram casas de fome. O som dos sinos que chamam para o jantar toca todos os domingos nas igrejas, onde mesas belíssimas são arrumadas com louças de porcelana e talheres de prata — mas não há comida sólida, apenas porcaria industrializada. Todos vão embora famintos.

Se Rip van Winkel[1] fosse um cristão que, depois de cair em um sono profundo cinquenta anos atrás, tivesse acordado semana passada, provavelmente ficaria estarrecido. Ele jamais sonharia que a igreja pudesse ter mudado tanto. A igreja contemporânea oferece muito pouco em termos de nutrição aos adoradores famintos. Não deveria causar espanto, portanto, a grande fome que existe por aí. O que levou a igreja a se desviar da Palavra de Deus enquanto o velho Rip tirava seu cochilo? O pastor Steven J. Lawson explica:

> Ao mesmo tempo em que a igreja avança rumo ao século 21, o estresse para produzir ministérios bem-sucedidos nunca foi tão grande. Influenciada por fusões corporativistas, construções de arranha-céus, economia em expansão e a ideia de que maior é sinônimo de melhor, em nenhum outro lugar essa mentalidade de "Wall Street" é hoje mais evidente que dentro da igreja. É triste dizer, mas a pressão por resultados tem levado muitos ministérios a sacrificar a centralidade da pregação bíblica diante do altar do pragmatismo humano.
> Está surgindo uma ideia diferente de "fazer" igreja. Nessa substituição radical de paradigma, a exposição está sendo substituída pelo entretenimento, a pregação pelo desempenho, a doutrina pelo drama e a teologia pela encenação. O púlpito, outrora o foco principal da igreja, agora está sendo eclipsado por uma variedade de técnicas para aumentar a audiência, desde estilos de culto modernos e apresentações bregas a espetáculos pomposos. Com o objetivo de buscar a melhor maneira de atrair as pessoas, uma nova onda de pastores está reinventando a igreja e reempacotando o evangelho como um produto para ser vendido aos "consumidores".
> Tudo o que funciona em determinada igreja está sendo exportado como franquia a vários "mercados" estrangeiros. A exemplo da descoberta do ouro nas montanhas da Califórnia, os ministros estão correndo atrás das igrejas de grande explosão numérica e de superconferências extravagantes em que se anuncia a última grande "sacada". Infelizmente, esses novos filões de ouro com frequência têm se revelado "ouro de tolos". Nem tudo o que reluz é ouro.
> Concordo que os pastores podem aprender com igrejas em crescimento e ministérios bem-sucedidos. Contudo, se quiser

contar com as bênçãos divinas, a obra de Deus deve ser realizada à maneira de Deus. É ele quem providencia o poder e apenas ele recebe a glória conforme obedecemos a sua prescrição divina para o ministério. Adotar artifícios humanos, geralmente imitando as estratégias mundanas, é confiar na força da carne, e quem leva a glória é o homem. [...] Em uma guinada assustadora, a pregação da cruz é considerada hoje loucura não apenas para o mundo, mas também para a igreja contemporânea.[2]

Acho fascinantes as palavras que Lawson utiliza: *resultados*, *consumidores*, *mercados*. Até parece que está descrevendo um plano de negócios para abrir mais um café da Starbucks.

Jesus predisse que as portas do inferno não prevalecerão contra a igreja (Mt 16.18). Isso não quer dizer, entretanto, que o inimigo deixará de tentar destruí-la de todas as formas possíveis. Uma das causas mais devastadoras da erosão na igreja tem sido a negligência dos pastores com a proclamação audaciosa da Palavra de Deus. Hoje muitos pastores sobem ao púlpito com relutância, muitas vezes como se estivessem a pedir desculpas, envergonhados de seu chamado. Eles abandonaram o fundamento da convicção. O resultado: suas congregações estão famintas.

O LAMENTO DE UM PASTOR SOLITÁRIO

Eugene Peterson escreveu, enquanto ministrava como pastor na Christ Our King Presbyterian Church, em Bel Air, Maryland:

> Os pastores estão abandonando seus postos, desviando-se para a direita e para a esquerda, com frequência alarmante. Isso não quer dizer que estejam deixando a Igreja e sendo contratados por alguma empresa. As congregações ainda pagam seus salários, o nome deles ainda consta no boletim dominical e continuam a subir ao púlpito domingo após domingo. O que estão abandonando é o posto, o *chamado*. Prostituíram-se após outros deuses. Aquilo que fazem e alegam ser ministério pastoral não

> *tem* a menor relação com as atitudes dos pastores que fizeram a história nos últimos vinte séculos. [...].
> Os pastores se transformaram em um grupo de gerentes de lojas, sendo que os estabelecimentos comerciais que dirigem são as igrejas. As preocupações são as mesmas dos gerentes: como manter os clientes felizes, como atraí-los para que não vão às lojas concorrentes que ficam na mesma rua, como embalar os produtos de forma que os consumidores gastem mais dinheiro com eles.
> Alguns pastores são ótimos gerentes, atraindo muitos consumidores, levantando grandes somas em dinheiro e desenvolvendo uma excelente reputação. Ainda assim, o que fazem é gerenciar uma loja. Religiosa mas, de toda forma, uma loja. Esses empreendedores têm sua mente ocupada por estratégias semelhantes às de franquias de *fast-food* [...].
> A verdade bíblica é que não existem igrejas cheias de sucesso. Pelo contrário, o que há são comunidades de pecadores, reunidos semana após semana perante Deus em cidades e vilarejos por todo o mundo. O Espírito Santo os reúne e trabalha neles. Nessas comunidades de pecadores, um é chamado pastor e se torna responsável por manter todos atentos a Deus. E é essa responsabilidade que tem sido completamente abandonada.[3]

Confesso que há dias em que me sinto exatamente assim! Para onde foram os pregadores convictos? Rememorando as últimas décadas, recordo-me de muitos homens firmes que enchiam os púlpitos. E não eram irracionais nem fanáticos desequilibrados, mas homens inteligentes, eruditos, pesquisadores cuidadosos das Escrituras Sagradas. Eram pastores que reconfortavam os aflitos e afligiam os confortados. Mais importante, porém: falavam em nome de Deus, defendiam a verdade, passavam momentos ajoelhados e estudavam seus livros com grande atenção. A vida deles era uma bênção, pois se consideravam tutores da revelação divina. Mas isso é passado; hoje tudo é diferente. Atualmente a categoria de pregadores genuínos e confiáveis é vergonhosamente minúscula.

O que a igreja pode fazer para interromper a fome que se alastra?

Três profetas corajosos
Em lugar de estudarmos vários porta-vozes contemporâneos de Deus, voltemos mais de 25 séculos no passado para entrevistar três indivíduos do Antigo Testamento. Talvez pareça uma seleção improvável, especialmente em um livro que trata da igreja, porém são modelos de pregadores que defenderam a verdade em culturas que se desviaram espiritualmente. E mais que isso, eram pessoas cujos atos abençoavam suas palavras inspiradas.

Ezequiel fala a uma congregação volúvel
O profeta Ezequiel tinha uma tarefa difícil e bem definida pela frente. O exército babilônio invadira Jerusalém, saqueara a cidade, destruíra os muros e reduzira o templo a ruínas. Cerca de dez mil judeus foram arrastados para o exílio na Babilônia, onde passaram a morar em uma espécie de campo de concentração. Conforme escreveu o salmista:

> Junto aos rios da Babilônia, nós nos sentamos e choramos com saudade de Sião. Ali, nos salgueiros penduramos as nossas harpas; ali os nossos captores pediam-nos canções, os nossos opressores exigiam canções alegres, dizendo: "Cantem para nós uma das canções de Sião!" Como poderíamos cantar as canções do Senhor numa terra estrangeira?
>
> Salmos 137.1-4

O povo de Deus se tornou forasteiro e exilado: estrangeiros em uma terra estranha. E pior, aqueles homens e mulheres tornaram-se cínicos. Ao invés de a experiência produzir-lhes humilhação, tornaram-se rebeldes e irônicos e deixaram de cantar. Foi a esse povo hostil que Deus enviou Ezequiel. Pondere a respeito do modo como o profeta descreve o chamado de Deus:

> Ele me disse: "Filho do homem, fique de pé, que vou falar com você". Enquanto ele falava, o Espírito entrou em mim e me pôs de pé, e ouvi aquele que me falava. Ele disse: "Filho do homem, vou enviá-lo aos israelitas, nação rebelde que se revoltou contra mim; até hoje eles e os seus antepassados têm e revoltado contra mim. [...] E você, filho do homem, não tenha medo dessa gente nem das suas palavras. Não tenha medo, ainda que o cerquem espinheiros e você viva entre escorpiões. Não tenha medo do que disserem, nem fique apavorado ao vê-los, embora sejam uma nação rebelde. Você lhes falará as minhas palavras, quer ouçam quer deixem de ouvir, pois são rebeldes.
> Ezequiel 2.1-3,6-7

Eis o que eu chamaria de um ministério difícil! Ezequiel deve pregar a um povo que retribui com ferroadas e espinhos. O povo não estava interessado naquilo que o profeta tinha a dizer. Deus diz a Ezequiel que aquela gente era uma "casa rebelde". Observe três fatos importantes:

1. O chamado de Ezequiel exigia que se prestasse atenção a Deus, não às pessoas ao redor (2.1-3).
2. A mensagem de Ezequiel deveria ser proclamada, quer as pessoas o ouvissem ou não (3.7-11).
3. Ezequiel deveria permanecer firme, independentemente da maneira como fosse tratado (33.30-33).

Que tarefa desagradável!
Anos atrás um de meus mentores me disse que os últimos quatro versículos de Ezequiel 33 seriam uma boa descrição do

meu futuro ministério. Depois de ouvir isso fui correndo abrir minha Bíblia no capítulo 33 de Ezequiel e li, pela primeira vez, estes versículos:

> Quanto a você, filho do homem, seus compatriotas estão conversando sobre você junto aos muros e às portas das casas, dizendo uns aos outros: "Venham ouvir a mensagem que veio da parte do SENHOR". O meu povo vem a você, como costuma fazer, e se assentam para ouvir as suas palavras, mas não as põe em prática. Com a boca eles expressam devoção, mas o coração deles está ávido de ganhos injustos.
>
> Ezequiel 33.30-31

Não demorou muito para eu memorizar essa passagem, bem como os dois versículos seguintes. Um sábio pregador do evangelho certamente traria esses quatro versículos guardados na memória, pois compõem um dos trechos mais eloquentes do Antigo Testamento a respeito do papel do pregador. Essa passagem é dolorosamente relevante em nossa época e oferece um conselho esplêndido a todos os pregadores tratados com desprezo. Além disso, funciona como um excelente sistema de controle de expectativas! Ela expõe o modo como a congregação pode vir a se opor à pessoa chamada para falar em nome de Deus em seu meio. Algumas vezes a Bíblia informa sobre porta-vozes infiéis que deixaram de defender a verdade e de proclamá-la. Outras vezes, como é o caso aqui, as Escrituras revelam que os papéis podem ser invertidos, de modo que a culpa recai naqueles que *ouvem* a verdade, e não naqueles que a *defendem e proclamam*.

É isso o que está acontecendo em pleno século 21! As pessoas congregam para receber entretenimento. "Fale o que eu quero ouvir, diga-me que sou legal. Apresente alguns princípios de autoajuda para que eu possa me sentir bem. Mas, *pelo amor de qualquer coisa*, não fale do meu pecado." Lamentavelmente, muitos pastores se renderam às multidões depois de tanto ouvir coisas semelhantes. Certa vez assisti à entrevista de um "pastor" (creio que você saberia de quem estou falando se eu mencionasse o nome) que se considera porta-voz de Deus. Fiquei chocado quando ele admitiu: "Eu nunca uso a palavra *pecado*. As pessoas já sabem o que é isso". Será que sabem mesmo? Esse tipo de transigência não está de acordo com o mandamento de Deus a Ezequiel: "Você lhes falará as minhas palavras, quer ouçam quer deixem de ouvir". Observe que Deus disse: "falará as minhas palavras", o que inclui aquela palavrinha que começa com "p".

Ezequiel se recusou a satisfazer os desejos do povo. Ao contrário, obedeceu ao Senhor e proclamou a verdade. De fato, o profeta fez isso de um modo tão eloquente que a notícia começou a se espalhar: "Ei, quer ouvir um bom orador? Então venha conhecer Ezequiel. O cara é o melhor pregador que já ouvi!". E as pessoas vieram, sentaram-se e escutaram — mas se recusaram a *aplicar* o que ouviram. Por quê? Preferiram fazer o que desejavam: correr atrás do "lucro", conforme a inclinação de seu coração ganancioso. Em outras palavras, cada um só se importava consigo. Nesse caso, porque vinham ouvir a pregação de Ezequiel? Deus declara o motivo:

> De fato, para eles você não é nada mais que cantor que entoa cânticos de amor com uma bela voz e que sabe tocar um instrumento, pois eles ouvem as suas palavras, mas não as põem em prática.
>
> Ezequiel 33.32

A versão parafraseada *A Mensagem* oferece a seguinte tradução: "Você é um simples entretenimento — um cantor popular com com suas melancólicas canções de amor e seu instrumento musical". Eles consideravam Ezequiel um orador eloquente de voz agradável e excelente pronúncia. Contudo, depois dos aplausos, tudo voltava a ser como era antes. Esqueciam a mensagem; os pecados continuavam.

Ouvir a Palavra de Deus não tem a ver com entretenimento, sentir-se bem consigo mesmo, ficar impressionado com o talento do orador ou simplesmente ouvir alguém falar. Antes, tem a ver com mudança de vida. O próximo versículo soa como o bater do martelo do juiz sobre a mesa:

> Quando tudo isso acontecer — e certamente acontecerá — eles saberão que um profeta esteve no meio deles.
>
> Ezequiel 33.33

O último versículo do capítulo termina em tom melancólico. Quando sobrevierem os tempos difíceis, quando a voz do pregador fiel tiver desaparecido e for apenas uma memória distante, quando a igreja de outrora estiver reduzida a uma casca oca, o arrependimento será palpável! Restará apenas uma recordação: "Tivemos um profeta aqui no passado".

Cynthia e eu encontramos recentemente um amigo de longa data. Ele trabalha em uma megaigreja que no passado fora um lugar contagiante, de pregações poderosas, espírito de evangelismo, envolvimento com missões, comunhão significativa, cultos inspirados, vários departamentos de serviço e um prolífico ministério de gravação de CDs. A igreja equilibrava magnificamente diversas obras de Deus em seu meio. Perguntei a meu amigo como andavam as coisas em sua congregação. Ele fechou os olhos, meneou a cabeça e soltou um gemido:

— Você não acreditaria — suspirou. — É horrível. Não sei se conseguiremos continuar desse jeito. A igreja não é mais a mesma.

— Puxa vida! — disse eu, atordoado. — E como anda o ministério de gravação de CDs? — perguntei hesitante.

— O ministério de CDs? Não há nada para gravar! — despejou ele, juntamente com muitas outras coisas.

Quanto mais ele compartilhava, mais eu me entristecia. Meu amigo se lembrou de uma época em que havia um profeta entre eles, mas o glorioso período de amor pela Palavra de Deus no passado se transformou em uma coisa insípida. Jamais esquecerei o tom melancólico desse amigo, enquanto lamentava o que se havia perdido.

Outra pessoa explicou desta maneira:

> Para alguns, uma crise pessoal pode levá-los a frequentar a igreja, mas apenas como ouvintes superficiais. A exemplo da audiência de Ezequiel, talvez considerem a mensagem interessante e estimulante, mas sem nunca sentir seu poder no coração como uma realidade transformadora. Os pregadores precisam ter o cuidado de não fomentar essa superficialidade. Atualmente existe uma preocupação em criar cultos "específicos para os buscadores", cujo objetivo é apresentar-lhes o evangelho de uma forma atraente. A tarefa da igreja, entretanto, não é reunir buscadores, mas fazer discípulos. [...] A seriedade da mensagem nunca deve ser obscurecida pelo desejo de criar um ambiente mais atraente. A tarefa do pregador não é entreter ou informar, mas apelar de modo veemente para que homens e mulheres fujam da ira vindoura vinculada ao pecado.[4]

A lição que tiramos dessa entrevista com Ezequiel é a seguinte: povo de Deus, não venha aos domingos apenas para sentar e ouvir, mas para tratar com Deus as coisas profundas do coração; permita que a Palavra de Deus invada sua mente e transforme sua vida (cf. Tg 1.22-27). Quanto aos porta-vozes de Deus: sejam fiéis ao seu chamado; recusem-se a cair em desânimo por causa da reação dos outros; não se deixem enganar por palavras agradáveis (geralmente utilizadas como expediente de dissimulação). Jamais esqueçamos de que uma igreja forte hoje não é garantia de uma igreja forte amanhã (cf. 2Tm 4.2; Ap 2.4).

Amós adverte a respeito de uma fome vindoura

Vamos entrevistar agora um profeta chamado Amós. Sempre gostei dele, um garoto do interior natural de Tecoa, cidade de Judá. Além de sua vocação de profeta, Amós também era pastor de ovelhas e plantador de sicômoros, qualidades que o tornavam um autêntico caipira colhedor de figos.

O Senhor ordenou a esse profeta magro e ossudo que fosse ao norte confrontar cara a cara um rei cruel, imoral, infiel e injusto. Israel falhara no teste do prumo de Deus, de modo que Amós compareceu (vestido de macacão?) ao palácio do rei e entregou a mensagem do Senhor ao monarca traiçoeiro:

> Mas, o SENHOR lhe diz: "Sua mulher se tornará uma prostituta na cidade, e os seus filhos e as suas filhas morrerão à espada. Suas terras serão loteadas e você mesmo morrerá numa terra pagã. E Israel certamente irá para o exílio, para longe da sua terra natal".
>
> Amós 7.17

Essa mensagem não é nada fácil de engolir. E que frase introdutória! "Você precisa dizer ao rei que sua esposa em breve se tornará uma prostituta e todos os seus filhos serão mortos à espada." Dificilmente alguém conquistaria amigos ou influenciaria pessoas com uma mensagem dessas! Mas conquistar amigos não é o objetivo do profeta fiel. A tarefa do porta-voz de Deus não é adaptar as palavras para que sejam mais fáceis de engolir. Sim, as palavras precisam ser exatas e sem dúvida devem ser relevantes, mas *nunca devem ser transigentes*. Amós não mudou nenhuma vírgula da mensagem.

"Estão chegando os dias", declara o SENHOR, o Soberano, "em que enviarei fome a toda esta terra; não fome de comida nem sede de água, mas fome e sede de ouvir as palavras do SENHOR. Os homens vaguearão de um mar a outro, do Norte ao Oriente, buscando a palavra do SENHOR, mas não a encontrarão.

Amós 8.11-12

É ou não é uma passagem relevante no século 21? Compreendo o contexto histórico desse trecho, cujas palavras se cumpriram no exílio de Israel em 722 a.C., mas seu princípio permanece eterno e verdadeiro. Amós predisse a vinda de uma época em que a terra sentiria saudades dos grandes profetas de outrora, ansiando por uma voz poderosa da parte de Deus — ou seja, qualquer pessoa que defendesse a verdade de modo corajoso e politicamente incorreto.

Não conheço outra definição mais apropriada de nossa época do que a passagem de Amós 8.11-12. Como nos dias desse profeta, nossos dias também experimentam escassez da Palavra de Deus.

Em um livro impressionante intitulado *Revive us Again* [Restaura-nos outra vez], Walter Kaiser escreve:

> Geralmente, a Bíblia é pouco mais que um livro de provérbios epigramáticos ou um trampolim para discussões a respeito de que tema abordar em nossas publicações. Mas de onde tiramos essa ideia atrevida de que Deus abençoa nossas opiniões ou julgamentos? Quem está a fim de escutar mais um estudo bíblico ou mais uma pregação da Palavra de Deus apenas como desculpa para apresentar outro ponto de vista? Quem disse que Deus abençoa as nossas [...] divagações [...]? Sem dúvida, esse é um dos principais motivos por que a fome da Palavra de Deus continua em proporções gigantescas na maior parte da América do Norte. Certamente, é por isso que a fome do ensino e da pregação da Palavra de Deus continua a crescer ano após ano.

> Homens e mulheres não podem viver apenas de ideias, por mais eloquentes e bem argumentadas que sejam, mas exclusivamente por meio de uma leitura paciente e explanatória de toda a Escritura, linha após linha, parágrafo após parágrafo, capítulo após capítulo, livro após livro. Onde encontraremos tais intérpretes e onde estão seus professores?[5]

Kaiser escreve como um dos profetas de outrora, ainda que seja contemporâneo a nós (e alguém que pratica o que prega). As pessoas *anseiam* por alimento para a alma, pelos nutrientes da Palavra de Deus; porém, não encontram esse sustento. Repito: há uma terrível escassez de alimento em nossa terra. A congregação faminta que encontrei é uma confirmação desse fato.

A experiência de Amós revela outra razão para essa escassez. Em sua época, a liderança de Israel estava corrompida e arruinada, carente de uma confrontação direta com a verdade, por meio de um pregador intransigente. Em seu livro formidável intitulado *Liderança espiritual*, J. Oswald Sanders escreve:

> Se alguém não estiver preparado para pagar um alto preço, maior do que seus contemporâneos e colegas estejam dispostos a pagar, não deverá aspirar à liderança no trabalho de Deus. A verdadeira liderança exige custo elevado, a ser cobrado do líder e, quanto mais eficiente a liderança, maior o custo.[6]

Muitos anos atrás, pastoreei uma igreja pequena. Durante meu ministério naquela congregação, conheci um sujeito difícil que ocupava um cargo de liderança. Ele influenciou bastante minha ida àquela igreja e descobri que sua intenção era continuar me influenciando mesmo depois de minha transferência para lá. Com o passar do tempo, a tensão entre nós aumentou. Toda vez que eu o procurava para tentar resolver a questão, ele se esquivava. Ele não tinha interesse em resolver o problema; na verdade, até mesmo negou que houvesse um problema. Comecei a me sentir cada vez mais solitário e intimidado. Não havia quem me defendesse, não havia ninguém a quem eu pudesse recorrer, pois os presbíteros não enxergavam nada de errado.

Depois de vários acontecimentos que só pioraram a situação, em uma bela manhã de inverno ele veio falar comigo. Eu estava sozinho na igreja quando ele entrou pela porta do meu escritório, apoiou-se na mesa e disse: "Quero mostrar uma coisa para você". Ele abriu a jaqueta e disse: "Eu tenho uma arma". Para minha surpresa, ele puxou uma pistola do coldre, tirou o carregador e despejou seis balas na palma da mão. "E ela está sempre carregada. Só para você saber." (Naquele momento pensei em dizer: "Muito obrigado pela dica".)

Em seguida, ele recolocou os projéteis no carregador, inseriu uma bala na câmara e me encarou: "*Nunca* se meta comigo", advertiu, e saiu da sala.

Isso, companheiros, é o que chamo de ameaça! Não me lembro de outra ocasião em que senti tanto medo, nem mesmo quando passei uma temporada no corpo de fuzileiros. Acredite ou não, esse homem ocupava uma posição de liderança em nossa igreja e, para piorar, todos gostavam dele. Um verdadeiro lobo vestido em pele de ovelha! James Montgomery Boice escreve:

> No ápice da Reforma, quando Martinho Lutero desafiava a corrupção da igreja medieval por meio da redescoberta da pregação e da exegese bíblica sólida, o papa Leo X publicou uma bula papal contra Lutero, queixando-se: "um porco selvagem está a pilhar a vinha de Deus". É claro que Lutero não estava fazendo isso. Ao contrário, parecia um profeta do Antigo Testamento chamando a igreja desviada para que voltasse às suas raízes apostólicas. Entretanto, porcos selvagens têm de fato pilhado a igreja de tempos em tempos.[7]

Alguns de vocês participam da liderança de suas igrejas e pagam um alto preço por permanecerem firmes em seus princípios.

Respeito vocês por isso, e agradeço sinceramente por serem homens e mulheres de coragem e convicção. Lamento que tenham de lidar com os porcos selvagens que têm invadido a vinha de Deus, mas isso é parte do nosso trabalho como líderes. Conforme o apóstolo Paulo chama a atenção dos cristãos romanos:

> Recomendo-lhes, irmãos, que tomem cuidado com aqueles que causam divisões e colocam obstáculos ao ensino que vocês têm recebido. Afastem-se deles. Pois essas pessoas não estão servindo a Cristo, nosso Senhor, mas a seus próprios apetites. Mediante palavras e bajulação, enganam o coração dos ingênuos.
>
> Romanos 16.17-18

Enfrentar problemas no ministério não é novidade. Os fariseus e seus legalismos já existiam no primeiro século, como também os heréticos e seus falsos ensinamentos, além de desertores que se tornaram cínicos e amargurados. Sempre existiram enganadores e impostores com sua esperteza e duplicidade, encrenqueiros que atacaram vários apóstolos e companheiros cristãos. Paulo confessa que também esteve engajado em destruir a igreja na época em que andava perdido (cf. At 8.3; 9.1-2; 1Tm 1.13). Paulo advertiu aos presbíteros de Éfeso que estavam em Mileto para que prestassem atenção aos lobos selvagens que se levantariam em suas congregações (cf. At 20.28-31). Havia também legalistas que ameaçavam a liberdade cristã dos cristãos da Galácia (cf. Gl 2.4). Um inimigo implacável de Paulo era "Alexandre, o ferreiro" (2Tm 4.14). O idoso apóstolo João adverte que Diótrefes "gosta muito de ser o mais importante" (3Jo 9). Para mim, esse Diótrefes era um "mandachuva" na igreja (quem sabe ele também andasse armado!).

É claro que Deus poderia impedir qualquer porco selvagem que tentasse entrar em suas vinhas, mas ele não os impede.

Ao contrário, geralmente permite que causem estrago (algum dia espero entender o porquê). Nós, homens e mulheres que exercemos o ministério, precisamos encarar o fato de que *sempre* haverá pessoas dispostas a causar dissensão e obstáculos. Isso é inevitável. Devemos, portanto, nos opor firmemente a elas. Muitas vezes me lembro das palavras de Paulo aos romanos, escritas logo após sua advertência a respeito dos porcos selvagens:

> Em breve o Deus da paz esmagará Satanás debaixo dos pés de vocês. A graça de nosso Senhor Jesus seja com vocês.
> Romanos 16.20

Devemos agradecer por tal promessa. Confesso, todavia, que aguardo impaciente seu cumprimento. Muitas vezes me vem à mente o seguinte pensamento: "Deus, eu sei que o Senhor é soberano, poderoso e bom, mas, por favor, apresse-se!". Queremos que Deus esmague Satanás *agora*, mas ele não faz isso. Por quê? Jesus ainda está construindo sua igreja. Enquanto isso, Satanás continua a atacá-la.

A propósito, nosso adversário muito se alegrará se conseguir realizar seus planos diabólicos por intermédio de você ou de mim. Se não prestarmos atenção, corremos o risco de nos transformar em porcos selvagens e passar de pessoas esclarecidas a pessimistas cínicos. Precisamos evitar a impulsividade de querer controlar as coisas, de exercer o ministério na força da carne e de operar por meio de uma mentalidade superficial. Quanto maior o tempo de ministério de uma pessoa, maior sua capacidade de realizar tarefas de um modo cada vez mais fácil e mais rápido do que no início, de maneira que não demora muito a surgir os sintomas do tédio e daquela rotina monótona à qual a igreja de Éfeso sucumbiu depois de várias décadas. "Em breve", promete o Senhor, " esmagarei o inimigo para sempre. Até lá, que a graça do Senhor Jesus seja com todos vocês".

Entrevistamos Ezequiel e ouvimos a mensagem terrível que sua congregação não quis aceitar. Também entrevistamos Amós enquanto confrontava cara a cara os pesos pesados da política de seu tempo. Ainda falta entrevistar outro profeta; pelo menos, este tem boas notícias a dizer.

Joel prediz um futuro promissor

Em uma ocasião anos atrás, enquanto minha família ainda morava na Califórnia, voltávamos para casa após uma semana maravilhosa de retiro no Mount Hermon Conference Center, quando parei em um posto de gasolina ao final da tarde. Ao sair do automóvel, senti que pisei em alguma coisa crocante. Não, não era Satanás. Eram insetos! Em pouco tempo eles cobriram o para-brisa do carro e começaram a andar até pelo meu pescoço. Saí correndo para abrir a tampa do tanque e enfiei o bocal da bomba no reservatório ao mesmo tempo em que tentava tirar os insetos de cima de mim. Eles estavam por toda parte e emitiam um zunido constante, como o de um motor de carro ligado em marcha lenta. (Senti-me como se estivesse participando de um filme de Alfred Hitchcock ou algo pior).

— Que insetos são esses? — perguntei ao frentista quando fui pagar a conta.

— Ah, são aqueles gafanhotos desgraçados — resmungou. — Estamos completando sete anos de praga. — Então ele apontou para um lugar no horizonte e disse: — Dê uma olhada ali.

Eu me virei e vi um campo de talos secos e marrons brotando do chão. Aquilo fora uma plantação verdejante. Em seguida, ele apontou outra direção:

— Agora dê uma olhada naquele lado.

O campo do outro lado estava todo verde. Os gafanhotos se moviam devagar e continuamente pelo território.

— Não vemos a hora de essa praga ir embora — disse ele. — Eles comem tudo que encontram pelo caminho!

Eu nunca tinha visto algo assim, e creio que jamais tornarei a ver.

Na época do profeta Joel, as pessoas também enfrentaram escassez de alimentos sobre a terra. Na verdade, foi a praga mais devastadora que viram na vida. Todos os tipos possíveis de gafanhotos se puseram a destruir o solo: os que rastejam, os que migram, os que cortam e os que destroem. Joel escreveu a partir da fascinante perspectiva de Deus, referindo-se a esses insetos como "o meu grande exército que enviei contra vocês" (Jl 2.25). Tendo domínio sobre sua criação, Deus disse aos gafanhotos: "Pega!" (ou qualquer outro comando para colocar em marcha seu exército de insetos), e então ondas e mais ondas dessa praga destrutiva começaram a varrer a terra. Joel identifica aquela escassez como obra de Deus.

Apesar disso, o profeta tem boas notícias. Trata-se de uma promessa apresentada pelo mesmo Deus logo em seguida. Eis o versículo em sua totalidade:

> Vou compensá-los pelos anos de colheitas que os gafanhotos destruíram: gafanhoto peregrino, o gafanhoto devastador e o gafanhoto cortador, o meu grande exército que enviei contra vocês.
>
> Joel 2.25

Joel escreve palavras de grande esperança em meio a uma extensa destruição. Deus promete restaurar os anos de devastação causados pelos gafanhotos. De que maneira? O que seria preciso para interromper a praga e encerrar a escassez? Joel revela o modo como isso ocorreria:

> "Agora, porém", declara o SENHOR, "voltem-se para mim de todo o coração, com jejum, lamento e pranto." Rasguem o coração, e não as vestes. Voltem-se para o SENHOR, o seu Deus,

> pois ele é misericordioso e compassivo, muito paciente e cheio de amor; arrepende-se, e não envia a desgraça.
>
> Joel 2.12-13

Nosso Deus é misericordioso! "Ainda assim, depois de todos os pecados que vocês cometeram, apesar de todo o dano que causaram, e não obstante os resultados catastróficos da falta de fidelidade de vocês, o arrependimento trará a restauração". Que promessa! Deus diz: "Voltem-se para mim de todo o coração", uma atitude que, para eles, deveria ser demonstrada externamente por meio de jejum, choro e pranto. Entretanto, essas manifestações exteriores não são que Deus procura; elas apenas representam o que se passa no coração: "Rasguem o coração, e não as vestes", ordena o Senhor. Para um hebreu da Antiguidade, o ato de rasgar as vestes era um sinal de lamentação ou de dor profunda. Um mandamento semelhante aparece em outra passagem: "Sejam fiéis, de coração, à sua aliança; e deixem de ser obstinados." (Dt 10.16). Como cristãos, poderíamos exprimir da seguinte maneira: "Batizai o coração, e não o corpo". Em outras palavras, ao executar uma ação certifique-se de manter a atitude adequada. Conforme escreve Joel, caso o povo e os ministros de Deus se ajuntassem para chorar e orar com sinceridade (cf. Jl 2.16-17), então Deus responderia. Não negligencie a promessa de Deus:

> *Então*, o SENHOR mostrou zelo por sua terra e teve piedade do seu povo.
>
> Joel 2.18

Essa é uma de minhas passagens favoritas no Antigo Testamento, por causa da promessa graciosa de Deus: o Senhor derramaria bênçãos sobre seu povo quando este voltasse em arrependimento genuíno. É isso o que desejo para a igreja de Jesus Cristo hoje! É isso o que significa o despertar da igreja!

Mas como chegar a esse ponto?

Mudanças necessárias

Precisamos identificar três mudanças a fim de interromper a escassez e iniciar o processo que proporcionará o favor de Deus à igreja.

O povo de Deus precisa voltar a sentir fome e sede da retidão do Senhor

Está na hora de os cristãos protestarem contra aqueles que conduziram a igreja na direção errada. Como cristãos, precisamos exigir a suspensão imediata da religiosidade superficial que tomou o lugar da sinceridade pessoal, rejeitar o entretenimento e parar de chamar o entretenimento de "culto". É hora de declarar abertamente o desejo de receber de nossos pastores um ensino profundo da Palavra de Deus, e não apenas minissermões de doze minutos. Precisamos começar a buscar nosso pastor com a intenção de que ele nos prepare para a obra no ministério, em vez de esperar que ele realize todo o trabalho por nós.

Além disso, o povo de Deus precisa parar de sustentar e frequentar ministérios midiáticos que omitem a verdade. Esses "ministérios" só têm a oferecer porcaria industrializada de auto-ajuda que não alimenta a alma. Não haverá mudança enquanto o povo de Deus não se rebelar contra esse tipo de modismo sem sentido. Colocando de forma mais positiva, precisamos voltar a ter fome e sede de justiça, aquela justiça que só pode ser ensinada e encontrada na Palavra de Deus.

Os ministros de Deus precisam se arrepender da negligência no cumprimento de seu chamado

Dissemos que houve um erro médico quando os profissionais da saúde não realizam seu trabalho corretamente. Trata-se de uma situação impossível de aceitar, sem exceções, uma vez que consiste em algo injustificável. Dizemos que há fraude quando os investidores tiram vantagem daqueles que lhes entregaram suas finanças para serem gerenciadas com integridade. A fraude é um ato criminoso intolerável. Por alguma razão, entretanto, as pessoas dão de ombros e saem de mansinho quando os pastores deixam de cumprir seu chamado. Essa situação não pode continuar!

Certo pastor, minimizando a importância da pregação na igreja, sugeriu uma abordagem "multissensorial" em relação ao culto. Com isso ele quis dizer:

> Hoje vemos a arte sendo incorporada ao culto, o uso de recursos visuais, a prática de disciplinas antigas, o planejamento da congregação de um modo mais participativo que o formato espectador passivo. Em vez de o púlpito e do sermão ocuparem o foco central do culto (ao menos na maioria das igrejas), hoje vemos Jesus como o foco central por meio de uma variedade de expressões criativas de adoração. É verdade que todos os pregadores dizem que Jesus é o centro de suas pregações! O que quero dizer é que o ensino e o aprendizado na igreja emergente acontecem de várias maneiras; já não se trata mais de um indivíduo em pé no púlpito pregando aos outros.[8]

Deus chamou o pastor para ensinar e pastorear "com o fim de preparar os santos para a obra do ministério, para que o corpo de Cristo seja edificado" (Ef 4.12). De fato, o papel do pastor está de tal forma integrado ao papel de ensinar que Paulo cita os dois juntos em sua lista de dons espirituais: "pastores e mestres" (Ef 4.11), isto é, literalmente "pastores-mestres". E o que o pastor deve ensinar? Paulo não dá margem a conjecturas:

> Pregue a palavra, esteja preparado a tempo e fora de tempo, repreenda, corrija, exorte com toda a paciência e doutrina.
> 2Timóteo 4.2

> Procure apresentar-se a Deus aprovado, como obreiro que não tem do que se envergonhar, que maneja corretamente a palavra da verdade.
>
> 2Timóteo 2.15
>
> Até a minha chegada, dedique-se à leitura pública da Escritura, à exortação e ao ensino. Não negligencie o dom que lhe foi dado por mensagem profética com a imposição de mãos dos presbitérios. Seja diligente nessas coisas; dedique-se inteiramente a elas, para que todos vejam o seu progresso.
>
> 1Timóteo 4.13-15

Essas palavras têm um significado literal. Acredite: há períodos em que é muito doloroso passar o dia inteiro no escritório, estudando, esforçando-se para permanecer diligente, sentado por horas a fio a fim de manejar "corretamente a palavra da verdade". Falando com honestidade, muitos pastores precisam admitir sua preguiça e o fato de que prefeririam jogar golfe a cumprir seu chamado de estudar. Apesar de Timóteo ter o dom de pastor-mestre, Paulo ordena: "Seja diligente nessas coisas". Isso se aplica a todos os pastores, não importa quão talentosos sejam. Pastorear é trabalho duro.

Da mesma forma como os cristãos do primeiro século se dedicavam continuamente ao ensino dos apóstolos, os cristãos da igreja do século 21 devem priorizar a pregação da Palavra de Deus em seus cultos. Stephen Olford diz aos pastores: "A leitura da Bíblia é a única parte infalível de sua pregação".[9] Sábias palavras. Todo o restante é falível. Ler a Bíblia em público é expor as pessoas à mensagem infalível e inerrante de Deus. David Wells escreveu:

> Atualmente, muitos na igreja não desejam divulgar essa estrutura de fé apostólica, de modo que a escondem. Os primeiros cristãos a preservavam, mas nós a ultrapassamos. Eles a

guardavam e a vivenciavam, mas nós achamos que isso interfere no sucesso da igreja. Eles pensavam que a igreja não subsistiria sem aplicá-la como princípio fundamental. Eles estavam certos, e nós estamos errados.[10]

Meu apelo é que voltemos à pregação das Escrituras. Durante décadas, a pregação expositiva era encontrada na maioria das igrejas evangélicas e em muitas igrejas das principais denominações protestantes.

Os pastores sabem, melhor que qualquer outra pessoa, quão difícil é definir em termos sucintos e exatos o que significa "pregação expositiva". Recentemente, pediram que eu providenciasse uma definição. Tarefa complicada! Conferindo cerca de cinco fontes confiáveis, verifiquei que essas definições ou eram muito longas ou muito enroladas ou simplesmente confusas, de modo que decidi recomeçar do zero e escrever uma definição de próprio punho. Duas horas depois obtive o seguinte:

• A pregação expositiva é a proclamação das Escrituras Sagradas com o propósito de capacitar os outros a compreender o que Deus escreveu, qual a importância desses registros e de que maneira eles se relacionam com a nossa vida pessoal.

• A fim de que as pessoas compreendam a mensagem de Deus, é necessário que o expositor seja exato na preparação e na pregação da palavra, de modo a permitir que a Bíblia fale por si mesma.

• A compreensão da importância da Palavra de Deus requer que o expositor comunique a verdade de um modo apaixonado, a fim de que o ouvinte seja compelido a prestar atenção e esteja disposto a reagir.

• Para que haja entendimento acerca da maneira como essa mensagem se relaciona à nossa vida, é preciso que o expositor use termos claros, entregue a mensagem de modo a estabelecer uma ligação com as necessidades pessoais de cada um e aplique a mensagem de uma maneira tão específica a ponto de o ouvinte perceber a relevância da Palavra de Deus e a necessidade de alinhar sua vida a ela.

Não há nada de inspirado nessa definição, mas devo admitir que esse processo de reflexão reacendeu minha paixão pela pregação expositiva. Peço encarecidamente que você estude as Escrituras por si mesmo, medite a respeito da ordenança bíblica pastoral e escreva sua própria definição. Se você é pastor, esse processo será útil em sua pregação e servirá de critério para autoavaliar suas mensagens. Por favor, nade contra a correnteza e recoloque a pregação da Palavra de Deus em seu lugar central no culto da igreja. Entretanto, um aviso: é provável que alguns indivíduos pensem que você está lendo a correspondência pessoal deles.

O que é necessário em todas as hierarquias do ministério? Um arrependimento em massa — um rasgo no coração, e não nas vestes, do pastor. Mais uma vez, Eugene Peterson escreve:

> Não conheço outra profissão em que seja tão fácil fingir como a nossa. Existem comportamentos que podemos adotar para sermos considerados, sem nenhum questionamento, conhecedores de mistérios: ter um porte reverente, cultivar uma voz empostada, introduzir em nossas conversas e palestras palavras eruditas [...] Mesmo quando, no meio de ataques de humildade ou honestidade, declaramos que não somos santos, ninguém acredita [...] Ao apresentarmo-lhes um fraco simulacro do que esperam, elas o tomam como real e convivem com ele, atribuindo-nos mãos limpas e corações puros.[11]

Nós, pastores, precisamos parar com esse embuste! Quantos de nós realmente passamos tempo com Deus? Quantos de nós derramamos nosso coração em oração diante do Senhor?

Quantos de nós de fato rogamos pelas almas perdidas? É hora de nos arrependermos do fingimento, da ganância, da tendência ao automatismo e da falta de dedicação à oração diligente. Nós que trabalhamos no ministério precisamos retornar à pesquisa cuidadosa, à meditação séria e prolongada, à busca pela mente divina, à pregação corajosa e contagiante, ao zelo e ao compromisso apaixonado com Deus. Nosso aconselhamento precisa ser prático e honesto. Precisamos confrontar o erro, parar de oferecer tratamento preferencial aos ricos, parar de agradar as pessoas, parar de querer impressionar os outros.

E, por falar nisso, também precisamos dedicar mais atenção à nossa esposa e aos nossos filhos. Quantos pastores dão mais importância ao ministério que à esposa? Quantas esposas estão agonizando enquanto aguardam o amor e o carinho de um marido que se casou com a igreja? Essa situação exige arrependimento. Todos os mentores que marcaram minha vida tinham um lar sólido e uma família igualmente inabalável, pois todos se dedicavam à esposa e aos filhos. Não eram perfeitos, pois falhavam, mas nunca restou a menor dúvida de que o ministério ocupava o *segundo* lugar em sua lista de prioridades, sendo o primeiro posto destinado ao lar, à família e, acima de tudo, ao relacionamento genuíno que desfrutavam com o Deus vivo.

Caro companheiro, temos um chamado. Não deixe que nenhum "porco selvagem" o desvie desse caminho! Não permita que nenhum teimoso pervertido o convença de que você é um fracassado e, portanto, deveria se demitir. Mas se Deus apontar a você outro lugar, siga-o (apenas certifique-se de que é Deus quem fala, e não um sujeito com uma arma escondida na jaqueta). Embora o ministério se torne cada vez mais difícil com o passar do tempo, prometo que também se tornará cada vez mais recompensador. Deus o chamou para a obra. Você recebeu o privilégio inestimável de pregar a Bíblia em nome do Deus incomparável e de falar aberta e ousadamente a um mundo perdido. Rogo a você, colega pastor, que cumpra sua vocação.

A casa de Deus precisa demonstrar o propósito bíblico de sua existência

A igreja é uma casa de oração, não um comércio; é um lugar de adoração, não de entretenimento. Jesus é nosso Salvador, aquele a quem adoramos, e não uma marca a ser comercializada. O corpo de Cristo é um santuário de proteção aos vulneráveis: às crianças, às solteiras, aos maltratados, aos feridos e aos arruinados na vida. A casa de Deus é um refúgio aos que precisam de cuidados especiais e não conseguem manter-se em pé. A igreja é um porto de esperança àqueles que sofrem com o vício. A todos aqueles que procuram uma razão para continuar vivendo depois de um divórcio ou da morte de um ente querido, a igreja pode oferecer a esperança que Deus concede.

Essa maravilhosa oportunidade de ministério que se abre diante da igreja está à espera de apenas uma coisa: o despertar do corpo de Cristo. Dito de modo simples, *o povo de Deus* precisa voltar a ter fome e sede da justiça, *os ministros de Deus* precisam se arrepender da negligência e cumprir seu chamado, e *a casa de Deus* precisa demonstrar o propósito bíblico de sua existência. Apesar de toda a devastação e fome espiritual que assola nossa terra, nunca é tarde demais para se arrepender — pela graça de Deus.

Conclusão

> *Apesar de a igreja estar deformada pelas guerras, golpeada pelas tempestades e erodida pela contaminação, Deus está trabalhando para restaurar o que é seu — consertando, limpando e purificando.*
>
> Ruth Bell Graham

Passamos os últimos oito capítulos examinando o propósito bíblico da existência da igreja, começando com as palavras de Jesus: "edificarei a minha igreja, e as portas do Hades não poderão vencê-la" (Mt 16.18). Que jamais esqueçamos essa profecia e promessa! Jesus *continuará* construindo sua igreja, *apesar de todas as dificuldades*. Recentemente, li com prazer uma passagem de um livro da recém-falecida Ruth Graham, esposa do evangelista Billy Graham. O trecho em questão é intitulado simplesmente Andaimes:

> ANDAIMES
> A famosa Tiananmen (Praça da Paz Celestial) em Pequim, China, estava fechada e rodeada de andaimes de bambu. A estrutura impressionante, originalmente construída durante o reinado do imperador Yung Lo, em 1417, havia sido restaurada em 1651, mas o antigo portão exibia as marcas do tempo, da brutalidade das guerras e revoltas e do ataque da poluição, de modo que uma restauração muito necessária estava em andamento.
> Estive na China em 1980 com meu irmão e duas irmãs como parte de uma romaria de duas semanas ao nosso antigo lar.

Ao término da peregrinação, despedimo-nos em Hong Kong. Rosa, minha irmã mais velha, nunca havia viajado para a Europa, e aquela era uma oportunidade imperdível. Então, embarcamos juntas no avião com destino a Atenas.

Na capital grega, conseguíamos enxergar o Parthenon da janela do hotel, mas ele estava fechado, rodeado de andaimes. A poluição havia realizado em poucos anos aquilo que o tempo e as guerras não conseguiram em dois milênios e meio.

Nossa próxima parada era Paris. Jeanette Evans, alguém que conhecemos desde os tempos de colégio, nos recebeu e nos levou a um *tour* rápido por vários lugares de Paris, e depois nos levou à casa da família de seu marido. Como a casa era perto de Versailles, fomos conhecer essa cidade no dia seguinte. Na realidade, conhecemos apenas uma pequena parte dela.

Versailles, completada em 1689, após trinta anos de construção, é um lugar que precisa ser visto pessoalmente para se acreditar! No século 18, anexou-se a Capela Real, construída a tempo para celebrar o casamento de Luís XVI e Maria Antonieta. E o que encontramos? O lugar estava fechado com andaimes.

Depois disso, viajamos 65 quilômetros para ver a magnífica catedral de Chartres, uma das mais belas representantes do estilo gótico francês. Mais uma vez, o lugar estava rodeado de andaimes.

De Paris voamos até Londres, onde um passeio relâmpago é sempre melhor que passeio nenhum, especialmente se inclui uma visita à abadia de Westminster. E o que encontramos ao nos aproximarmos da extraordinária abadia tão cheia de histórias? Isso mesmo: andaimes.

Será que é assim que o mundo vê a igreja?

Apesar de a igreja estar deformada pelas guerras, golpeada pelas tempestades e erodida pela contaminação, Deus está trabalhando para restaurar o que é seu — consertando, limpando e purificando. Ele vê o fim a partir do início. Ele nos vê "aperfeiçoados em Cristo". Eis que se aproxima o dia em que "seremos semelhantes a ele".

Enquanto isso, porém, o mundo vê principalmente os andaimes.[1]

Jesus está construindo sua igreja — formada de cristãos autênticos que creem em Cristo — com a finalidade de compartilhar sua mensagem e realizar boas obras, as quais Deus preparou de antemão para que andássemos nelas (cf. Ef 2.10). Entretanto, sabemos que até mesmo nas igrejas saudáveis o inimigo está vivo e passa bem, fazendo tudo que está ao seu alcance — agindo por meio da guerra do culto, da poluição moral e da erosão doutrinária — para destruir o que Jesus está construindo. Além disso, a depravação humana está sempre presente, mesmo entre os cristãos. Só é possível prevenir essa erosão vagarosa, sutil e silenciosa, isto é, o desvio do plano mestre de Cristo, por meio de um pensamento claro e bíblico que suplante a mentalidade secular corporativista baseada em opiniões humanas. Examinando os desafios e as prioridades que a igreja primitiva enfrentou, percebemos que o Senhor honrará e abençoará qualquer projeto, que esteja em conformidade com seu plano inspirado e que promova a oração eficaz.

Mesmo inserida em uma cultura caracterizada pelo pós-modernismo e viciada em consumo, a igreja não precisa de truques para atrair as pessoas. Em vez disso, precisa ensinar as verdades bíblicas de maneira interessante e vivenciá-las de modo autêntico e transparente, tanto no relacionamento com nosso Senhor como uns com os outros. A Bíblia afirma que o ministério é contagiante quando permanece forte na graça, quando os mais velhos mentoreiam os mais novos, quando a igreja se une em tempos difíceis e resiste com firmeza a despeito dos desafios. Bem-vindo à vida nos andaimes!

Surpreendentemente, uma das grandes batalhas que a igreja tem enfrentado em anos recentes se refere justamente ao componente que a torna única em uma sociedade secularizada: o culto significativo. O foco na forma de *expressar* a adoração a Deus foi o que produziu esse confronto prolongado, essa "guerra do culto", conforme mencionei anteriormente. Precisamos lembrar da diferença entre a *essência* do culto — aquilo que representa — e a *manifestação* do culto — o modo como nos conectamos a Deus e uns aos outros. A primeira é essencial; a segundo, não. Dificilmente valeria a pena brigar por causa disso.

A igreja precisa despertar e encarar a realidade de que vivemos tempos difíceis, tempos de selvageria! Essa época traiçoeira destruirá nossos lares e nosso coração, se não despertarmos e vigiarmos. Considerando a época perigosa em que estamos inseridos, precisamos permanecer convictos das verdades bíblicas eternas, sem as quais jamais encontraríamos nosso caminho. Além disso, precisamos fazer com que essas verdades cumpram seu propósito em nossa vida cotidiana, por meio da aplicação pessoal, a fim de jamais nos desviarmos do caminho.

A erosão causará estragos se a igreja não prestar atenção à sua época e se deixar de reagir de maneira apropriada. Por favor, lembre-se da igreja de Éfeso, um ministério que começou com muita empolgação pelo Senhor, porém, ao longo dos anos, deixou que esse amor se esfriasse e erodisse. Todos os cristãos devem avaliar regularmente seu nível de erosão espiritual e retornar ao relacionamento vibrante com Jesus Cristo. As disciplinas espirituais têm um papel fundamental no despertar da igreja. Precisamos combinar mente esclarecida e coração afetuoso. A doutrina sempre deve ser balanceada com a devoção.

Vimos que a maioria das igrejas sofre com "porcos selvagens", gente que destrói o ministério ao resistir à autoridade e criar encrencas. São cristãos carnais com objetivos egoístas. A Palavra de Deus diz que esses selvagens devem ser vigiados, confrontados e por fim removidos caso se recusem a se arrepender. Francamente, esse problema não se limita apenas aos membros da igreja; às vezes encontramos porcos selvagens nos púlpitos. A grande esperança do despertar da igreja começa quando os ministros do Senhor percebem o significado do cumprimento do chamado divino e quando o povo de Deus tem fome e sede genuína pela retidão. Estou convencido de que, no final, muitos perceberão o que têm desperdiçado. Algumas pessoas que parecem entrincheiradas em si mesmas e cegas à verdade serão resgatadas das falsidades em que acreditam.

Ao chegarmos ao final deste livro, quero contar uma história, possivelmente apócrifa, que ilustra de que forma a verdade tem o poder de revelar-se a si mesma.

Muitos anos atrás, um jovem extremamente talentoso no salto ornamental estava treinando para competir na próxima olimpíada de verão. Esse rapaz escolheu uma universidade onde seu talento pudesse ser aperfeiçoado por meio de um bom treinador e ótima infraestrutura. O que não estava em seus planos, contudo, era o fato de seu colega de quarto ser um cristão corajoso e sincero.

Conforme transcorriam as semanas, seu colega de quarto compartilhava com ele fielmente a respeito da necessidade de um Salvador, aquele que morreu na cruz a fim de pagar a punição pelo pecado. O saltador, porém, não estava interessado nas coisas espirituais; sua única paixão era obter a medalha de ouro. Mesmo assim, algumas vezes se sentia intimamente perturbado com aquelas palavras, e percebeu que nunca havia pensado a respeito da vida após a morte. Embora nunca tenha comentado com ninguém sobre sua luta interior, a consciência de seu pecado começou a se tornar um peso.

Certa noite, tomado de insônia, levantou-se e atravessou o *campus* em direção à piscina coberta onde treinava, a fim de praticar alguns saltos para espairecer a mente. A piscina da universidade era coberta por um enorme teto de vidro, de modo que, naquela noite, a luz da lua cheia era suficiente para orientá-lo até a plataforma de salto, que tinha 10 metros de altura. Ainda lutando com o peso interior, vestiu seus trajes de mergulho, subiu na plataforma, andou até a extremidade do trampolim, virou-se e esticou os braços em preparação para o salto. Antes de pular, porém, viu de relance sua sombra projetada na parede pela luz do luar. Parou por um momento para observar a silhueta: era a própria sombra projetada em formato de cruz.

Nesse exato momento um zelador acendeu a luz da piscina e gritou ao saltador para que não pulasse. O jovem olhou para baixo e viu, horrorizado, que a piscina havia sido esvaziada! Parado lá em cima, o saltador percebeu que escapara da morte por um triz, e que a projeção da cruz o salvara. Então, ali mesmo na plataforma, ele se ajoelhou e entregou seu peso a Deus, crendo naquele que morrera na cruz para salvá-lo.

Vivemos em uma época perigosa, selvagem, sombria. Não é de admirar que o mundo tenha se perdido. Somente a cruz de Cristo se interpõe entre o abismo da destruição e a vida de bilhões de pessoas suspensas à beira da ruína. E quem é o mensageiro dessa cruz?

A igreja.

Em meio aos gafanhotos, à desolação e à aridez que afligem a época em que vivemos, o Senhor chama sua igreja para que se coloque na brecha, para que permaneça nos andaimes. Ele quer ver seu povo perseverante e engajado em seu projeto de reconstrução. Precisamos personificar aquela paixão característica de Ezequiel, Amós e Joel, também a de Paulo e da igreja primitiva, e obviamente a do próprio Jesus.

Minha esperança é que, como resultado do tempo que gastamos juntos neste livro, você engrene a primeira marcha e comece a sair do ponto morto em que se permitiu ficar. Peço que se envolva com o projeto de resgate de Deus para a nossa época — um projeto enraizado nas Escrituras — ao invés de ser arrastado com os problemas intermináveis de nossos dias.

Não será uma tarefa fácil. *Nunca* é fácil pensar por si mesmo, *nunca* é confortável ser minoria. Porém, assim é a vida nos andaimes! Jesus foi crucificado por resistir bravamente. Os apóstolos foram martirizados por falar a verdade. A igreja primitiva foi perseguida por viver essa verdade. Entretanto, eles viraram o mundo de cabeça para baixo. Muitas pessoas foram resgatadas do vazio e do desespero por meio da mensagem da cruz! Porventura teríamos hoje um chamado diferente?

Não há um Rip van Winkle para acordar. Ao contrário, somos *nós* que precisamos despertar! Que possamos nos tornar pessoas esclarecidas em uma cultura apática. Precisamos ter a coragem de reconhecer a erosão que ocorre em nossas igrejas. Precisamos definir nossa vida em função daquilo que igreja foi chamada a ser. Estou convencido de que, a partir do momento em que despertarmos para o nosso santo e elevado propósito, Deus compensará os anos que os gafanhotos devoraram.

É hora de a igreja despertar e subir nos andaimes. É hora de renovar nossa paixão por aquilo que Jesus está construindo.

E a excelente ortodoxia de Paulo chama nossa atenção para o fato de que não estamos sozinhos nessa empreitada:

> Àquele que é capaz de fazer infinitamente mais do que tudo o que pedimos ou pensamos, de acordo com o seu poder que atua em nós, a ele seja a glória na igreja e em Cristo Jesus, por todas as gerações, para todo o sempre! Amém!
>
> Efésios 3.20-21

Notas

Introdução
[1] Woodrow KROLL, *Back to the Bible: Turning Your Life Around with God's Word*. Sisters: Multnomah, 2000, p. 134.
[2] *The Great Evangelical Disaster*, Wheaton, IL: Crossway Books, 1984, p. 37 [Publicado no Brasil sob o título *O grande desastre evangélico* em: Francis A. SCHAEFFER, *A igreja no século 21*. São Paulo: Cultura Cristã, 2010.]

Capítulo 1
[1] Aurélio Buarque de Holanda Ferreira, *O novo dicionário Eletrônico Aurélio*, versão 5.11a. Editora Positivo, 2004, cf. "erosão".
[2] *The Screwtape Letters*. New York: HarperCollins, 2001, p. 61. [Publicado no Brasil sob o título: *Cartas de um diabo a seu aprendiz*. São Paulo: Martins Fontes, 2009.]
[3] Johannes P. LOUW e Eugene A. NIDA (Eds.), *Greek-English Lexicon of the New Testament Based on Semantic Domains*, 2ª ed., New York: United Bible Societies, 1988-1989. Texto eletrônico preparado e convertido em hipertexto por OakTree Software Inc., versão 3.2.

[4] John R. W. STOTT, *The Spirit, the Church and the World: The Message of Acts*. Downers Grove: InterVarsity Press, 1990, p. 79.

[5] *The Spreading Flame: The Rise and Progress of Christianity from Its First Beginnings to the Conversion of the English*. Eugene: Wipf & Stock, 2004.

[6] *Rut, Rot or Revival: The Conditions of the Church*. Camp Hill: Christian Publications, 1992, p. 178.

[7] Citado por Ted Goodman em *The Forbes Book of Business Quotations: 10.000 Thoughts on the Business of Life*, New York: Black Dog & Leventhal, 2007, p. 553.

[8] Johannes P. LOUW e Eugene A. NIDA (Eds.), *Greek-English Lexicon of the New Testament Based on Semantic Domains*.

Capítulo 2

[1] História publicada em 13 de nov. de 2008 no *Seattle Times*. Disponível em: <http://seattletimes.nwsource.com/html/nationworld/2008386420_apeurussiastolenchurch.html>. Acesso em: 9 de ago. de 2011.

[2] Citação de Mark HATFIELD, *Between a Rock and a Hard Place*. Waco: Word Books, 1977, p. 187.

[3] Citação de Skye JETHANI em *The Divine Commodity: Discovering a Faith Beyond Consumer Christianity*. Grand Rapids: Zondervan, 2009, p. 11.

[4] São Paulo: Shedd, 2009, p. 15-16.

[5] Johannes P. LOUW; Eugene A. NIDA (Eds.), *Greek-English Lexicon of the New Testament Based on Semantic Domains*, 2ª ed., New York: United Bible Societies, 1988-1989. Texto eletrônico preparado e convertido em hipertexto por OakTree Software Inc., versão 3.2.

[6] Idem.

[7] Esta história engraçada provavelmente é falsa, conforme comentário disponível em: <http://www.snopes.com/horrors/techno/radar.asp>, acessado em 10 de ago. de 2011.

[8] Citado por Charles R. Swindoll em *A busca do caráter*. São Paulo: Editora Vida, 1991, p. 23.

[9] Fonte desconhecida.

[10] João CRISÓSTOMO, *Six Books on the Priesthood*. Yonkers: St. Vladimir's Seminary Press, 1996, p. 65.

[11] Kevin A. MILLER, "God Turns Persecution into Opportunity". Disponível em: <http://www.preachingtoday.com>. Acesso em: 15 de ago de 2011.

[12] *Vincent's Word Studies in the New Testament*. New York: Scribner's, 1905, p. 472.

[13] Organização internacional que reúne comunicadores cristãos ligados à mídia eletrônica. (N. do T.)

[14] Citação de "A Declaration of Unity in the Gospel", feita pela associação National Religious Broadcasters em 6 de fevereiro de 2009.

[15] Recordo-me do meu professor de grego nos tempos de seminário, o dr. Stan Toussaint, ensinando a onomatopeia da palavra *goggusmos*.

[16] Grand Rapids: Eerdmans, 2008, p. 4.

[17] *The Knowledge of the Holy*. San Francisco: Harper & Row, 1961, p. 27.

[18] *Irmãos, nós não somos profissionais*, p. 18.

[19] *Power Through Prayer*. New Kensington: Whitaker House, 1982, p. 9-11.

[20] Citado por Allan DOBRAS em "Denominational Drift: The Bible Doesn't Need 'Rescuing'", *BreakPoint*, 11 de abr. de 2006.

[21] Idem.

[22] Estatística feita pelo *Barna Group of Ventura*, Califórnia. Disponível em: <http://www.barna.org/barna-update/article/12-faithspiritualit/260-most-american-christians-do-not-believe-that-satan-or-the-holy-spirit-existis>. Acesso em: 16 de ago. de 2011.

[23] *The Message: The New Testament in Contemporary English*. Colorado Springs: NavPress, 1993, p. 478.
[24] Citado em *1001 Quotations that Connect*. Grand Rapids: Zondervan, 2009, p. 10.

Capítulo 3
[1] História citada em Gene Weingarten, "Pearls Before Breakfast", *The Washington Post*, 8 de abr. de 2007. Disponível em: <http://www.washingtonpost.com/wp-dyn/content/article/2007/04/04/AR2007040401721.html>. Acesso em: 7 de dez. de 2009.
[2] Aurélio Buarque de Holanda Ferreira, *Novo dicionário eletrônico Aurélio*, versão 5.11a. Editora Positivo, 2004, cf. "contagiante".
[3] Berkeley: New Riders, 2006, p. 41. [Publicado no Brasil sob o título *The brand gap: o abismo da marca: como construir a ponte entre a estratégia e o design*. Porto Alegre: Bookman, 2008.]
[4] Em 1925, no Estado de Tennessee, o professor de biologia John Thomas Scopes foi julgado por ensinar a teoria da evolução em uma escola pública. O acusador William J. Bryan, candidato derrotado à presidência dos Estados Unidos, afirmou em seu depoimento que o mundo teria sido criado havia cerca de seis mil anos. O juiz impediu que a defesa apresentasse cientistas como testemunhas em favor do réu. O professor foi condenado a pagar uma multa de 100 dólares, que mais tarde foi revogada. O caso ganhou versão cinematográfica em 1960 (O vento será tua herança, direção de Stanley Kramer).
[5] "Jesus Is Not a Brand: Why It Is Dangerous to Make Evangelism Another Form of Marketing", *Christianity Today*, v. 53, Ex: n.º 1, jan. de 2009.
[6] Cynthia e eu encontramos Ford e Barbara Madison pela primeira vez durante o verão de 1960, quando participamos de uma conferência dos Navegadores em Glen Eyrie, Colorado Springs. Naquela ocasião, descobrimos de imediato que

compartilhávamos a mesma paixão pela Palavra de Deus e o desejo de memorizá-la. Trinta e quatro anos mais tarde, voltamos a nos relacionar com Ford e Barbara, quando fui presidente do Dallas Theological Seminary, de cujo conselho Ford era membro. Cynthia e eu ficamos chocados quando Barbara recebeu o diagnóstico de câncer e soube que tinha apenas pouco tempo de vida. Ela subiu à presença de Deus em 23 de abril de 2009, apenas 79 dias depois do diagnóstico. Entretanto, o legado que essa mulher formidável deixou à sua família jamais será esquecido.

[7]Wheaton: Victor Books, 1985, p. 304. [Publicado no Brasil sob o título *O Apóstolo*. São Paulo: Vida, 1989.]

[8]*The Life of St. Paul*. Grand Rapids: Zondervan, 1983, p. 141.

[9]Molly WORTHEN, "Who Would Jesus Smack Down?", revista *The New York Times*, 11 de jan. de 2009, p. 20.

[10]*The Great Emergence: How Christianity Is Changing and Why*. Grand Rapids: Baker Books, 2008, p. 162.

[11]*The Courage to Be Protestant: Truth-lovers, Marketers, and Emergents in the Postmodern World*. Grand Rapids: Eerdmans, 2008, p. 77-78.

[12]Idem, p. 11, 37.

[13]Citado em vídeo publicado no *site* da Willow Creek Association. Disponível em: <http://revealnow.com/story.asp?storyid=49>. Acesso em: 3 de jun. de 2009.

[14]Walter BAUER e outros [Eds.], *A Greek-English Lexicon of the New Testament and Other Early Christian Literature*. 2ª ed. rev. Chicago: University of Chicago Press, 1979, p. 623.

[15]Gresham: Vision House Publishing, 1995, p. 98.

[16]Collin HANSEN, "The X Factor: What Have We Learned from the Rise, Decline, and Renewal of 'Gen-X' Ministries?", *Leadership-Journal.net*. Disponível em: <http://www.christianity-today.com/le/communitylife/evangelism/thexfactor.html?start=1>. Acesso em: 18 de ago. de 2011.

[17]Antônio HOUAISS. *Dicionário eletrônico Houaiss da língua portuguesa*, versão monousuário 1.0. Editora Objetiva: jun. de 2009, cf. "mentor".

[18]*Life Together*. San Francisco: Harper&Row, 1954, p. 110-111. [Publicado no Brasil sob o título *Vida em comunhão*. São Leopoldo: sinodal, 2009].

[19]Johannes P. LOUW e Eugene A. NIDA (Eds.), *Greek-English Lexicon of the New Testament Based on Semantic Domains*, 2ª ed., New York: United Bible Societies, 1988-1989. Texto eletrônico preparado e convertido em hipertexto por OakTree Software, Inc., versão 3.2.

[20]Dietrich BONHOEFFER, *The Cost of Discipleship*. New York: Collier Books, MacMillan, 1959, p. 99 . [Publicado no Brasil sob o título *Discipulado*. São Leopoldo: Sinodal, 2008.]

[21]*On Being a Servant of God*. Grand Rapids: Baker Books, 2007, p. 46.

[22]*A mensagem de 2 Timóteo: Tu porém*, São Paulo: ABU Editora, 1982.

[23]Johannes P. LOUW e Eugene A. NIDA, *Greek-English Lexicon of the New Testament Based on Semantic Domains*.

[24]Grand Rapids: Revell, 1981, p. 95.

Capítulo 4

[1]*Tyranny of the Urgent*, Downers Grove: InterVarsity Christian Fellowship, 1994, p. 4-5. [Publicado no Brasil sob o título *A tirania do urgente!* Rio de Janeiro: CPAD, 2005]

[2]*Work, Play, and Worship in a Leisure-Oriented Society*. Minneapolis: Augsburg, 1972, p. 12.

[3]*A Hebrew and English Lexicon of the Old Testament*. Versão eletrônica 3.4, OakTree Software, Inc., 2001.

[4]Walter BAUER e outros (Eds.), *A Greek-English Lexicon of the New Testament and Other Early Christian Literature*. 2ª ed. rev., Chicago: University of Chicago Press, 1979, p. 716.

[5]Antônio HOUAISS. *Dicionário eletrônico Houaiss da língua portuguesa*, versão monousuário 1.0. Ed. Objetiva, jun. de 2009, cf. "adorar".

⁶Charles WESLEY, "Love Divine, All Love Excelling". Domínio público.
⁷ *The Courage to Be Protestant: Truth-lovers, Marketers, and Emergents in the Postmodern World*. Grand Rapids: Eerdmans, 2008, p. 7.
⁸Aurélio Buarque de Holanda FERREIRA. *Novo dicionário eletrônico Aurélio*, versão 5.11a. Editora Positivo, 2004, cf. "doxologia".
⁹Citado em Kenneth W. OSBECK, *101 Hymn Stories*. Grand Rapids: Kregel, 1982, p. 11.
¹⁰Idem.
¹¹Frank E. GAEBELEIN (Ed.), Grand Rapids: Zondervan, 1990. Texto eletrônico preparado e convertido em hipertexto por OakTree Software, Inc.
¹²Tradicional hino afro-americano. Domínio público.

Capítulo 5
¹Disponível em: <http://www.wackywarnings.com>. Acesso em: 24 de ago. de 2009.
²Adaptado de Scott BOWLES, "Hesitation Is a Fatal Mistake as California Firestorm Closes In", *The USA Today*, 30 de out. de 2003.
³Disponível em: <http://www.berro.com/joke/court_disorder_lawyer_witness_funny_exchanges.htm>. Acesso em: 22 de ago. de 2011.
⁴*A mensagem de 2 Timóteo: Tu, Porém*. São Paulo: ABU Editora, 1982, p. 37.
⁵Johannes P. LOUW e Eugene A. NIDA (Eds.), *Greek-English Lexicon of the New Testament Based on Semantic Domains*. 2ª ed., New York: United Bible Societies, 1988-1989. Texto eletrônico preparado e convertido em hipertexto por OakTree Software, Inc., versão 3.2.
⁶Citado em *Mothers of Influence: Inspiring Stories of Women Who Made a Difference in Their Children and in Their World*. Colorado Springs: Bordon Books, 2005, p. 121.

[7] Johannes P. Louw e Eugene A. Nida (Eds.), *Greek-English Lexicon of the New Testament Based on Semantic Domains*.
[8] *The Letters to Timothy, Titus, and Philemon*. Philadelphia: Westminster Press, 1975, p. 189.
[9] Frank E. Gaebelein (Ed.), *The Expositor's Bible Commentary*. Grand Rapids: Zondervan, 1990. Texto eletrônico preparado e convertido em hipertexto por OakTree Software, Inc.
[10] Johannes P. Louw e Eugene A. Nida (Eds.), *Greek-English Lexicon of the New Testament Based on Semantic Domains*.
[11] Paul Babiak e Robert D. Hare. New York: Harper, 2007.
[12] Johannes P. Louw e Eugene A. Nida (Eds.), *Greek-English Lexicon of the New Testament Based on Semantic Domains*.
[13] Idem.
[14] Idem.
[15] Idem.
[16] *First and Second Timothy and Titus – Interpretation: A Bible Commentary for Teaching and Preaching*. Louisville: John Knox Press, 1989, p. 74-77.
[17] *The Courage to Be Protestant: Truth-lovers, Marketers, and Emergents in the Postmodern World*. Grand Rapids: Eerdmans, 2008, p. 109, 133.
[18] Mark Water (Org.), *The New Encyclopedia of Christian Quotations*. Grand Rapids: Baker Books, 2000, p. 1061.
[19] *A mensagem de 2 Timóteo: Tu, Porém*.

Capítulo 6
[1] V. 1. New York: Houghton Mifflin, 1976, p. 10.
[2] *A maldição do Cristo genérico*. São Paulo: Mundo Cristão, 2007, p. 334-335.
[3] Walter Bauer e outros (Eds.), *A Greek-English Lexicon of the New Testament and Other Early Christian Literature*. 2ª ed. rev., Chicago: University of Chicago Press, 1979, p. 690.
[4] Idem.

[5] *First and Second Timothy and Titus — Interpretation: A Bible Commentary for Teaching and Preaching*. Louisville: John Knox Press, 1989, p. 167.
[6] *The Courage to Be Protestant: Truth-lovers, Marketers, and Emergents in the Postmodern World*. Grand Rapids: Eerdmans, 2008, p. 212-213.
[7] *Commentaries on the Epistles to Timothy, Titus, and Philemon*. Grand Rapids: Christian Classics Ethereal Library, domínio público.
[8] *A mensagem de 2 Timóteo: Tu, Porém*. São Paulo: ABU Editora, 1982.
[9] "When 7 × 5 = 75", *Christianity Today*, dez. de 2006, v. 50, n.º 12.
[10] *Just as I Am: The Autobiography of Billy Graham*. San Francisco: HarperSanFrancisco, 1997, p. 139. [Publicado no Brasil sob o título *Billy Graham: uma autobiografia*. São Paulo: United Press, 1998].
[11] *The Courage to Be Protestant: Truth-lovers, Marketers, and Emergents in the Postmodern World*, p. 45.
[12] Johannes P. Louw e Eugene A. Nida (Eds.), *Greek-English Lexicon of the New Testament Based on Semantic Domains*. 2ª ed. New York: United Bible Societies, 1988-1989. Texto eletrônico preparado e convertido em hipertexto por OakTree Software, Inc., versão 3.2.
[13] Walter Bauer e outros (Eds.), *A Greek-English Lexicon of the New Testament and Other Early Christian Literature*.
[14] *Greek-English Lexicon of the New Testament Based on Semantic Domains*.
[15] Bruce M. Metzger, *Lexical Aids for Students of the New Testament*. New Jersey: Theological Book Agency, 1983, p. 34.
[16] Larry Fowler, *Raising a Modern-Day Joseph: A Timeless Strategy for Growing Great Kids*. Colorado Springs: David C. Cook, 2009, p. 28-30.
[17] Wheaton: Crossway Books, 2000, p. 235-236.

Capítulo 7

[1] Johannes P. Louw e Eugene A. Nida (Eds.), *Greek-English Lexicon of the New Testament Based on Semantic Domains*. 2ª ed. New York: United Bible Societies, 1988-1989. Texto eletrônico preparado e convertido em hipertexto por OakTree Software, Inc., versão 3.2.

[2] John F. Walvoord e Roy B. Zuck (Eds.), "Revelation", *Bible Knowledge Commentary: New Testament*. Wheaton: Victor Books, 1986, p. 933-934.

[3] Wayne Stiles, *Walking in the Footsteps of Jesus: A Journey Through the Lands and Lessons of Christ*. Ventura: Regal Books, 2008, p. 166-167, 174-175.

[4] *Letters to Malcolm: Chiefly on Prayer*. New York: Harcourt, Brace, and World, 1964, p. 98. [Publicado no Brasil sob o título *Oração: Cartas a Malcolm. Reflexões sobre o diálogo íntimo entre o homem e Deus*. São Paulo: Vida, 2009.]

[5] Citado por Charles R. Swindoll em *The Finishing Touch: Becoming God's Masterpiece*. Dallas: Word, 1994, p. 543.

[6] Fonte desconhecida, baseado nas recordações de Charles R. Swindoll e John F. Walvoord.

[7] *God Tells the Man Who Cares*. Camp Hill: Christian Publications, 1992, p. 92.

[8] "Majesty!" © 1981 Rocksmith Music/Ascap.

Capítulo 8

[1] Personagem do conto homônimo do norte-americano Washington Irving, escrito em 1819 [publicado no Brasil sob o título *A lenda do cavaleiro sem cabeça e Rip Van Winkle*. São Paulo: Iluminuras, 2009]. (N. do T.)

[2] "The Priority of Biblical Preaching: An Expository Study of Acts 2.42-47", *Bibliotheca Sacra*, n.º 158, abr.–jun. de 2001, p. 198-199.

[3] Eugene H. Peterson, *Um pastor segundo o coração de Deus*. Rio de Janeiro: Textus, 2000, p. 1-2.

[4] Iain M. DUGUID, *The NIV Application Commentary: Ezekiel*. Grand Rapids: Zondervan, 1999, p. 389.
[5] Nashville: Broadman & Holman, 1999, p. 166-167.
[6] São Paulo: Mundo Cristão, 1985, p. 103.
[7] *Romans, Volume 4: The New Humanity, Romans 12-16*. Grand Rapids: Baker Books, 1995, p. 1928.
[8] Dan KIMBALL, *Emerging Worship: Creating Worship Gatherings for New Generations*. Grand Rapids: Zondervan, 2004, p. 5.
[9] "Why I Believe in Expository Preaching", gravação de áudio da mensagem de almoço dos pastores reunidos em Dauphin Way Baptist Church, Mobile, Alabama, 22 de mar. de 1999.
[10] *The Courage to Be Protestant: Truth-lovers, Marketers, and Emergents in the Postmodern World*. Grand Rapids: Eerdmans, 2008, p. 94-95.
[11] *Um pastor segundo o coração de Deus*, p. 5-6.

Conclusão

[1] *Legacy of a Pack Rat.* ,Nashville: Thomas Nelson Inc., 1989.

Compartilhe suas impressões de leitura escrevendo para:
opiniao-do-leitor@mundocristao.com.br
Acesse nosso *site*: www.mundocristao.com.br

Diagramação: Sonia Peticov
Preparação: Luciana Chagas
Revisão: Sandra Silva
Fonte: Bembo
Gráfica: Assahi
Papel: Pólen Natural 70 g/m² (miolo)
Cartão 250 g/m² (capa)